制药工程设备与仪表

李玉龙　宋安然　主编

湘潭大学出版社
XIANGTAN UNIVERSITY PRESS

图书在版编目（CIP）数据

制药工程设备与仪表 / 李玉龙，宋安然主编. -- 湘潭：湘潭大学出版社，2022.10
ISBN 978-7-5687-0964-4

Ⅰ. ①制… Ⅱ. ①李… ②宋… Ⅲ. ①制药工业—化工设备—高等学校—教材②制药工业—化工仪表—高等学校—教材 Ⅳ. ①TQ460.3

中国版本图书馆 CIP 数据核字（2022）第 234884 号

制药工程设备与仪表

ZHIYAO GONGCHENG SHEBEI YU YIBIAO

李玉龙　宋安然　主编

责任编辑： 丁立松
封面设计： 清　清
出版发行： 湘潭大学出版社
社　　址： 湖南省湘潭大学工程训练大楼
电　　话： 0731-58298960 0731-58298966（传真）
邮　　编： 411105
网　　址： http://press.xtu.edu.cn/
印　　刷： 长沙创峰印务有限公司
经　　销： 湖南省新华书店
开　　本： 787 mm×1092 mm 1/16
印　　张： 16.5
字　　数： 298 千字
版　　次： 2022 年 10 月第 1 版
印　　次： 2022 年 10 月第 1 次印刷
书　　号： ISBN 978-7-5687-0964-4
定　　价： 49.00 元

前言

FOREWORD

化工机械主要指化工、石油、能源、制药等行业使用的机器设备，它是生产的重要技术装备，目前已纳入过程装备的范畴。化学工业和石油化工的发展，不仅取决于其生产工艺过程，在很大程度上还取决于化工机械技术的发展。化工机械的制造质量、性能优劣及先进程度直接影响到生产能否安全、高效、长周期、满负荷连续运行，因此，化工机械在化工生产中占有极其重要的位置。制药工业是与国计民生密切相关的行业之一，既是传统又属朝阳的产业。制药生产过程是按照一定的制药生产工艺，通过制药设备进行一系列化学（或生物）反应以及物理处理过程把原料制成符合要求的药品的生产过程。随着经济的发展和对外开放程度的提高，制药机械设备为了适应新的制药工业的发展需要，无论是机械设备的设计理念、功能、造型及控制方法，还是在机械设备的表面处理和制造精度等方面都将以最新制造技术来体现制药设备的高水平发展趋势。

本书根据当前经济的发展趋势以及化工类专业人才应具备的化工机械基础知识，针对高等教育化工与制药类专业，结合制药化工企业广泛应用的各类化工机械，全面介绍了化工机械的分类、典型结构和工作原理。随着科学技术的迅速发展，现代生产过程的自动化程度越来越高，对仪表及自动化技术的依赖性越来越大，特别是对于生产过程连续性，大型化的化工、冶金等行业，生产工艺、设备、控制与管理已逐渐成为一个有机的整体，仪表自动化技术显得尤为重要，所以在本书后面几章内容，单独安排章节详细介绍了当前的生产过程自动化、仪表自动控制技术、工业现场以及实际案例，内容编排根据不同类型相对独立，有利于组织模块化教学。本书共分为7章。第1、2、3章重点介绍制药机械与制药设备中的基本原理以及分类；第4、5、6重点描述在化工制药行业中使用的仪表检测技术、自动化控制技术以及现场工业总线技术；第7章列举了制药化工行业的静电案例。

本书由湘潭大学出版社总策划，由宿迁学院机械工程学院的李玉龙教授编写第1章至第3章、第7章，宋安然老师编写第4章至第6章。编写过程中，得到了宿迁学院周德廉教授、学生沈清河、郑浩哲、袁慧婷、陈锐、南婷婷、田森的大力帮助，在此一并表示感谢。由于编者水平有限、写作时间仓促，所以书中的不足之处，恳请读者批评指正。同时也欢迎读者就阅读本书中的问题或心得和编者进行交流，衷心地感谢各位读者能提出宝贵的意见。

作者

2022年4月

目录

CONTENTS

第一章

绪　　论

第一节 制药机械设备发展的趋势

随着经济的发展和对外开放程度的提高，制药机械设备为了适应新的制药工业的发展需要，无论是机械设备的设计理念、功能、造型及控制方法，还是在机械设备的表面处理和制造精度等方面都将以最新制造技术来体现制药设备的高水平发展趋势。纵观整个制药机械行业，大致有如下发展的趋势。

一、提高机械设备的生产能力

目前国内的一些制药机械生产厂家，不仅有雄厚的经济和技术基础，而且企业发展快、后劲足，产品的制造水平和技术含量不断提升。随着制药行业的蓬勃发展，为了满足客户的要求和市场的需要，制药行业不断自主创新、自主开发，一些制药机械生产厂家在原有设备的基础上纷纷推出生产能力更大的新产品。玻璃瓶大输液生产线的生产能力由过去的400瓶/分钟提高到现在的550瓶/分钟，该设备的特点是生产能力大、稳定可靠、粗洗精洗完全分开、节约厂房使用面积、节约净化和投资成本以及生产使用成本，大大提高市场竞争力。采用生产能力更大的软袋大输液生产线，现软袋大输液生产线产量达4 500袋/小时。随着医疗体制改革的推进，软袋输液越来越受到市场的追捧，软袋输液线如雨后春笋般涌现出来。该设备的特点不仅用料省、对膜的适应性强，而且生产速度快、稳定性好、合格率高。设备在原有基础上缩小50%的空间，性能稳定，并能在短时间内更换灌装计量，一次性合格率高。

生产能力更大的塑料瓶大输液生产线。塑料瓶大输液生产线产量达到12 000瓶/小时。该联动机组分洗瓶、灌装、热封三个工作区。洗瓶分气洗和水洗两种形式。气洗线可自动完成离子风气洗、灌装前充氮、计量灌装、灌装后充氮、理盖、输盖、加热、焊盖封口等工序。气洗联动机组的特点是三个工作区集合于一体，结构紧凑，占地面积小；机械手夹持瓶颈定位交接，不擦伤瓶身和瓶底；规格调整方便，独特的气动进瓶装置，解决了与吹瓶机的联动；采用独特的离子气加真空跟踪洗瓶方式，大大降低能耗，保证洗瓶的洁净度；用气动隔膜阀控制灌装时间，保证计量精度，实现无瓶不灌装可在线清洗、消毒独特的热熔焊盖封口技术，瓶盖与瓶口加热温度可控可调，对中准确，受力均匀，保证封口后的质量，具有缺瓶不送盖、无瓶或无盖不加热等自动控制功能。

生产能力更大的水针灌装设备。新型的水针灌装设备已从过去的 6 针、8 针提升到现在的 12 针、16 针，产量达到 30 000 支/时（1~20 mL）。该联动机组的特点是每台可单机使用也可联动使用，联动生产时可完成喷淋水、超声波清洗、机械手夹瓶、翻转瓶、充水（瓶内、瓶外）、充气（瓶内、瓶外）、预热、烘干灭菌、冷却、前充气、灌装、后充氮、预热、封口等 20 多个工序。其改进型既可以用于安瓿瓶针剂也可以用于抗生素瓶针剂的多功能生产，适应不同种类的针剂。

生产能力更大的全自动胶囊充填设备。新型的全自动胶囊充填机的产量已达到 3 200 粒/分钟。该机型结构先进、外观新颖、易清洗，具有装填药量可调、计量准确、胶囊上机率高、变频调速和操作安全方便等优点。

生产能力更大的超高速压片设备。新型的超高速压片机的生产能力已提升到 100 万片/时。新的设计理念实现了产品的标准化、模块化，具有高精度、高速度、高自动化可控程序的特点，体现在整体采用严密的封闭和防尘设计、高清晰隔离视窗设计、高精度的片重采样和监控系统等，且易拆装的结构便于操作和维护，压片室 360°无死角结构便于观察清洗。

生产能力更大的高效包衣设备。新型的高效包衣机的最大包衣容量达到 1 000 kg，该机的新增功能有全自动的控制系统实现主机和控制柜两屏串联操作、两地任意控制、可异地监视包衣全过程、工艺数据自动记录储存并可打印；全自动清洗系统，实行微机编程的全自动清洗，又配备手用清洗枪，清洗方便彻底；风柜采用蒸汽和电加热两种方式，方便生产。这些高产量设备的不断推出适应了国内外大规模的药品生产需求，解决了药品定单数量大、交货时间短、任务紧迫的矛盾，降低了生产成本，提高了规模化生产能力。

二、提高设备的自动化程度

随着科学技术水平的不断提升，科技创新成果不断应用于制药设备，使得设备的自动化程度大幅提升，制药工业实现规模化生产，从而解放了大量的人力，降低了操作者的劳动强度，同时也大大地提高了生产效率，减少了人为误差，保证了产品质量。

包装线联动。过去制药企业外包间多为手工操作，根据需要配个别单机，其自动化程度低、操作人员多、劳动强度大。随着包装联动线自动化程度越来越高，这种状况发生了质的变化，制药企业向现代化企业迈进一大步。如适合于固体制剂的全自动盒类包装流水线和适合于液体制剂的全自动瓶类包装流水线都具有生产速度快、包装质量好、性能稳定、运行平稳、操作简便和机电一体化等优点。又如用于固体制剂包装的铝塑包装机、装盒机、热收缩包装机、装箱机及瓶装线（包括理瓶机、数片机、干燥剂塞入机、旋盖机、电磁感应铝箔封口机、贴标机），装盒机、热收缩包装机、装箱机等设备现已联动成线。此外，分拣机、码垛机、开箱机、封箱机、称重机和输送机等也都可以根据需要联动。

固体散装物料输送。自动化固体散装物料特别是粉体物料输送自动化的研发成功，使固体散装物料得以在真空、密闭输送系统中安全输送（可用于注射级产品，能有效地防止物料污染），具有效率高、占地少、成本低、污染小、可实现全程监控等优点。

注射剂联动生产线一体化连接。注射剂制备从制瓶系统联动注胚机、吹瓶机、全自动焊环机与洗灌封设备成功连线实现了一体化无间隙生产，缩短了工作转换时间，减少了人力资源消耗，降低了受微粒和纤维等污染的概率，无须额外的储胚空间，节约了厂房使用面积，降低了投资成本，易控制质量及生产管理。注胚机的塑化和注射同时进行，取胚和冷却同时进行，大大缩短了瓶胚生产周期，瓶胚冷却系统保证瓶胚在短时间内充分冷却。吹瓶机生产全过程从进料、理胚、送胚、加温、传输、拉伸、吹气、冷却、成品输送均由电脑监控，启动化程度高，生产效率高，生产成本低，成品率高。焊环机配备对瓶子质量的初检功能可将不合格瓶子剔出，没有瓶子不上环不焊接；瓶子焊接采用底膜外形定位、吹气定型，定位准确、焊环稳定，且焊头温度可调。这些方面的发展将进一步提高工作效率，节约人力，节约成本，为制药企业创造更大的效益。

粉针剂生产中的自动化。在粉针剂生产流水线中，为了便于对分装、扎盖、灯检等工序进行考核和计算效率，在各个工序后的输送带上设光电计数器，通过计数器全面掌握各工序生产状况；粉针剂生产中的螺杆式分装机的自动保护有防金属微粒的保护和无瓶保护；粉针剂生产中洗净的西林瓶需要在隧道红箱内干燥和灭菌，采用闭环自动控制系统灭菌的温度需达到 350 ℃并保持 5 min。

三、新型设备的研发趋势

新型设备的研发是永恒的主题，无论是国内还是国外，只要是有利于制药行业的发展和进步，制药工作者就会第一时间将其研发或引进。例如，2002 年在国际市场出现的卡式瓶，它是与卡式注射笔配套使用的一种新型包装瓶，以使用方便、给药精确、安全可靠等优点受到市场的青睐。由于卡式瓶针剂多应用于基因工程药物、生物酶制剂等技术含量较高的制剂领域，也应用于战场防生化急救、止血止痛、心血管病急救、胰岛素、解毒、解热镇痛、麻醉镇静、抗生素和解酒等方面，其面世就引发了针剂包装、临床用药方式的划时代变化。由于卡式瓶在应用中具有诸多优越性，以卡式瓶取代安瓿包装将成为一大趋势。

目前，卡式瓶的国际市场年需求量约为 10 亿只，而年产量为 7 亿只，一批国内制剂企业纷纷准备装备卡式瓶灌装机，现我国已有制药机械生产企业引进国外先进技术研制成功并已面世卡式瓶灌装生产联动线。该机组由洗瓶机、隧道烘箱和灌装机组成。整条线可单机控制和联锁控制，洗瓶机三水三气确保洗瓶效果，电子阀控制喷硅油量，喷头喷洒均匀，硅化后保障瓶内药液活塞推进顺畅，送药液量均匀，密闭性能好对瓶内液体有保护作用。隧道烘箱确保高温灭菌，伺服电机驱动计量泵确保装量准确，四头小刀轧盖确保瓶口的密封效果。该机组填补了国内空白。

综上所述，制药机械厂的终极目标是为用户提供先进可靠的产品，产品应以其卓越的生产性能、高度的稳定性、低的运行成本为制药企业创造更大的效益，成为制药企业新的经济增长点。我们从制药机械发展的这些新特点中可以看出，医药行业及制药机械行业正如朝阳般蓬勃发展，变化日新月异。在未来的发展过程中，一切皆有可能，新趋势的出现就是寻求突破的机遇。

第二节　自动化仪表概述

一、自动化仪表的分类与发展

自动化仪表的种类繁多，有常规仪表和基于微型计算机技术的各种智能式仪表。工程上通常按照安装场地、能源形式、信号类型和结构形式进行分类。

（一）按照安装场地分

按照安装场地不同，可分为现场类仪表（也称一次仪表）与控制室类仪表（也称二次仪表）。现场类仪表通常在抗干扰、防腐蚀、抗震动、防爆等方面具有特殊要求。

（二）按照能源形式分

自动化仪表按照能源形式的不同可分为液动、气动和电动等。而在过程控制中，一般都采用电动和气动仪表。气动仪表发展较早，其特点是结构简单、性能稳定、可靠性高、价格便宜，且在本质上安全防爆，因而广泛应用于石油、化工等有爆炸危险的场所。电动仪表相对气动仪表出现较晚，但由于电动仪表在信号传输、放大、变换处理以及实现远距离监视、操作等方面比气动仪表优越，特别容易与计算机等现代化信息技术工具联用，因而电动仪表的发展极为迅速，应用也极为广泛。近年来，由于电动仪表普遍采取了安全火花防爆措施，解决了安全防爆问题，因而在易燃易爆的危险场所也能使用。

（三）按照信号类型分

自动化仪表按照信号类型可分为模拟式和数字式两大类。模拟式仪表的传输信号通常是连续变化的模拟量，其线路较为简单，操作方便，在过程控制中已经被广泛应用。数字式仪表的传输信号通常是断续变化的数字量，以微型计算机为核心，其功能完善、性能优越，能够解决模拟式仪表难以解决的问题。

（四）按照结构形式分

自动化仪表按照结构形式的不同可分为基地式、单元组合式、组装式以及集中/分散式等。

1. 基地式仪表

基地式仪表最初出现在过程控制的早期，它是安装在现场，集检测、指示与控制于一身的自动化仪表。早期的基地式仪表结构简单，价格低廉，但由于功能有限、通用性差，所以很快被单元组合式仪表所替代。近年来，随着计算机网络与通信技术的迅速发展和广泛应用，基地式仪表又获得了新生，正在朝着多功能、智能化方向发展。如带有控制功能的智能变送器、智能执行器或智能式阀门定位器等现代基地式仪表已成为现场总线控制系统的重要组成部分。

2. 单元组合式仪表

单元组合式仪表是根据控制系统各组成环节的不同功能和使用要求制成的模块化仪表（称为单元）的总称。各个单元模块之间用统一的标准信号进行联络。

这类仪表有电动单元组合（DDZ）仪表和气动单元组合（QDZ）仪表两大类。它们都经历了Ⅰ型、Ⅱ型和ID型等发展阶段，经过不断改进，其性能已日趋完善。单元组合式仪表可分为变送单元、给定单元、控制单元、执行单元、转换单元、运算单元、显示单元和辅助单元等。各单元的功能简述如下：

（1）变送单元。变送单元是将各种被测参数，如温度、压力、流量、液位、成分等物理量的大小变换成统一的标准测量信号传送给指示、记录和控制装置等。

（2）给定单元。给定单元是输出统一标准信号作为被控变量的设定值赋给控制单元，以实现定值控制。

（3）控制单元。控制单元是将测量信号与设定信号之差按某种规律运算后输出控制信号，去控制执行器的动作。

（4）执行单元。执行单元的作用是按照控制信号或手动操作信号去改变控制量的大小。

（5）转换单元。转换单元的作用是既可将不同的物理信号转换为统一标准信号，也可实现不同标准信号之间的相互转换，如气-电转换或电-气转换等，以使不同信号可以在同一控制系统中使用。

（6）运算单元。运算单元可将多个统一标准信号进行加、减、乘、除、开方、二次方等运算，以用于多种参数的补偿计算和综合控制等。

（7）显示单元。显示单元可对各种被测参数进行指示、记录、报警和计算，为操作人员监视控制系统和生产过程运行状况提供依据。

（8）辅助单元。辅助单元是为了满足过程控制系统的某些特殊需要而增设的仪表，如操作器、限幅器、防爆安全栅等。

用电动单元组合仪表构成的控制系统如图1-1所示。

3．组装式仪表

组装式仪表是一种功能分离、结构组件化的成套仪表（或装置），它以模拟器件为主，兼用模拟技术和数字技术。整套仪表（或装置）在结构上由控制柜和操作台组成，控制柜内安装的是具有各种功能的组件板，采用高密度安装，结构紧凑。这种仪表（或装置）特别适用于要求组成各种复杂控制和集中显示操作的大中型企业的过程控制。

4．集中/分散式仪表

集中/分散式仪表以计算机或微处理器为其核心部件，经历了集中型计算机

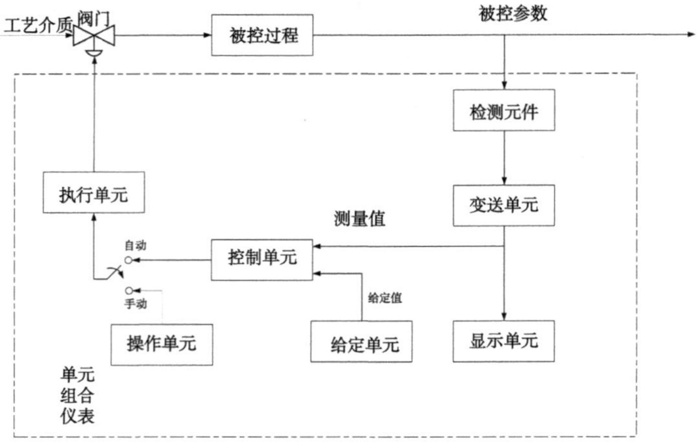

图 1-1 用电动单元组合仪表构成的控制系统

控制、集散型计算机控制和基于现场总线的分布式计算机控制三个发展阶段。在前两者中，测量变送与执行单元仍采用模拟式仪表，只是调节单元采用数字式仪表，即数字调节器、可编程序控制器或工业控制机，因而属于模拟/数字混合式仪表。而在基于现场总线的分布式计算机过程控制中，由于采用了全数字式、双向传输、多分支结构的通信网络，数字通信一直延伸到现场，其通信协议按规范化、标准化和公开化进行设计，使各种控制系统通过现场总线不但实现了互连、互换、互操作等，而且能方便地实现集中管理和信息集成，从而满足了生产过程自动化的各种功能需求。

第二章

化工与制药机械

第一节　泵机械

一、泵的类型

泵是一种输送液体的机器。它以一定的方式将来自原动机的机械能传递给进入（吸入或灌入）泵内的被送液体，使液体的能量（位能、压力能或动能）增大，依靠泵内被送液体与液体接纳处（即输送液体的目的地）之间的能量差，将被送液体压送到液体接纳处，从而完成对液体的输送。泵的类型可按以下方式分类。

（一）依据泵向被送液体传递能量的方式分类

1. 动力式泵，泵连续地将能量传递给被送液体，使其速度（动能）和压力能（位能）均增大（主要是速度增大），然后再将其速度降低，使大部分动能转换为压力能，被送液体以升高后的压力实现输送。

2. 容积式泵，泵在周期性地改变泵腔容积的过程中，以作用和位移的周期性变化将能量传递给被送液体，使其压力直接升高到所需的压力值后实现输送。

（二）依据泵的用途分类

1. 水泵输送的液体为水，如供水泵、排水泵、灌溉泵、消防泵、污水泵等。

2. 工业泵输送各种工业生产所需的液体物料（也包括工艺用水），如化学工业用泵、石油工业用泵、热电站用泵、矿山用泵、建筑用泵、船舶用泵、航空用泵、航天用泵、核工业用泵、食品工业用泵、造纸工业用泵等。

二、化工用泵的特点

化工用泵是用于化工（包括石油化工）生产中，输送所需各种液体物料的泵，如进料泵、回流泵、循环泵、注入泵、冲洗泵、放料泵、产品输送泵等。化工生产的各种化工过程都是在一定的压力和温度下进行的，且参与各化工过程的液体物料也是多种多样、性能各异，如：含有固体颗粒或悬浮物，有腐蚀性、易燃易爆、高黏度等，因此化工用泵的品种和规格很多。按照化工生产的特点，对化工用泵提出以下不同于一般泵类的要求：

1. 泵的流量、排出压力以及泵的耐温、耐压能力等都必须满足化工工艺的要求；

2. 泵必须具有良好的密封性，其轴封的泄漏量应在允许的范围之内，必要时应采用无泄漏结构；

3. 泵的结构必须适应被送液体的特性，以正常、顺利地输送各种化工液体物料，并应从结构上消除或减少温度应力、腐蚀疲劳、应力腐蚀等引起的泵失效；

4. 泵的材料应符合被送液体化工物料的化学性质和化工生产操作工况；

5. 泵的易损件（如轴承等）的寿命应满足化工生产长期、连续运行的要求；

6. 泵必须便于安装、拆检和维修；

7. 泵应具有较高的效率；

8. 泵的设计、选材、制造和检验应遵照有关的标准和规范。

第二节　离心泵

一、构造

离心泵的主要工作部件有叶轮，叶轮上有一定数目的叶片（一般 6~12 片），结构如图 2-1 所示。离心泵的叶片是弯曲后向式的，叶轮固定在主轴上，由主轴带动旋转，将机械能传给水，水在叶轮中获得动能。叶轮外面是通常称为蜗壳的螺旋形压水室，蜗壳的作用是一方面收集从叶轮甩出的水，另一方面使部分动能转变为压力能，而后导向出水管。

二、工作原理

离心泵工作时，除泵本身以外，还装有吸入管路、底阀、压水管等。其整个

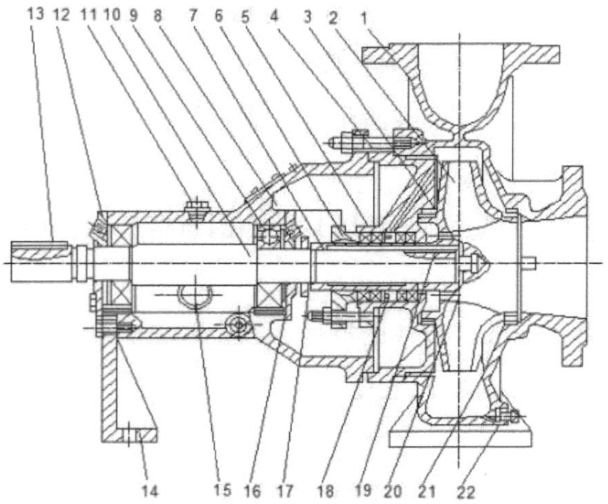

1—泵体；2—叶轮；3—叶轮螺母；4—后盖；5—填料；6—填料压盖；7—轴套；8—轴承体；9—深沟球轴承；10—轴；11—油孔盖；12—轴承端盖；13—泵联轴器键；14—支架；15—油标；16—毡圈；17—挡水圈；18—水封环；19—叶轮键；20—防松垫片；21—密封环；22—四方螺塞

图 2-1 叶片式离心泵

装置如图 2-2 所示。离心泵在开泵起动以前，先由充水栓往泵壳中注水，将吸水管与泵壳中充满水，然后起动泵。此时动力机带动泵轴，使叶轮旋转，充满叶片流道间的水在离心力作用下，从叶轮中心被甩向叶轮外缘，水以高速进入泵壳。水从叶轮流出时，获得了能量（动能与压能）。这些高能量的水经过泵壳导流（搜集被叶轮甩出的水），流向压水管。由于液体在叶轮旋转中产生离心力，就像转动雨伞雨滴被甩出去一样，所以叫作离心水泵。水流向压水管的同时，在叶

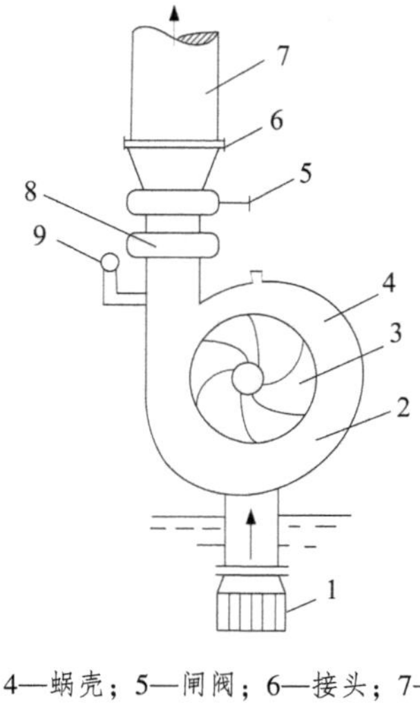

1—底阀；2—压水室；3—叶轮；4—蜗壳；5—闸阀；6—接头；7—压水管；8—止回阀；9—压力表

图 2-2 离心泵工作状态

轮的进口处产生真空，水池中的水在大气压力作用下，通过吸水管被吸向水泵，进入叶轮。叶轮不断旋转，液体便源源不断地从水池经离心泵由低处送至高处。

三、主要零部件

离心泵的结构形式繁多，但工作原理相同，因而主要部件的作用和形状也大体相似。

（一）叶轮

叶轮是将原动机输入的机械能传递给液体、提高液体能量的核心部件。其形式有封闭式、半开式及开式三种，如图 2-3 所示。封闭式叶轮有单吸式及双吸式两种。封闭式叶轮由前盖板、后盖板、叶片及轮毂组成。在前后盖板之间装有叶片形成流道，液体由叶轮中心进入，沿叶片间流道向轮缘排出。一般用于输送清水。半开式叶轮只有后盖板；而开式叶轮前后盖板均没有。半开式和开式叶轮适合于输送含杂质的液体。水泵叶片都采用后弯式，叶片数目在 6~12 片之间，叶片形式有圆柱形和扭曲形。

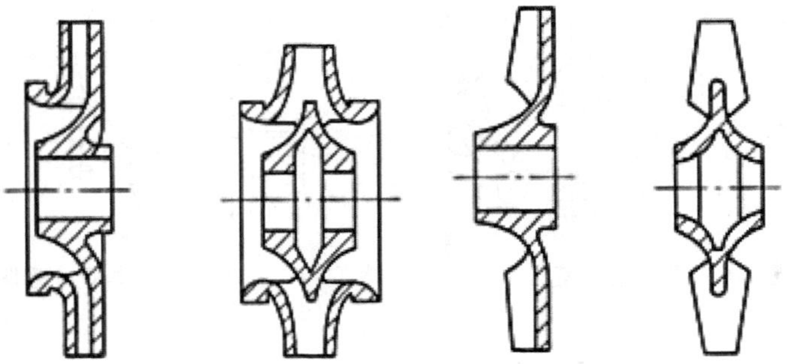

（a）封闭式　　（b）封闭式　　（c）半开式　　（d）开式

图 2-3　叶轮的形式

（二）轴

轴是传递扭矩的主要部件。轴径按强度、刚度及临界转速确定。中小型泵多采用水平轴，叶轮滑配在轴上，叶轮间距离用轴套定位。近代大型泵则采用阶梯轴，不等孔径的叶轮用热套法装在轴上，并利用渐开线花键代替过去的短键。此种方法，叶轮与轴之间没有间隙，不致使轴间蹿水和冲刷，但拆装困难。

（三）吸入室

离心泵吸入管法兰至叶轮进口前的空间过流部分称为吸入室。其作用是在最小水力损失情况下，引导液体平稳地进入叶轮，并使叶轮进口处的流速尽可能均匀地分布。按结构吸入室可分为：直锥形吸入室，如图 2-4 所示；弯管形吸入室，如图 2-5 所示；环形吸入室，如图 2-6 所示；半螺旋形吸入室，如图 2-7 所示。

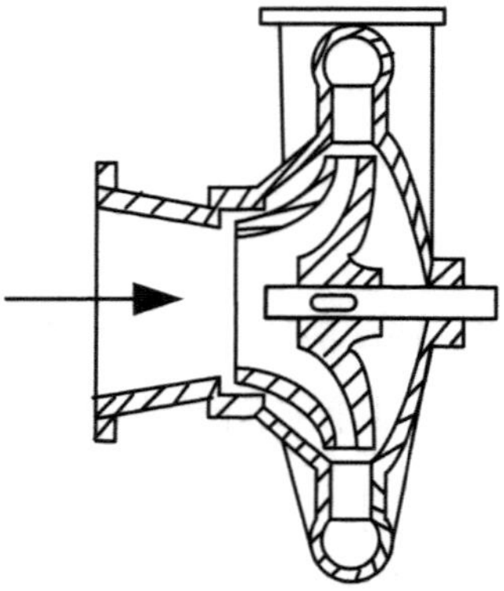

图 2-4 直锥形吸入室

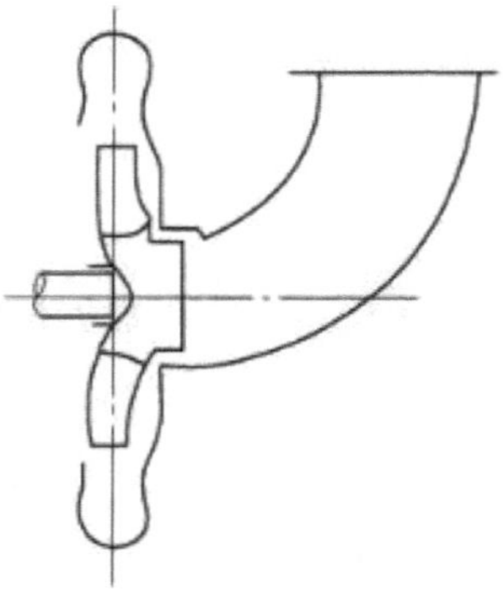

图 2-5 弯管形吸入室

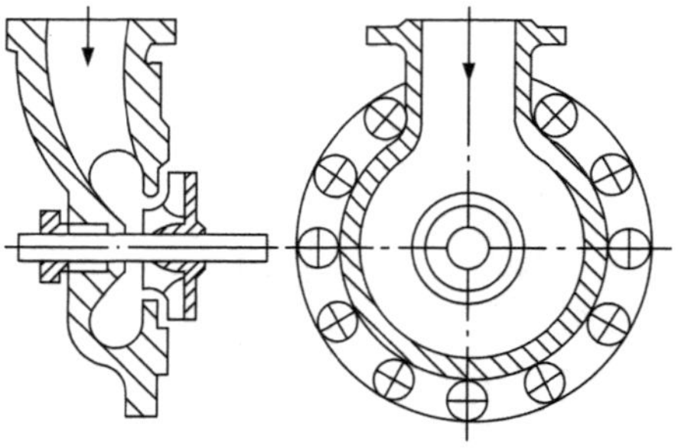

图 2-6 环形吸入室

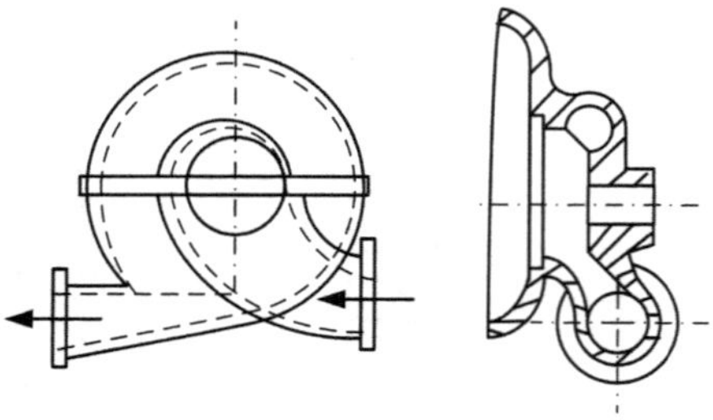

图 2-7 半螺旋形吸入室

（四）压水室

压水室是指叶轮出口到泵出口法兰（对节段式多级泵是到后级叶轮进口前）的过流部分。其作用是收集从叶轮流出的高速液体，并将液体的大部分动能转换为压力能，然后引入压水管或后级叶轮进口。压水室按结构分为螺旋形压水室、环形压水室和导叶式压水室。螺旋形压水室如图 2-8 所示，它不仅起收集液体的作用，同时在螺旋形的扩散管中将部分液体动能转换成压力能。螺旋形压水室具有制造方便、效率高的特点。环形压水室如图 2-9 所示，在节段式多级泵的出水段上采用。环形压水室的流道断面面积是相等的，所以各处流速就不相等。因此，不论在设计工况还是非设计工况时总有冲击损失，故效率低于螺旋形压水室。

图 2-8　螺旋形压水室图

图 2-9　环形压水室

（五）密封装置

离心泵密封装置有密封环（又称口环、卡圈）和轴端密封两部分。

1. 密封环。由于离心泵叶轮出口液体是高压，入口是低压，高压液体经叶轮与泵体之间的间隙泄漏而流回吸入处，所以需要装密封环。其作用是减小叶轮与泵体之间的泄漏损失，另一方面可保护叶轮，避免与泵体摩擦。密封环形式如图 2-10 所示，有平环式、角接式和迷宫式。一般泵，使用前两者，而高压泵由于单级扬程高，为减少泄漏量，常用迷宫式。

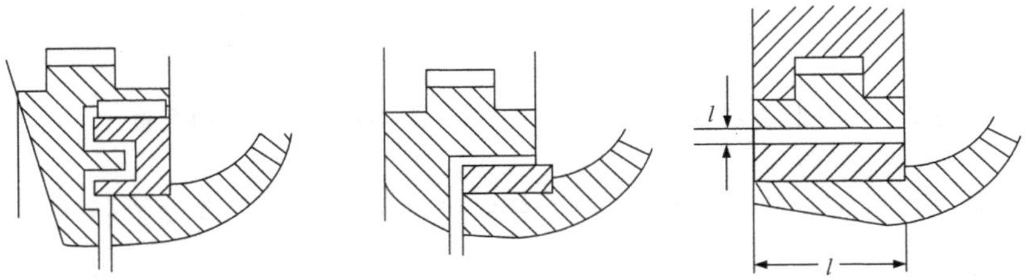

（a）平环式　　（b）角接式　　（c）迷宫式

图 2-10　密封环形式

2. 轴端密封（简称轴封）。在泵的转轴与泵壳之间有间隙，为防止泵内液体流出，或防止空气漏入泵内（当入口为真空时），需要进行密封。轴端密封装置有填料密封、机械密封、迷宫式密封和浮动环密封。填料密封装置由填料箱、填料、水封环和填料压盖等组成，其结构如图 2-11 所示。填料密封主要是靠轴的外表面与填料紧密接触来实现密封，用以阻止泵内液体向外泄漏。填料又称盘根，常用的填料是黄油浸透的棉织物或编织的石棉绳，有时还在其中加入石墨、二硫化铝等固体润滑剂。密封高温液体用的填料，常采用金属箔包扎石棉芯子等材料。密封的严密性可用增加填料厚度和拧紧填料压盖来调节。机械密封是无填料的密封装置，其结构如图 2-12 所示。它由动环、静环、弹簧和密封圈等组成。动环随轴一起旋转，并能做轴向移动；静环装在泵体上静止不动。这种密封装置是动环靠密封腔中液体的压力和弹簧的压力，使其端面贴合在静环的端面上（又称端面密封），形成微小的轴向间隙而达到密封的。为了保证动静环的正常工作，轴向间隙的端面上需保持一层水膜，起冷却和润滑作用。这种密封的优点：转子转动或静止时，密封效果都好，安装正确后能自动调整，轴向尺寸较小，摩擦功耗较少，使用寿命长，等。在现代高温、高压和高速的给水泵上得到了广泛的应用。其缺点是：结构较复杂，制造精度要求高，价格较贵，安装技术要求高，等。

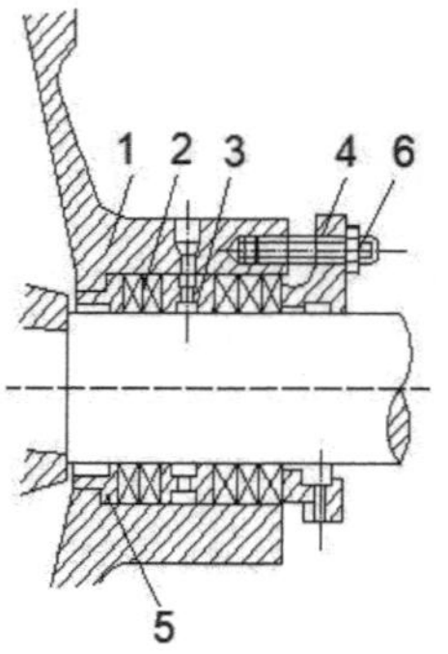

1—填料箱；2—填料；3—水封环；
4—填料压盖；5—底衬套；6—螺栓图

图 2-11　填料密封装置图

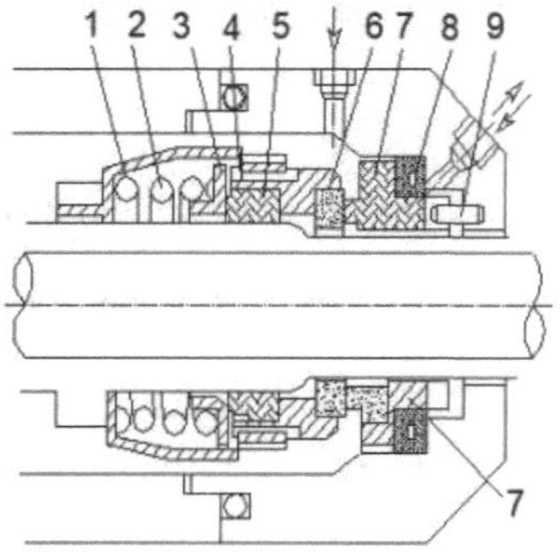

1—传动座；2—弹簧；3—推环；
4—密封垫圈；5—动环密封圈；6—动环；
7—静环；8—静环密封圈；9—防转销

图 2-12　机械密封装置

近年来，机械密封有了新发展，其中有在动环座轴套上增设了名叫高鲁皮夫的反向螺旋槽，这一结构实际上就是使旋转套上的螺纹与静止衬套里口的螺纹方向相反，因而几乎在所有的情况下，都能使泄漏返回水提高压力，以带走摩擦热和冲掉气泡杂质等。

四、特殊泵

（一）往复泵

往复泵是容积式泵的一种，它是依靠泵缸内的活塞作往复运动来改变工作容积，从而达到输送液体的目的。现以活塞式为例来说明其工作原理。如图 2-13 所示，活塞泵主要由活塞 1 在泵缸 2 内作往复运动来吸入和排除液体。当活塞 1 开始自极左端位置向右移动时，工作室 3 的容积逐渐扩大，室内压力降低，流体顶开吸水阀 4，进入活塞 1 所让出的空间，直至活塞 1 移动到极右端为止，此过程为泵的吸水过程。当活塞1从右端开始向左端移动时，充满泵的流体受挤压，将吸水阀4关闭，并打开压水阀5而排出，此过程称为泵的压水过程。活塞不断往复运动，泵的吸水与压水过程就连续不断地交替进行。此泵特点是：压力可以无限高，流量与压力无关，具有自吸能力，流量不均匀。此泵适用于小流量、高压力的输液系统。

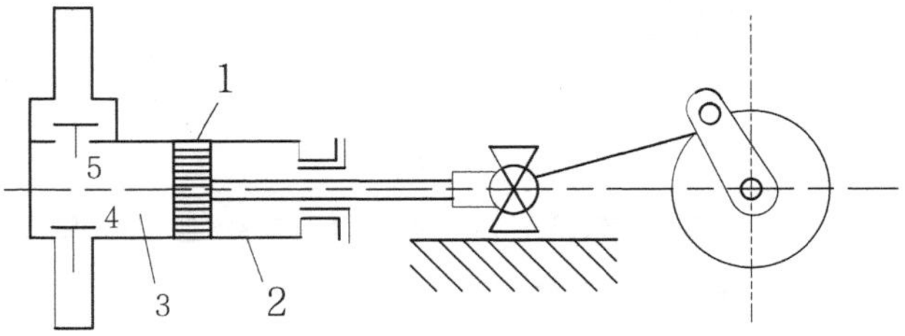

1—活塞；2—泵缸；3—工作室；4—吸水阀；5—压水阀

图2-13 往复泵示意图

（二）齿轮泵

齿轮泵是容积式回转泵的一种，其工作原理是：齿轮泵具有一对互相啮合的齿轮，如图2-14所示，齿轮1（主动轮）固定在主动轴上，轴的一端伸出壳外由原动机驱动，另一个齿轮2（从动轮）装在另一个轴上，齿轮旋转时，液体沿吸油管3进入吸入空间，沿上下壳壁被两个齿轮分别挤压到排出空间汇合（齿与齿啮合前），然后进入压油管4排出。齿轮泵的主要特点是结构紧凑、体积小、重量轻、造价低。但与其他类型泵比较，有效率低、振动大、噪声大和易磨损的缺点。齿轮泵适合于输送黏稠液体。

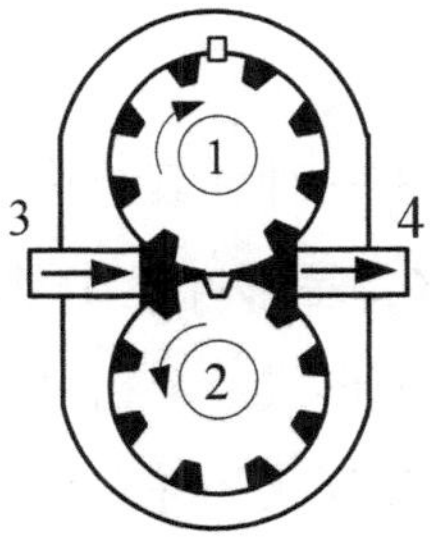

1—主动轮；2—从动轮；3—吸油管；4—压油管

图2-14 齿轮泵示意图

（三）螺杆泵

螺杆泵有单螺杆泵（见图2-15）、双螺杆泵和三螺杆泵。

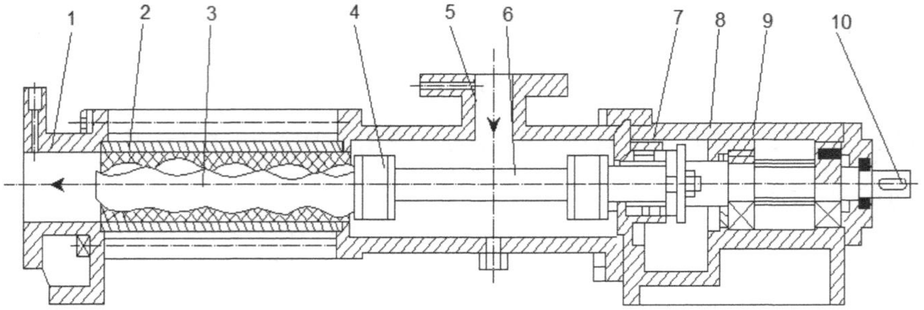

1—压出管；2—衬套；3—螺杆；4—万向联轴器；5—吸入管；
6—传动轴；7—轴封；8—托架；9—轴承；10—泵轴

图 2-15　单螺杆泵

其工作原理为：螺杆泵工作时，液体被吸入后就进入螺纹与泵壳所围的密封空间，当主动螺杆旋转时，密封容积在螺牙的挤压下提高其压力，并沿轴向移动。由于螺杆是等速旋转，所以液体流出流量也是均匀的。螺杆泵特点为：损失小，经济性能好；压力高而均匀，流量均匀；转速高，能与原动机直联。螺杆泵可以输送润滑油、输送燃油、输送各种油类及高分子聚合物，可用于输送黏稠液体。

（四）真空泵

凡是从设备中抽出气体，使设备内部达到真空的机械称为真空抽气机或真空泵。从结构上真空泵大致可分为：

往复式真空泵，适用于抽送不含固体颗粒、无腐蚀性的气体。这种真空泵的抽气速率较大，真空度较高。故在化工厂中广泛采用。但其结构复杂，维修工作量大。

水环式真空泵是回转真空泵的一种，其结构如图 2-16 所示。其工作原理为：圆柱形泵缸 2 内注入一定量的水，星形叶轮 1 偏心地装在泵缸内，当叶轮旋转时，水受离心力作用被甩向四周而形成一个相对于叶轮为偏心的封闭水环。被抽吸的气体沿吸气管 7 及接头 5 由吸气孔 3 进入水环与叶轮之间的空间，右边月牙形部分，由于叶轮的旋转，这个空间容积由小逐渐增大，因而产生真空抽吸气体。随着叶轮的旋转，气体进入左边月牙形部分。因叶轮是偏心旋转的，此空间逐渐缩小，气体逐渐受到压缩升压，气与水便由排气孔 4 经接头 6 沿排气管 8 进入水箱 9 中，自动分离后再由放气管 12 放出。废弃的水和空气一起被排到水箱里。这种泵的特点是结构紧凑、工作平稳可靠和流量均匀，所以化工生产中多用来输送或抽吸易燃、易爆和有腐蚀性的气体。由于叶轮搅拌液体，损失能量较大，故其效率很低。

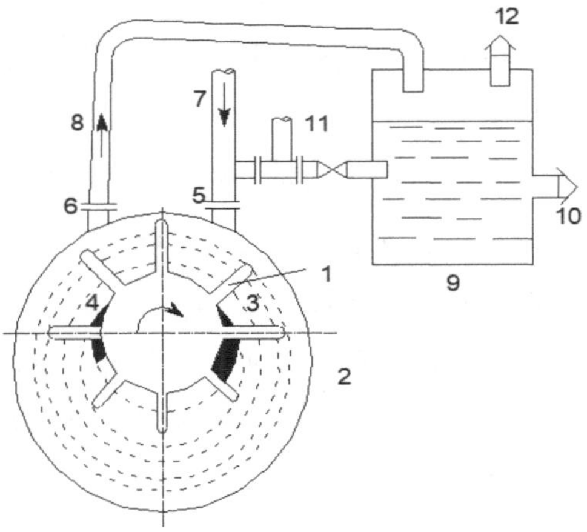

1—星形叶轮；2—泵缸；3—吸气孔；4—排气孔；5，6—接头；
7—吸气管；8—排气管；9—水箱；10—放水管；11—阀；12—放气管

图 2-16　水环式真空泵的装置结构

射流式真空泵是利用一种压力较高的工作流体来输送另一种流体的泵。工作流体可分为高压蒸汽、空气或高压水，它与所输送的流体（液体或气体）混合，共同排出。它的优点是：结构简单，工作可靠，便于操作，不需要任何原动机，在化工生产中常用以抽送有毒或腐蚀性气体。

第三节　输送装置

固体物料输送机械分为连续式和间断式。连续式输送机械有带式输送机、螺旋输送机、埋刮板输送机和斗式提升机等。间断式输送机械有有轨行车（包括悬挂输送机）、无轨行车、专用输送机等。

一、带式输送机

带式输送机的应用比较广泛，可输送粉粒料与块料及成包的物料。带式输送机不仅可作水平方向的输送，也可按一定倾斜角度向上输送。输送粉粒料时，其倾斜角度不宜超过物料运动时自然休止角的2/3，一般在17°~18°之间。带式输送机输送能力大，最高可达每小时数百吨甚至数千吨，运输距离长，操作方便，看管工作量小，噪声小，在整个机长内的任何处都可装料或卸料。

（一）输送原理及结构

图2-17为带式输送机，带条由主动轮1带动，另一端由张紧轮6借重力张紧（或借螺旋张紧），带的承载段由支承装置的上托辊4支承，空载段由下托辊8支承，物料由加料斗5加在带上，到末端卸落。若中途卸料，则右承载段上设置卸料装置。输送带有普通型橡胶带和塑料带两种。塑料带不仅具有耐磨、耐酸碱、耐油、耐腐蚀等性能，而且原料立足于国内，特别适用于温度变化不大的地方。目前国内橡胶输送带的品种见图2-18。

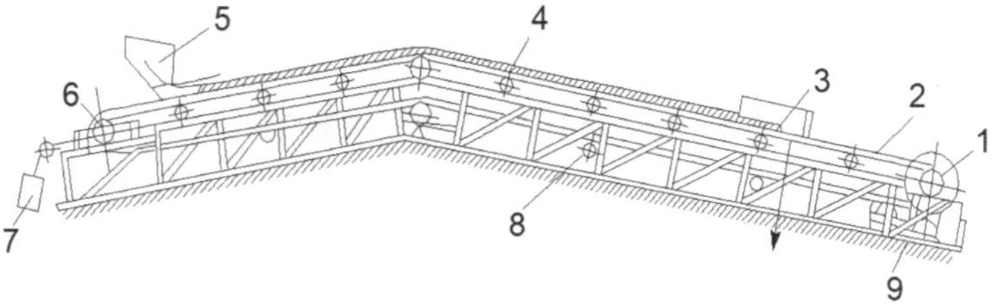

图2-17 带式输送机

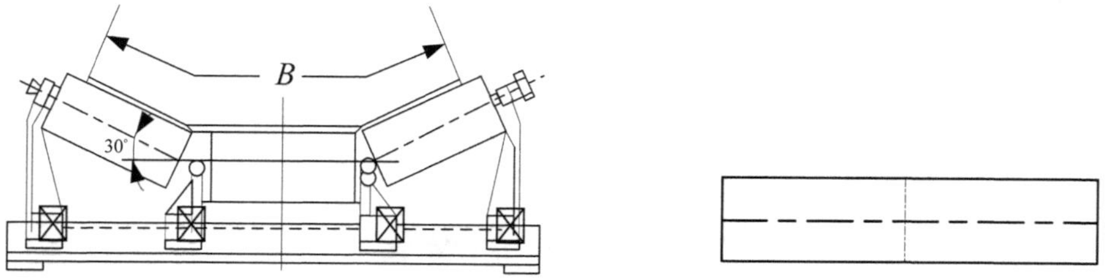

（a）槽型　　（b）平型

1—主动轮；2—带条；3—卸料装置；4—上托辊；5—加料斗；

6—张紧轮；7—重锤；8—下托辊；9—清扫器

图2-18 皮带的托辊分槽型和平型

塑料输送带有多层芯和整芯两种。多层芯塑料带和普通型橡胶带相似，整芯塑料带工艺简单、生产率高、成本低、质量好。目前整芯厚度有4 mm和5 mm两种。塑料带接头方式有机械及塑化两种。

驱动装置由电动机、减速器、柱销联轴器、十字滑块联轴器组成。传动滚筒把电动机、减速器装入滚筒内的传动装置。其结构紧凑、外形尺寸小，易于安装布置，可以代替一般的电动机、减速器驱动的驱动装置。改向滚筒用于改变输送带的运行方向，或增加输送带与传动滚筒的包角。托辊用于支承输送带和带上物料，使其稳定运行。槽型托辊用于散状物料；平型托辊一般用于输送成件物料；调心托辊用于调整输送带，使它保持正常运行不致跑偏；缓冲托辊装于输送机受料处，以保护输送带。上托辊分槽型和平型两种。输送散状物料一般均采用槽型托辊，其槽角为30°，用于手选输送机及输送成件物品时采用平型托辊。下托辊均为平型托辊。拉紧装置作用是使输送带有足够的张力，保证输送带和辕筒间不打滑，限制输送带在各支承间的垂度，使输送机正常运转。清扫装置的作用是清扫黏附在输送带上的物料。卸料装置用于输送机中间卸料。卸料装置分犁式卸料器、卸料车和重型卸料车三种。制动装置输送机的极限倾角>4°时，为了防止满载停车时发生事故，应设制动装置。制动装置有滚柱逆止器、带式逆止器和液压电磁闸瓦制动器三种。

（二）带式输送机的类型

下面分别介绍几种带式输送机。

1. TD75 型带式输送机

一般用途的带式输送机，输送各种块状、粒状、粉状物料，也可输送成件物品。带宽有 500 mm、650 mm、800 mm、1 000 mm、1 200 mm、1 400 mm 六种。输送带有普通橡胶带和塑料带两种。物料温度不超过 70 ℃时，输送酸性、碱性、油类物质需采用耐酸、耐碱、耐油的橡胶带或塑料带。

2. DX 型钢绳芯胶带输送机

输送带抗张强度高，输送距离长。输送带寿命长，比普通输送带寿命长 2~3 倍，一般可用 6~10 年。输送带伸长率小，仅为普通带的 1/5。输送带抗冲击力强。输送带可用于高速。输送带成槽性好，不仅适用于深槽输送机，而且由于输送带与托辊贴合紧密，与普通输送带比较，相同带宽输送能力大。

3. QD80 型固定式胶带输送机

为化工、轻工、食品、粮食、邮电等部门设计的通用固定式连续输送机，可输送各种散状物料和成件物品。带宽有 300 mm、400 mm、500 mm、650 mm、800 mm、1 000 mm 和 1 200 mm 七种，输送速度有 0.25 m/s、0.5 m/s、0.8 m/s、1.0 m/s、1.25 m/s、1.6 m/s、2.0 m/s 和 2.5 m/s 八种，能满足一般运输作业线的工艺要求。工作环境温度为-15 ℃至 40 ℃。亦可满足耐酸、耐碱、耐油、耐热、无毒和防污染等特殊要求。水平式输送机带面距地面的标准高度有

500 mm 和 800 mm 两种。对于倾斜式输送机，带面距地面高度可在 800 ~ 2 000 mm 范围内任意选择，超过 2 000 mm 时，选用单位需自行设计头架和中间支架，供图制作或与制造厂面洽。

4. 特轻型带式输送机

具有负荷轻、线速度低的特点，主要用于橡胶工厂连续运送胶条或返回胶边，也可用于其他行业做轻荷载成件物品的连续输送。

二、螺旋输送机

螺旋输送机在化工厂中用途较广，主要用于输送粉状、颗粒状和小块状物料，如煤粉、纯碱、再生胶粉、氧化锌、碳酸钙及小块煤等，不适宜输送易变质、黏性大和易结块的物料。

（一）输送原理及结构

螺旋输送机的总体结构如图 2-19 所示，旋转的螺旋叶片将物料推移而进行输送，使物料不与螺旋叶片一起旋转的力是物料自身重量和机壳对物料的摩擦阻力。旋转轴上焊有螺旋叶片，叶片的面型根据输送物料的不同有实体面型、带式面型、叶片面型等型式，螺旋轴在物料运动方向的终端有止推轴承以承受物料给螺旋的轴向反力，在机身较长时，应加中间吊挂轴承。

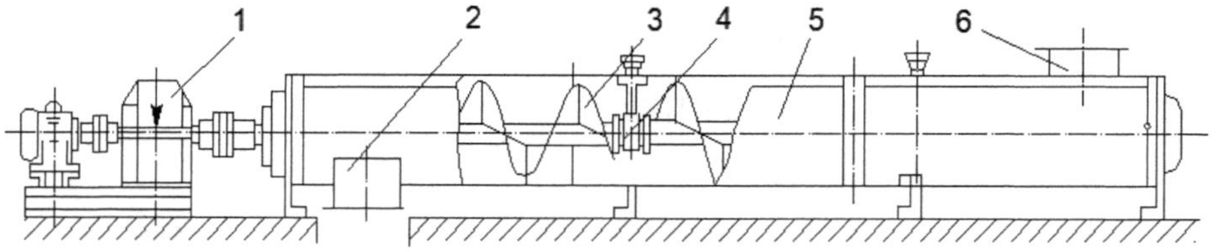

1—驱动装置；2—出料口；3—旋转螺旋轴；4—中间吊挂轴承；5—壳体；6—进料口

图 2-19 螺旋输送机总体结构

（二）特点及分类

螺旋输送机的特点是结构简单，横截面尺寸小，密封性能好，可以中间多装料和卸料，操作安全方便以及制造成本低等。但是机件磨损较严重，输送量较低，消耗功率大，物料在运输过程中易破碎。使用的环境温度为-20 ℃至 50 ℃；物料温度小于 200 ℃；输送机的倾角 $\beta \leqslant 20°$；输送长度一般小于 40 m，最长不超过 70 m。螺旋输送机的类型有水平固定式、垂直式及弹簧式三种。水平固定式螺旋输送机最常用。其输送倾角小于 20°，输送长度一般在 40 m 以下。垂直式螺旋输送机用于短距离提升物料，输送高度一般不大于 6 m，螺旋叶片为实体面型，它必须有水平螺旋喂料，以保证必要的进料压力。

三、埋刮板输送机

埋刮板输送机是输送粉尘状、小颗粒及小块状等散料的连续输送设备，可以水平、倾斜和垂直输送。输送物料时，刮板链条全埋在物料之中，故称埋刮板输送机。

（一）输送原理及结构

输送方案如图 2-20 所示。埋刮板输送机主要由封闭的壳体（机槽）、刮板链条、驱动装置及张紧装置等部件组成。埋刮板输送机水平输送时，物料受到刮板链条在运动方向的推力。当料层间的内摩擦力大于物料与槽壁间的外摩擦力时，物料就随着刮板链条向前运动。在料层高度与机槽宽度之比值满足一定的条件时，料流是稳定的。埋刮板输送机垂直输送时，主要依赖物料所具有的起拱特性。封闭于机槽内的物料受到刮板链条在运动方向的推力，且受到下部不断给料而阻止上部物料下滑的阻力时，产生横向侧压力，从而增加物料的内摩擦力，当物料之间的内摩擦力大于物料和槽壁间的外摩擦力及物料自重时，物料就随刮板链条向上输送，形成连续料流。由于刮板链条在运动中有振动，有些物料的料拱会时而被破坏时而又形成，因此，使物料在输送过程中对于链条产生一种滞后现象，影响输送能力。

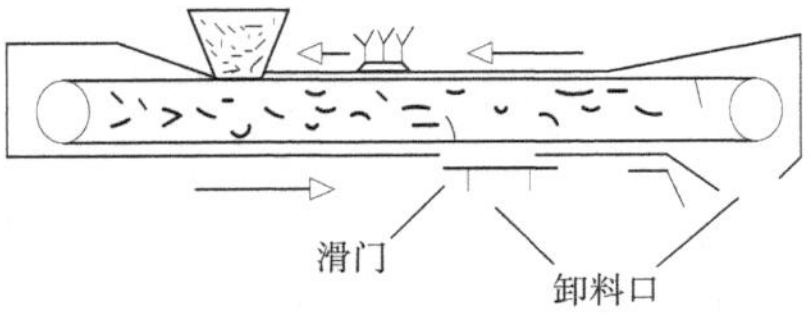

(a)

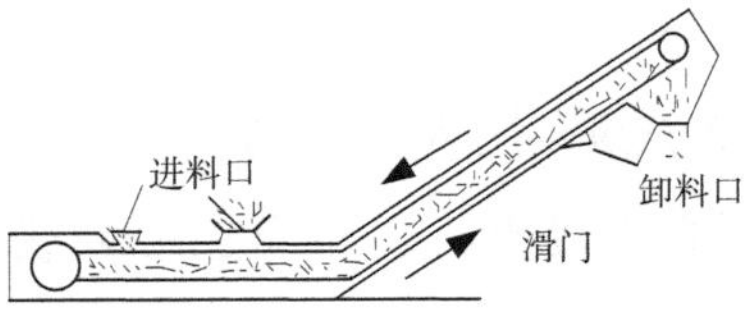

(b)

图 2-20 埋刮板输送机输送方案

（二）特点

埋刮板输送机的特点是：设备结构简单，重量轻，体积小，密封性能好，安装维修比较方便；能多点加料、多点卸料，工艺选型及布置较为灵活；在输送飞扬性、有毒、高温、易燃易爆的物料时，可改善工作条件，减少环境污染。一般机型适用于温度小于 100 ℃的物料；耐高温型埋刮板输送机输送物料温度可达 650~800 ℃。具有下述性能的物料，一般不宜采用埋刮板输送机：悬浮性大的物料，块度过大的物料，磨损性很大的物料，压缩性过大的物料，黏性大的物料，流动性特强的物料，易碎而又不希望在输送过程中被破碎的物料，特别坚硬的物料。腐蚀性大的物料，如不采用防腐型埋刮板输送机，也不宜输送。

四、斗式提升机

斗式提升机是在链条或皮带等挠性牵引构件上，每隔一定间距安装一钢质斗，物料放在斗中提升运送，其运送方向可以垂直，也可以倾斜。

（一）输送原理及结构

斗式提升机的输送原理是：料斗把物料从下面的贮槽中舀起，随着输送带或链提升到顶部，绕过顶轮后向下翻转，将物料倾入接受槽内。其结构如图 2-21 所示。

带传动的斗式提升机的传动带一般采用橡胶带，装在下（或上）面的传动滚筒和上（或下）面的改向滚筒上。链传动的斗式提升机一般装有两条平行的传动链，上（或下）面有一对传动链轮，下（或上）面是一对改向链轮。斗式提升机一般都装有机壳，以防止粉尘飞扬。

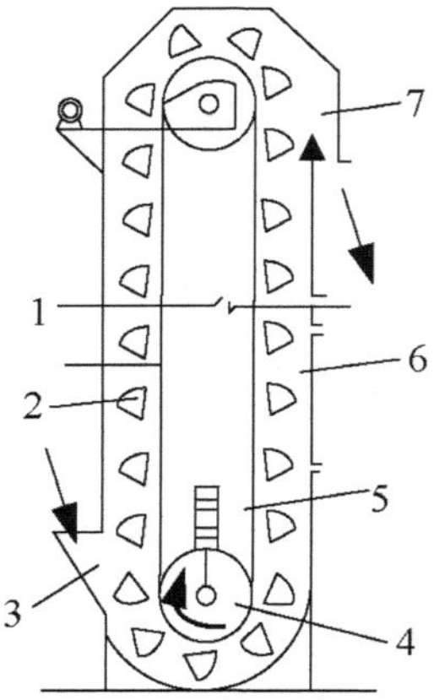

1—链条；2—斗；3—进料斗；4—链轮；5—张紧装置；6—机壳；7—卸料口

图 2-21 斗式提升机示意图

（二）装载和卸载

掏取式装载：如图 2-22 所示，料斗在尾部掏取物料而实现装载。它主要用于输送粉状、粒状物料，掏取时阻力不大，料斗运动速度为 0. 8 ~2 m/s。流入式装载：如图 2-22（b）所示，物料直接流入料斗而实现装载。流入式用于运输大块或摩擦性大的物料。流入式料斗应密切相连布置，以防物料在料斗之间散落。料斗运动速度小于 1 m/s。

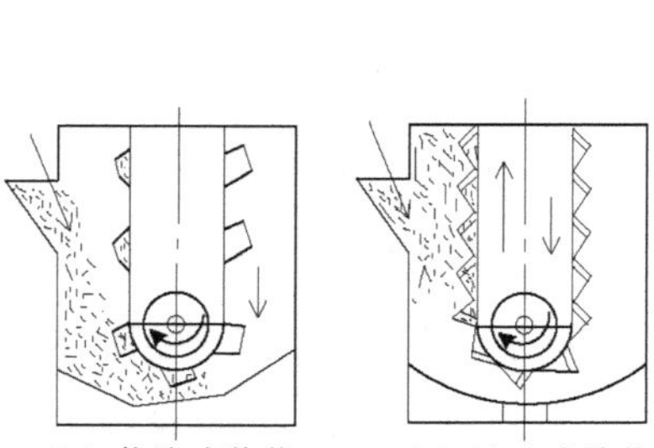

（a）掏取式装载　　（b）流入式装载

图 2-22　斗式提升机装料方式

（三）特点及分类

斗式提升机适用于垂直或倾斜地提升散状物料，其结构紧凑，提升高度大，密封性好。对超载较敏感，料斗和链条易损坏。斗式提升机的提升高度可达 30 m，一般为 10~20 m。输送能力在 30 t/h 以下时，通常使用垂直式斗式提升机。

斗式提升机分类如下：按安装方式可分为垂直式和倾斜式；按卸载方式可分为离心式、离心-重力式、重力式；按装载方式分为掏取式、流入式；按牵引构件分为带式、链式。

第四节　粉碎机械

粉碎机械是利用粉碎工作件（齿板、锤头、钢球等）对物料施加机械力，使物料体积变小、表面积增大的机械设备。粉碎的目的在于增大表面积，从而改善固体物料参与传质、传热过程，加快化学反应速度，提高产品质量。固体物质内部存在很高的凝聚力，当粉碎机械在工作时施加于物料上的力超过其凝聚力时，物料便被粉碎。施力种类主要有压缩、冲击、剪切、弯曲和拉伸等，如图 2-23 所示。一般说来，粗碎和中碎以冲击施力为主，而超细粉碎则以剪切为主。

（a）压缩　（b）拉伸（劈碎）　（c）弯曲　（d）剪切（摩擦）（e）冲击

图 2-23　破碎的施力方式

对脆性材料以施加压缩力和冲击力为佳，而对韧性材料则以施加剪切力或快速冲击为好。从宏观来看，粉碎过程似为一种简单的机械物理过程，但从微观看，它却是物理化学过程，其中包含了晶格畸变、表面自由能增大、离子键断裂等过程。因此，粉碎过程实际上是一个复杂的过程。工业中使用的粉碎机种类很多，按施加力的方式可分为挤压、剪切、切断、冲击和研磨等；按粉碎机作用件的工作方式可分为旋转、振动、搅拌等；按操作方式可分为干磨、湿磨、间歇、连续等。一般情况下分为破碎机、磨碎机和超细粉碎机。

一、颚式破碎机

（一）种类

颚式破碎机是工业上粗碎及中碎的破碎设备，在工作时，动颚相对颚板作周期性往复运动，时而靠近，时而离开。当两颚板靠近时，物料在两颚板之间被压碎，当两颚板离开时，被压碎的物料靠自身的重力自动落下。根据活动颚板的特征，颚式破碎机分为简摆型、复摆型和组合摆动型 3 类，如图 2-24 所示。

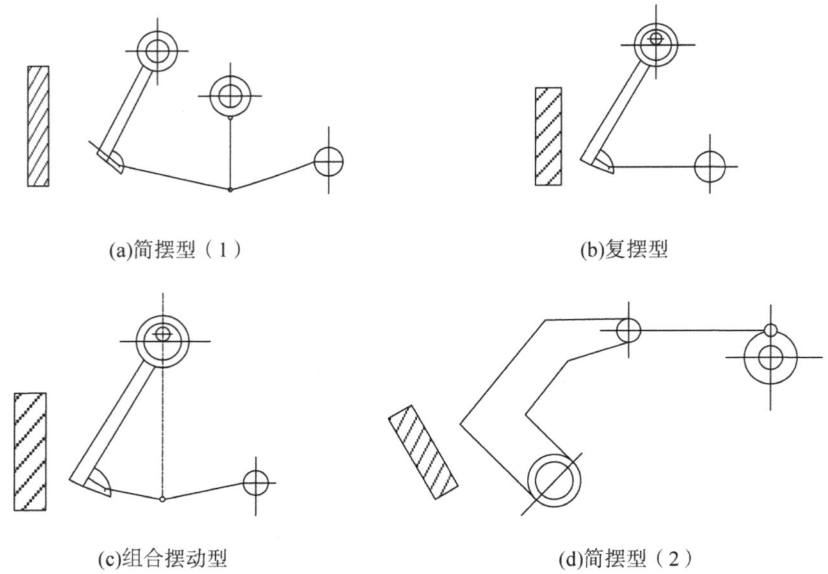

图 2-24　颚式破碎机

（二）结构与工作原理

简摆型颚式破碎机主要由定颚板、动颚板、心轴、偏心轴、连杆、前后推板、带轮等组成，如图 2-25 所示。所有各部件装于机座内，带有衬板的定颚板装于机座的一侧，带有衬板的动颚板则装在心轴上，心轴两端由轴承支承。定、动颚板之间形成一定的楔角。偏心轴由主轴承支承，其上安装有连杆，在连杆下方的凹槽中装有推力板支座，前、后推力板分别支承在支座上。偏心轴上一端装有带轮，另一端装有飞轮，飞轮在空行期间用以存储能量，在工作时将能量释放。

颚式破碎机工作时由电动机带动偏心轴上的带轮旋转，然后将能量传递给装在支座上的偏心轴，偏心轴带动连杆运动，从而使前、后推板做周期性的上、下摆动，进而带动颚板摆动。前、后推板的拉紧和动颚板的返回是靠拉杆和弹簧的作用，通过楔形块可以调节出料口的大小。复摆型颚式破碎机主要由定颚板、动

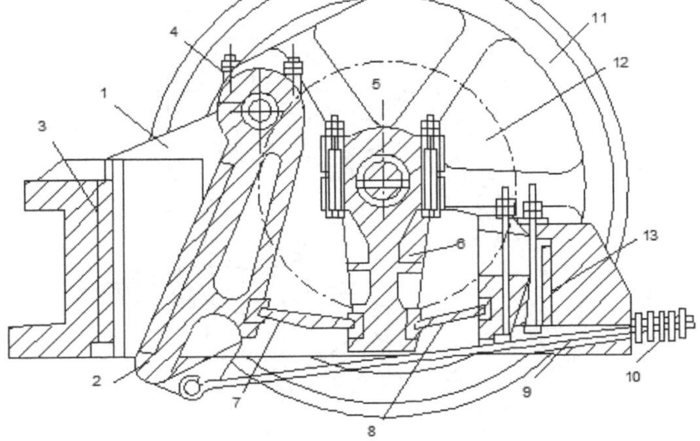

1—机座；2—动颚板；3—定颚板；4—心轴；5—偏心轴；6—连杆；7—前推板；
8—后推板；9—拉杆；10—拉杆弹簧；11—飞轮；12—带轮；13—楔形块

图 2-25　简摆型颚式破碎机

颚板、偏心轴、楔形块、转动轮、带轮、飞轮等组成，如图 2-26 所示。动颚板直接装在偏心轴上，同时起连杆作用。此种破碎机的推力板只有一块。工作时通过电动机带动带轮，并使偏心轴旋转，由此带动动颚板上、下运动，达到破碎的目的。通过转动轮，使楔形块上升或下降，用以调节出料口的大小。颚式破碎机具有结构简单、牢固，能处理的物料块粒度范围大，安装高度低以及操作维护方便等优点，是化学工业及其他工业中进行粗碎、中碎或细碎作业时最重要和使用最广泛的破碎机。它的维修主要是调头或更换使用衬板，调整排料口的间隙，检查和维修传动装置、润滑系统，以及更换、修复磨损件等。

二、锤式破碎机

（一）种类

锤式破碎机按转子数目可分为单转子和双转子；按转子的回转方向可分为可逆式和不可逆式；按锤头的排数可分为单排式、双排式或多排式；按锤头是否固定可分为固定锤式和活动锤式。

（二）结构与工作原理

锤式破碎机主要由圆盘、锤子、转动轴、衬板、筛板、飞轮和机座等组成，如图 2-27 所示。它的转子部分包括主轴、圆盘、销轴和锤子等，在转子下部设

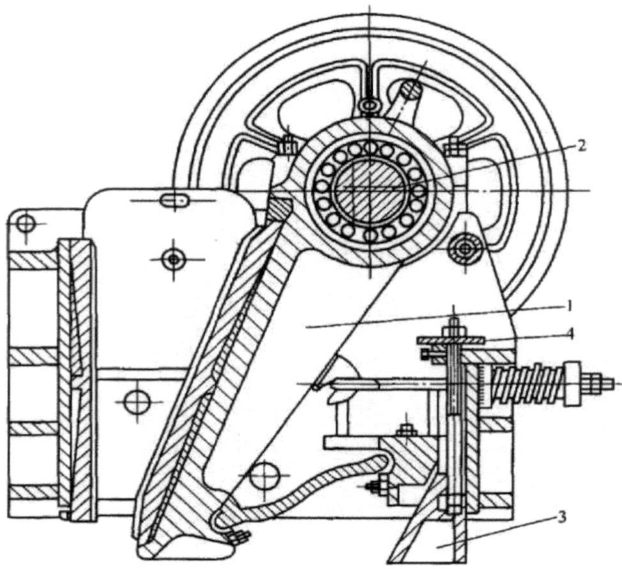

1—动颚板；2—偏心轴；3—楔形块；4—转动轮

图 2-26　复摆型颚式破碎机

有筛板。圆盘装在轴上，2 个圆盘之间用轴套分隔和定位，销轴穿过轴套，轴套

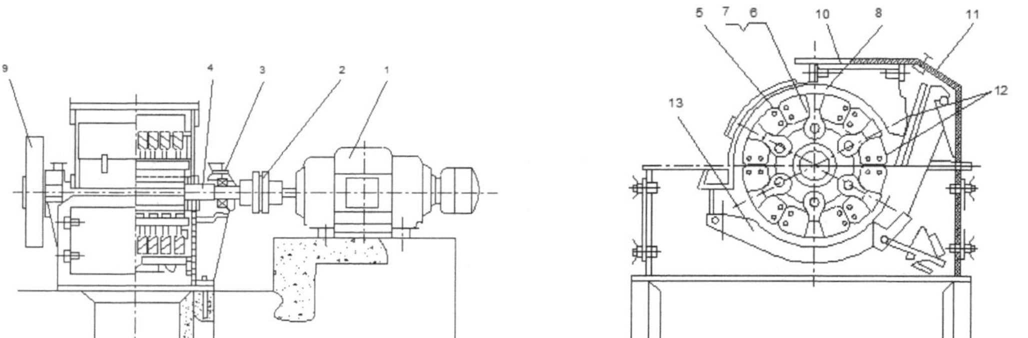

1—电动机；2—联轴器；3—轴承；4—主轴；5—圆盘；6—销轴；7—轴套；

8—锤子；9—飞轮；10—进料口；11—机壳；12—衬板；13—筛板

图 2-27　600 mm×1 600 mm 锤式破碎机

上装有锤子，每个方向上装有 4 个锤子，锤子在轴套上可自由摆动。锤子与销轴之间采用铰链的形式连接，在高速旋转时向外张开，一旦遇到无法破碎的坚硬物体时锤子可以收缩。工作时物料由上部给料口送入机内，受到高速旋转的锤子冲击、剪切及研磨而被粉碎，小于筛孔尺寸的物料通过筛板排出，粗物料仍留在筛板上再次被打击和研磨，直至过筛成产品排出。锤式破碎机破碎比大，单位产品的能量消耗低，体积紧凑，结构简单并有很高的生产能力，适用于脆性物料和水泥厂、化工厂中的硬质物料的粉碎。

三、辊式破碎机

（一）种类

辊式破碎机的破碎部件为圆柱形辊子，按辊子的数量可分为单辊、双辊、三辊和四辊等形式；按辊子表面形状可分为光辊和齿辊等，其中以双辊应用最多。

（二）结构与工作原理

1. 单辊破碎机

单辊破碎机由固定齿板、辊子齿板、心轴、排料口宽度调整装置、飞轮、弹簧等组成，如图 2-28 所示。辊子齿板安装在轴上，通过电动机带动使其旋转。旋转轴通过轴承支承并固定在机座上，调节装置 1 可以调节出料口大小，从而达到调节破碎物料粗细的目的。单辊破碎机在工作时由固定齿板和辊子齿板对物料施加破碎力，并产生劈碎和剪切作用，从而使物料破碎，破碎后的物料在重力作用下从下部出口排出，调节出口大小即可调节出料的粗细。由于物料一侧与固定齿板接触，另一侧与辊子齿板接触，产生剪切和破碎作用，这对于破碎一些韧性物料是有利的。

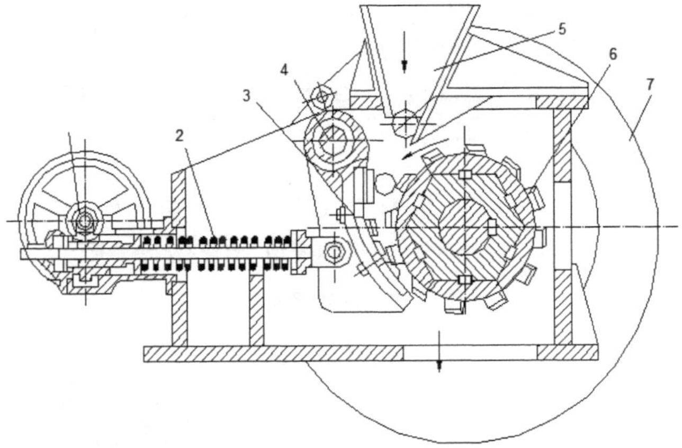

1—排料口宽度调节装置；2—弹簧；3—固定齿板；4—心轴；5—给料斗；6—辊子齿板；7—飞轮

图 2-28　YPT 型海绵钛单辊破碎机

2. 双辊破碎机

双辊破碎机由辊子、辊套、夹紧螺栓、齿轮、传动轴、轴套、弹簧、料槽等组成，如图 2-29 所示。辊子安装在机架上，由安装在轴上的辊芯以及套在辊芯上的辊套组成，两者之间用锥形楔块通过螺栓拉紧，如图 2-30 所示。辊套一般采用耐磨性好的高锰钢、镍硬白口铸铁等，当辊面磨损后更换辊套即可。前辊的轴安装在滚柱的轴承中，轴承座安装在固定的机架上，后辊的轴承安装在机架的导轨中，可以在导轨中前后移动；轴承用弹簧或液压装置压紧在顶座上。前辊和后辊平行安装在机架上，在工作时两辊做相向旋转运动，当物料加入料槽中并落在转辊表面时，在辊子表面摩擦力作用下，物料被带进转辊的间隙中受到辊子的挤压而被粉碎，粉碎后的物料被转辊推出，在物料自身重力作用下排出机外。当两辊面之间的间隙落下未破碎物料时，弹簧被压缩，移动辊后移将其排出，随后在弹簧力作用下又恢复到原来的位置，弹簧力可以利用螺母进行调整。同时，通过更换不同厚度铜片可以调节两转辊之间的间距。这种辊子破碎机是连续操作，且有强制性卸料作用，黏湿性物料也不会将其堵塞。

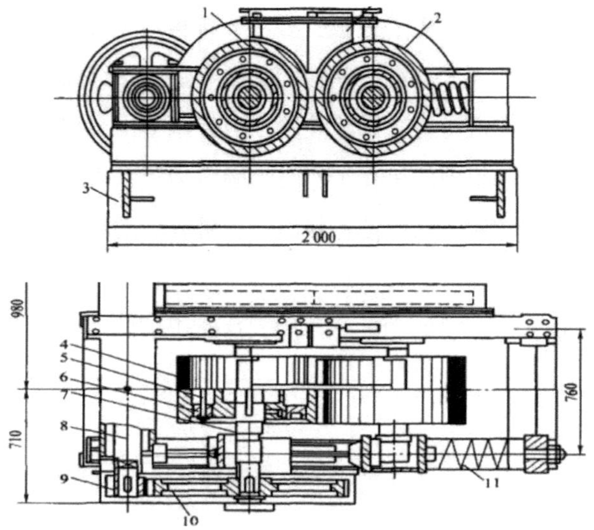

1—辊子；2—辊子；3—机架；4—辊套；5—夹紧螺栓；6—辊芯；

7—辊轴；8—传动轴；9—轴套；10—齿轮；11—弹簧

图 2-29 双辊破碎机

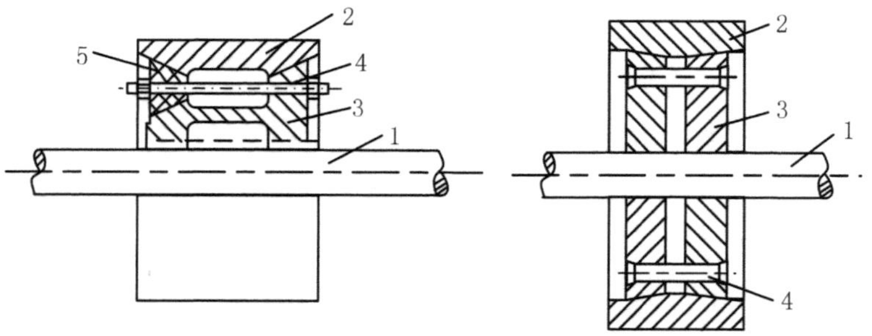

1—轴；2—辊套；3—辊芯；4—拉紧螺栓，5—楔块

图 2-30 辊套固定法

四、旋回破碎机

（一）结构与工作原理

旋回破碎机主要由破碎锥、偏心轴套、传动轴、机架、锥齿轮、主轴等组成，如图 2-31 所示。进行破碎的主要部件是固定在主轴上的破碎锥和机壳形成

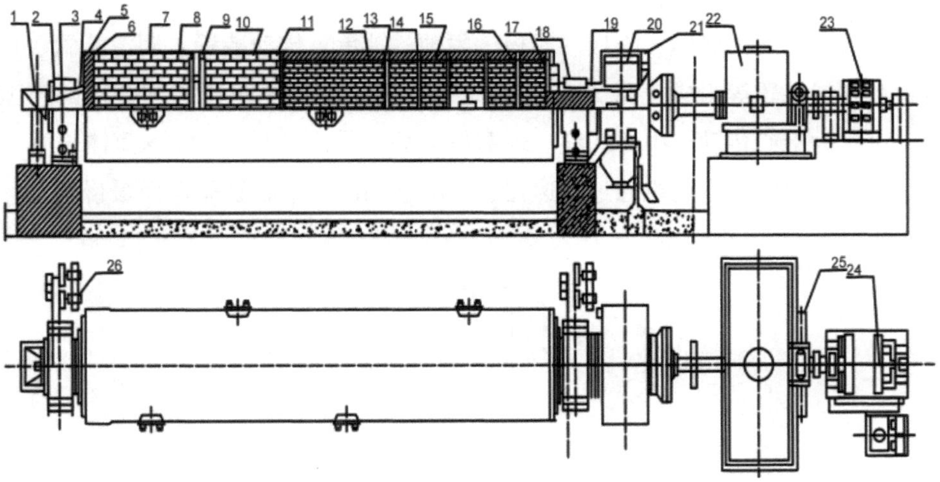

1—传动轴承架；2—联轴器；3—传动轴；4—630-机架；5—偏心轴套；7—破碎锥；8、9—齿板；10—仓衬板；11—横梁；12、—护板；13 楔形键；14、20-螺母；15—压套；16—楔形套；17—衬套；18—支承环；19—缩紧板；21—主轴；22，23，24—套环；25—挡油环；26—锥齿轮

图 2-31　旋回破碎机

的固定锥两部分，为了保护对物料起破碎作用的两锥，两锥上都装有保护衬板。主轴上端固定在顶部的支承环内，下端装在偏心轴套内。工作时利用电动机通过传动轴带动锥齿轮副旋转，使主轴与压合在其中部的破碎锥随之做旋摆运动。工作过程中为防止过载，在传动带轮上安装有保险销，一旦出现过载，销子断裂，机器即停止运转。破碎机设有排料口调节装置，当齿板磨损后排料口尺寸变大时，取下盖帽，将破碎锥吊起对出料口进行调节，直至达到所需要的排料口尺寸为止。破碎腔是固定锥和破碎锥构成的环行空间，破碎锥主轴安装在由锥齿轮副带动的偏心轴套内，使破碎锥在工作时产生旋摆运动。对于固定锥上的任意一点而言，它与破碎锥之间的间距时而增大，时而减少，由此进行破碎和排料。由于固定锥和破碎锥之间形成的是环形空间，所以被破碎物料除受到挤压外还受到弯曲作用。破碎锥工作时做圆周运动，在整个圆周上任一瞬间，都有一部分物料被粉碎，一部分物料在重力作用下排出，因此破碎工作是连续进行的。

五、球磨机

物料经过破碎后的粒度大多在几十毫米左右，为了达到工艺上的细度要求，还必须经过进一步的细磨。工业上所采用的细磨方法是利用细磨机械来进行的，而球磨机是广泛应用的细磨机械。

（一）结构与工作原理

球磨机主要由筒体、隔板、衬板、主轴、轴承、传动装置、润滑装置、进料装置和卸料装置等组成，图 2-32 所示是 ϕ22.4 m×13 m 四仓式球磨机的典型结构，该机为中心传动、中心卸料。球磨机的规格是用“筒体内径×筒体长度”来表示的。筒体由主电动机通过减速器、卸料管和出料中心管驱动而缓慢转动。筒

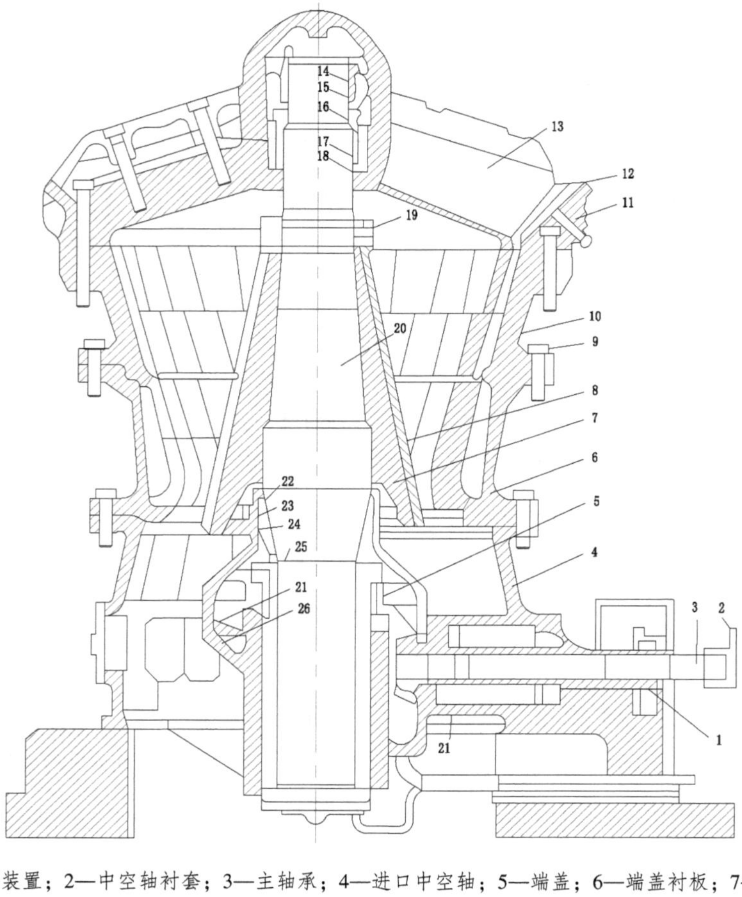

1—进料装置；2—中空轴衬套；3—主轴承；4—进口中空轴；5—端盖；6—端盖衬板；7—筒体；8—仓衬板；9—仓隔仓板；10—二仓衬板；11—二仓隔仓板；12—三仓衬板；13—三仓隔仓板；14、16—挡板圈；15—四仓衬板；17—出口箅板；18—出口衬套；19—出口中空轴；20—卸料装置；21—卸料接管；22—减速器；23—主电动机；24、26—润滑装置；25—辅助电动机

图 2-32　ϕ22.4 m×13 m 四仓式球磨机

体通过中空轴安装在两组主轴承上，主轴承设有润滑装置，对其进行循环润滑。筒体内安装有隔仓板将筒体分隔成四个仓室。一、二仓室之间采用过渡仓式双层隔板，二、三、四仓室之间都采用单层隔板。一仓室内装有由高锰钢制成的波形衬板，二仓室内装有阶梯衬板，三、四仓室内装有由白口铁制作的波形衬板。物料由进料装置送入球磨机后，经进口中空轴进入筒体，并经各仓室研磨体冲击和研磨后，由出口板通过出口中空轴、卸料接管到卸料装置的圆筒内，经筛分后的合格产品由输送机送出。它的工作原理如图 2-33 所示，它有一两端有端盖的圆形筒体，端盖上的轴颈支承在轴承上。

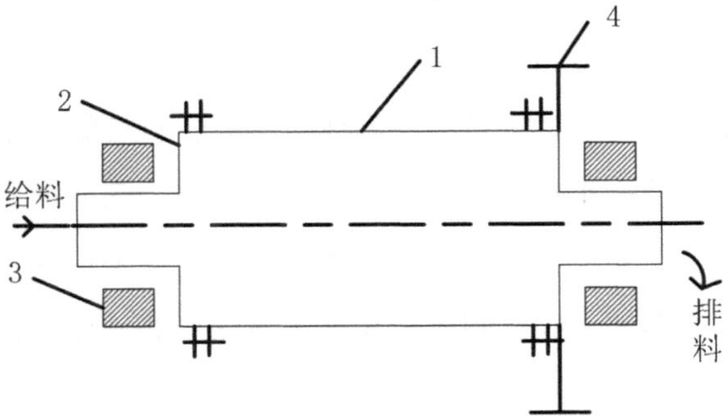

1—筒体；2—端盖；3—轴承；4—齿圈

图 2-33　球磨机工作原理示意图

电动机的动力通过减速器减速和传递，带动筒体上的齿圈使球磨机旋转。筒体内装有很多研磨体，研磨体一般为钢球、钢珠、钢棒、卵石、瓷球等，筒体内还装有耐磨的衬板。当球磨机进行回转运动时，研磨体在离心力和与筒体内壁的衬板面产生的摩擦力作用下，黏附在筒体内壁的衬板上并与筒体一起回转，当被带到一定高度时在重力作用下自由下落，下落的研磨体像抛射体一样冲击下部的物料而将其击碎，如此周而复始。此外，研磨体还在筒体回转运动过程中产生滚动和滑动，因而在研磨体、衬板、物料之间产生研磨作用，使物料被细磨。由于进料端不断地送入物料，因此进料端与出料端之间存在料面差迫使物料朝出料端移动，另外，筒体内的气体流动也能帮助物料流动。因此球磨机虽然是水平放置，但物料却可以缓慢地向出料端移动，完成粉磨作业，这种球磨机称为“溢流型”球磨机。另一种球磨机在出料端附近有格子板，如图 2-34 所示。格子板由若干扇形板组成，扇形板上开有大小为 8 ~12 mm 的筛孔，物料通过筛板聚集在格子板与右端方盖之间的空间内，在该空间内设置有若干块举板，在球磨机作回转运动时举板将这一空间内的物料举起，物料下落时经过锥形块向右转折，经右方的中空轴排出。

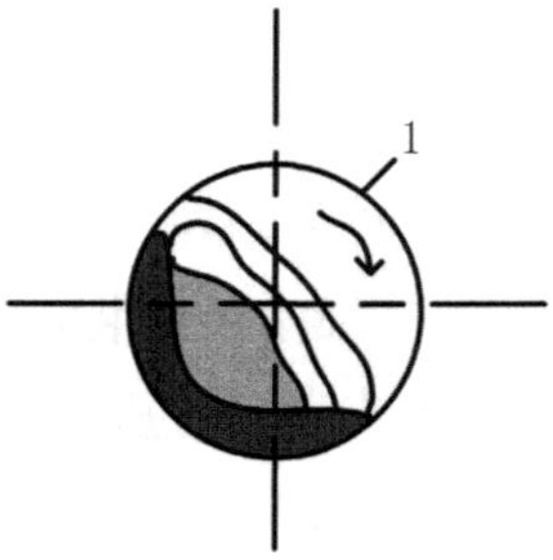

1—格子板；2—举板

图 2-34　格子型球磨机

球磨机内研磨体装填量越少，筒体直径越大，则研磨体的滑动也越小，由此对物料的研磨作用也较小。球磨机内研磨体较多时，靠近筒体中部的研磨体不足以形成抛射运动，但易产生相对滑动，致使物料主要受到研磨作用。研磨粗物料时研磨体的尺寸尽量大些，而装填量却要求小些，使冲击作用加强；反之，研磨体尺寸小些，装填量多些，则有利于小粒度物料的研磨。球磨机的适应性强，生产能力大，满足工业大生产的需要。它的粉碎比大，可以根据需要对粉碎物料的细度进行调整，也可以根据需要采用干法作业或采用湿法作业，亦可将干燥与粉磨操作同时进行，对混合物的磨料起到均化作用。它的结构简单、操作方便、运行可靠、易于维修，但其工作效率低、单位产量能耗大、运行时噪声大、机体笨重、占地面积大、转速要求低（一般为 15～30 r/min），所以需要配置大型昂贵的减速器。

第五节　制冷机械

制冷是指人为地控制某一空间的温度低于周围环境介质的温度，这里所说的环境介质就是指自然界中的空气和水。环境介质的温度高于某空间的温度，根据热量由高温物体自发地传给低温物体的客观规律，则必然有热量不断地往该空间传递，为了使该空间内物体达到并保持所需的低温温度，就得不断地从该空间取出热量并转移到环境介质中去，这种使热量从低温物体转移到高温物体的过程，叫作制冷过程。要实现上述目的，可以有两种途径：天然制冷和人工制冷。天然制冷是指利用深井水和天然冰等天然冷源对某物体进行冷却以达到一定的低温温度。人工制冷是以消耗机械能或其他形式的能量为代价使某空间达到并保持所需的低温温度，其所用的设备，叫作制冷装置。

普通制冷的方法很多，一般都是利用液体在低温下蒸发吸热来实现制冷，这种制冷称为蒸气制冷。蒸气制冷可以分为蒸气压缩式、蒸气喷射式和蒸气吸收式三类，本节主要讨论应用较为普遍的蒸气压缩式制冷。制冷装置中主要设备是压缩机，一般称之为主机，其他设备称辅机。压缩机是用来压缩和输送制冷剂蒸气的。制冷装置所用压缩机的型式主要有活塞式、离心式、螺杆式，但目前应用最广的是活塞式。

一、蒸气压缩式制冷基本原理

蒸气压缩式制冷装置中的关键设备如图 2-35 所示。它有压缩机 1、冷凝器 2、调节阀（或称膨胀阀、节流阀）3、蒸发器 4 四大设备，这些设备之间用管道依次联接，形成一个封闭系统。工作时压缩机将蒸发器产生的低压（低温）制冷剂蒸气吸入压缩机汽缸内，压力升高（温度也随之升高）到稍大于冷凝器内的压力时排至冷凝器。压缩机起着压缩和输送制冷剂蒸气的作用。在冷凝器内，温度和压力较高的制冷剂蒸气与冷却水（或空气）进行热交换，冷凝为液体。冷凝液体经过调节阀降压（降温）后进入蒸发器，在蒸发器内吸收被冷却物体的热量而汽化。这样，被冷却物体（空气、水或盐水）便得到冷量，蒸发器产生的制冷剂蒸气又被压缩机吸走。如此，制冷剂便在系统中进行压缩、冷凝、节流、汽化四个过程，从而完成了一个循环。图 2-35 所示的四大设备，只是蒸气压缩式制冷装置中的基本部分。

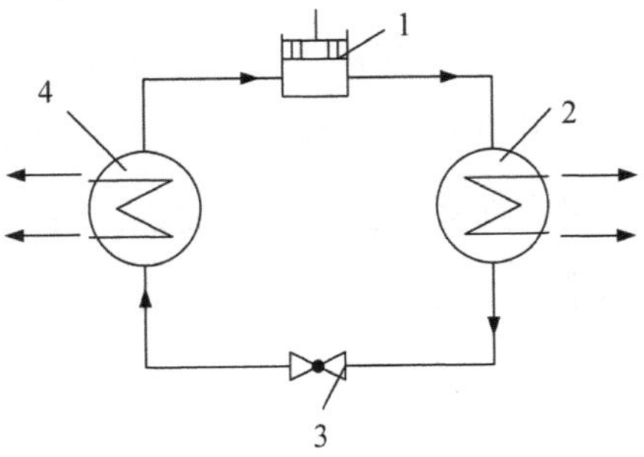

1—压缩机；2—冷凝器；3—调节阀；4—蒸发器

图 2-35　单级制冷装置的基本系统

在实际的制冷装置中，除了四大设备外，还有辅助设备，如油分离器、贮液器、排液器、气液分离器、集油器、空气分离器、中间冷却器等。此外，还有压力表、温度计、截止阀、浮球阀、安全阀、液位计和一些自动化控制仪器仪表等。把这些设备和仪器仪表组合起来，就构成一个完整的制冷装置。

二、活塞式制冷压缩机

（一）工作原理

以单级活塞式制冷压缩机的工作原理为例，压缩机的基本构造如图 2-36 所示。它主要由汽缸 1、汽缸盖 2、活塞 3、连杆 4、曲轴（主轴）5、进气阀 6、排气阀 7 等组成。其工作原理是：主轴由电动机带动旋转，活塞先由左端向右运动，汽缸内压力降低。当汽缸内的压力低于进管中的压力 P_1 时，因压力差的作用，使进气阀打开，制冷剂蒸气便由进气管经进气阀而进入汽缸中，一直到活塞到达右端为止，这个阶段叫作吸气过程。

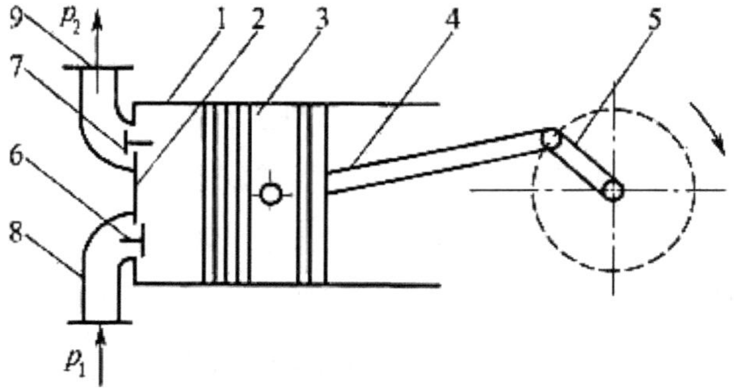

1—汽缸；2—汽缸盖；3—活塞；4—连杆；5—曲轴；
6—进气阀；7—排气阀；8—进气管；9—排气管

图 2-36 压缩机的基本构造示意图

当活塞由右端向左运动时，进气阀关闭，活塞继续向左运动，汽缸中的制冷剂蒸气受到压缩，压力不断升高，一直到压力等于排气管中的压力 P_2，这个阶段叫作压缩过程。当汽缸内压力升高到超过排气管中的压力 P_2 时，也是由于压力差的作用，使排气阀打开，制冷剂蒸气排出汽缸而送入排气管中，一直到活塞达到左端为止，这个阶段叫作排气过程。以上三个过程就构成了一个工作循环，并依次往复地进行工作。

三、离心式制冷压缩机

在大型制冷装置中采用离心式压缩机的日益增多。在制冷量相同的条件下，离心式压缩机与活塞式压缩机相比较，具有体积小、重量轻、输气均匀、振动小、润滑油消耗少、转速高、机械效率高等优点，所以一般离心式压缩机的单机制冷量大，维护费用较低。

（一）单级离心式制冷压缩机

离心式制冷压缩机的工作原理与活塞式制冷压缩机有根本的区别，它不是利用活塞在汽缸中压缩制冷剂蒸气使其容积减小的方式来提高其压力，而是依靠制冷剂蒸气本身的动能变化来提高其压力，图 2-37 是单级离心式制冷压缩机的示意图。在图上可看出：带有后弯式叶片 6 的工作轮（叶轮）3 紧装在轴 1 上，工作轮是离心式压缩机的重要部件，因为只有通过它才能将能量传给制冷剂蒸气。为了防止漏气，轴 1 和机体之间有良好的轴封 2。机体上装有固定的由叶片 7 构成的扩压器 4。从轴中心来看机体，它具有蜗牛壳的形状，故称它为蜗壳，如图中 5 所示。单级离心式压缩机的制冷剂蒸气吸入口 8 处在轴中心的位置，而压出口 9 则在蜗壳的切线方向。

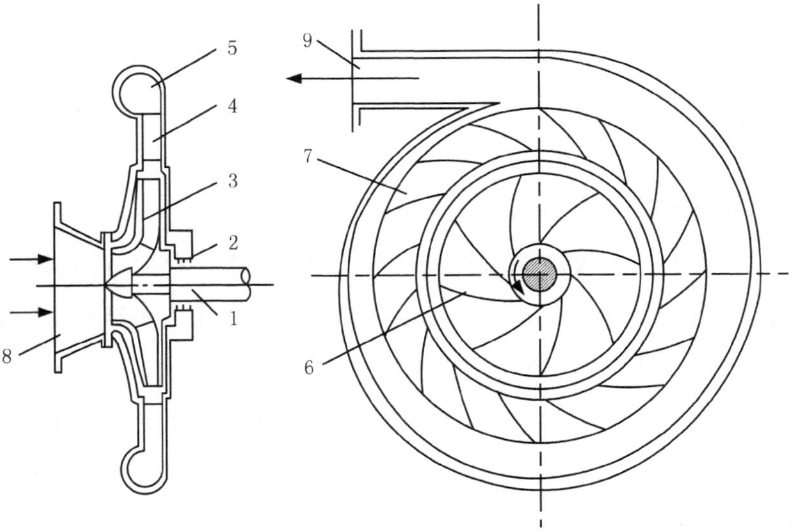

1—轴；2—轴封；3—工作轮；4—扩压器；5—蜗壳；
6—后弯式叶片；7—扩压器叶片；8—吸入口；9—压出口

图 2-37　单级离心式制冷压缩机示意图

单级离心式制冷压缩机开动时（一般用电动机带动），工作轮 3 就高速旋转，后弯式叶片通道内的制冷剂蒸气获得动能也做旋转运动。由于制冷剂蒸气本身的惯性离心力作用，它就不断地沿工作轮外缘的切线方向流出，流经扩压器而入蜗壳，然后由压出口排出。由于扩压器是一个横截面积逐渐扩大的环形通道，所以当制冷剂蒸气流过时，流速降低，压力提高，亦即为动能减少、静压能增加。当制冷剂蒸气由扩压器进入蜗壳内，由于蜗壳的截面积亦随气流方向而逐渐扩大，因此，制冷剂蒸气流过蜗壳时，使流速进一步降低，而压力得到进一步提高。显然，扩压器和蜗壳均为转能装置。与此同时，在工作轮中心，由于制冷剂蒸气不断流向工作轮外缘，因而形成一定的真空度，则将低压制冷剂蒸气从吸入管不断吸入。以上所述，就是单级离心式制冷压缩机不断吸入低压蒸气和排出高压蒸气的工作原理。由于这种压缩机只有一个工作轮，以及制冷剂蒸气沿工作轮外缘的切线方向流出是靠其本身的惯性离心力作用，所以称它为单级离心式制冷压缩机。

第六节　风机机械

一、离心式鼓风机

（一）离心式鼓风机工作原理

离心式鼓风机有单级和多级之分。当叶轮转动时，气体由吸入管进入机壳，气体在离心力作用下由出口排出。对多级鼓风机，气体依次经过第一级工作叶轮，进入扩压器增大静压，然后进入第二级工作叶轮加速，再进入第二级扩压器，最后由出口排出。离心式鼓风机的出口压强一般不超过 3 个标准大气压（表压，1 个标准大气压为 101.3 kPa），其压缩比不高，所以不需要冷却装置。离心式鼓风机叶轮的圆周速度达 300 m/s。

（二）结构与主要零部件

离心式鼓风机主要由机壳、叶轮、主轴、轴承、轴承座（箱）、密封组件、润滑装置、靠背轮（或带轮）、支架，以及其他辅助零部件等组成。

1. 机壳

单级离心式鼓风机的机壳为蜗壳式，其主要作用是将通过叶轮增压后的气体收集起来，使其流向管道。由于蜗壳的流通截面渐渐扩大，从而对气体产生降速扩压的作用。

多级离心式鼓风机则是由机壳内的回流室、隔板组成机壳组件，隔板上的扩压器用于把气体的动能转化为压力能，以提高气体的压力。当气体由扩压器进入回流室后，回流室可均匀地将气体引入下一级叶轮。离心式鼓风机的机壳由铸铁制成或用钢板焊接而成，其结构形式有水平中分式和端盖壳组合式两种。铸铁制成的中分式机壳，其中分面经过加工。一般离心式鼓风机的结合面用橡胶垫片或石棉橡胶板密封，大型离心式鼓风机的结合面多以密封剂密封。中分面法兰上装有定位销、导向杆和连接螺栓。上机壳装有吊环或铸有吊耳，供起吊用。机壳的支承有悬臂式（图 2-38（a））及双支承式（图 2-38（b））两种形式。悬臂式机壳由螺栓与轴承箱连接，并有平键定位。双支承式的机壳靠机座支承，转子组件由两端支承。

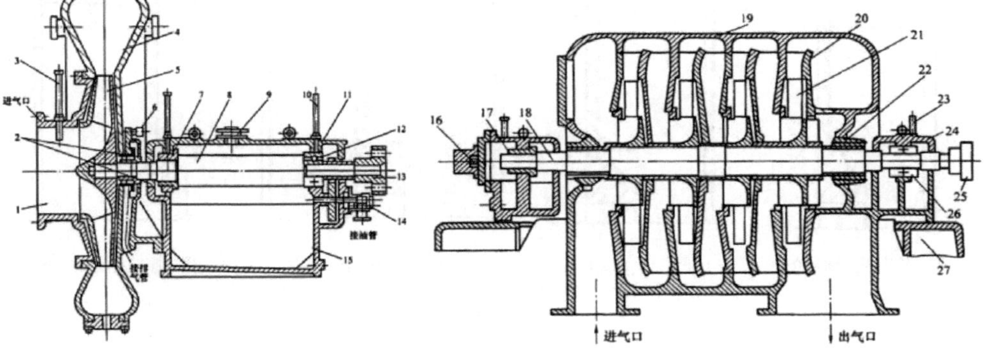

(a) 悬臂式结构形式　　　　(b) 双支承式结构形式

1—进气口；2、22—密封；3、10、23—温度计；4、19—机壳；5、21—叶轮；6—油杯；
7、17—止推轴承；8、18—主轴；9—通气罩；11、24—轴承箱；12、26—径向轴承；
13、25—联轴器门；14、16—主油泵；15、27—底座；20—回流室

图 2-38　离心式鼓风机结构图

2. 转子组件

转子组件是离心式鼓风机的主要部件，其形式有悬臂式和双支承式两种，它是由叶轮、主轴、密封套、平衡盘、联轴器等部件组成。

（1）叶轮其功用是将机械能传递给气体，使气体在通道中增加静压能和动能。其所有零部件均由优质钢制成，一般由前盘、后盘、叶片和轴盘（轮毂）所构成，它们的尺寸和几何形状对离心式鼓风机的性能有着很大的影响。由于叶轮的后盘均为直板并与轮毂用铆钉连接，故叶轮形式主要指前盘形式的变化，如图 2-39 所示。从制造观点看，平直前盘最简单，锥形前盘次之，弧形前盘较复杂。从气体的流动情况来看，弧形前盘最好，锥形前盘次之，而平直前盘的流动

情况最差。叶轮按叶片的弯曲方向可分为三种：后弯叶片（叶片出口安装角<90°）、径向叶片（叶片出口安装角=90°）和前弯叶片（叶片出口安装角>90°）。从气体所获得的压力看，前弯叶片最大，径向叶片稍次，后弯叶片最小。从效率观点看，后弯叶片最高，径向叶片居中，前弯叶片最低。从结构尺寸看，在流量和转速一定时，若要达到相同的压力，前弯叶轮直径最小，径向叶轮直径稍次，后弯叶轮直径最大。叶片的基本形状又分为弧形叶片、直线形叶片和机翼形叶片三种（见图 2-40）。直线形叶片制造简单，机翼形叶片气动性能好且叶片强度高。目前大型离心式鼓风机多采用后弯机翼形叶片，而中、小型离心式鼓风机则用后弯弧形叶片或后弯直线形叶片。

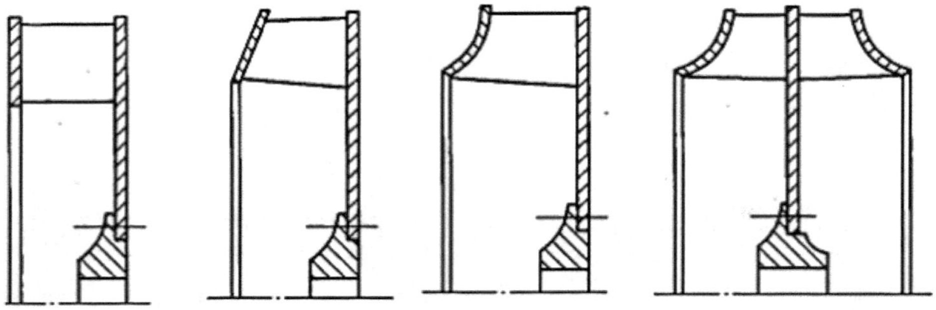

（a）平直前盘叶轮　（b）锥形前盘叶轮　（c）弧形前盘叶轮　（d）双吸弧形前盘叶轮

图 2-39

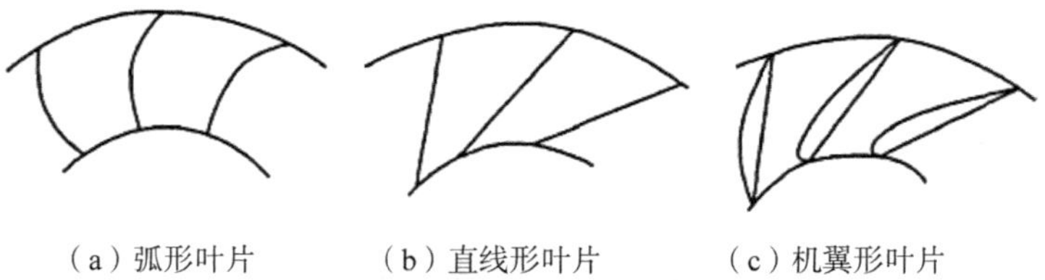

（a）弧形叶片　（b）直线形叶片　（c）机翼形叶片

图 2-40

（2）主轴其作用是支撑所有旋转件并传递扭矩。主轴在运转中同时受到径向力、轴向力以及扭矩的作用，处于复合应力状态。因此，主轴一般采用优质碳素钢或耐腐蚀的不锈钢加工而成，并作调质热处理，以提高其力学性能。

（3）联轴器是用来连接轴和传递旋转力矩的重要部件，也可用做安全装置。

3. 密封组件

为防止离心式鼓风机在运行时漏气（外漏）和多级离心式鼓风机在运行时产生级间串气（内漏），并防止润滑油泄漏及灰尘、水分等进入轴承，离心式鼓风机在壳体、轴承或级间等部位采用密封组件。密封的作用原理是使流体流经密封件时，因受阻力产生压力降从而防止泄漏。离心式鼓风机的轴伸出机壳外面处的轴封，或多级离心式鼓风机的级间密封主要采用轮盖密封和隔板密封的方式。这两种密封多采用梳齿形迷宫密封，轴端密封则采用迷宫式密封和胀圈式密封（见图 2-41、图 2-42）。轴瓦的油封亦采用迷宫式密封或其他形式的密封，金属密封的材料多采用软金属铝或铜制成，以防损坏转子。

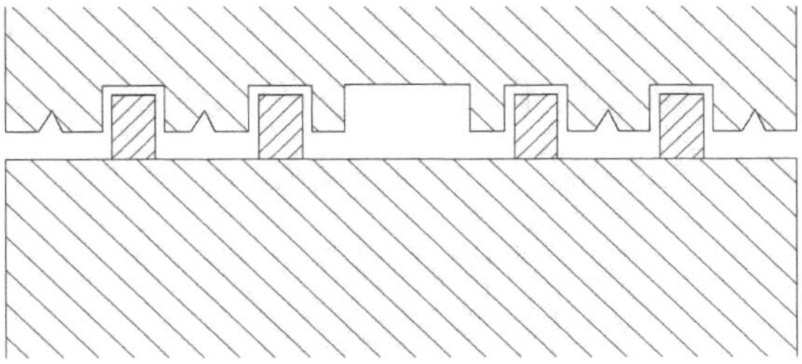

图 2-41　迷宫式密封

图 2-42　胀圈式密封

二、罗茨鼓风机

罗茨鼓风机是回转容积式鼓风机的一种，其特点是输风量与回转数成正比。当鼓风机的出口阻力有变化时，输送的风量并未受到显著的影响。由于工作转子不需要润滑，因此，所输送的气体纯净、干燥。罗茨鼓风机结构简单、运行稳定、效率较高、便于维护和保养，因而在化工生产中得到了广泛应用。罗茨鼓风机按结构形式可分为立式和卧式两种。卧式罗茨鼓风机的两根转子中心线在同一水平面内，鼓风机的进、出风口在机座的上部和下部侧面。立式罗茨鼓风机的两根转子中心线在同一垂直面内，鼓风机的进、出风口在机座的两侧面。通常情况下，流量大于 40 m^3/min 时制成卧式，流量小于 40 m^3/min 时制成立式。按冷却方式可分为风冷式和水冷式。风冷式罗茨鼓风机运行中产生的热量采取自然空气冷却方式，为了增加散热面积，机壳表面采用翘片式的结构。水冷式罗茨鼓风机运行中产生的热量用冷却水强制冷却，在机壳表面制造水夹套，使冷却水在夹套中循环冷却。

(一) 罗茨鼓风机的结构

罗茨鼓风机的结构与齿轮泵相似，主要由机壳、前后盖板、主动轴、从动轴、密封、传动齿轮以及一对断面呈∞形的转子等组成，如图 2-43 所示。在一个长圆形的机壳内有两个转子，分别固定在由轴承支承的相互平行的主动轴与从动轴上，主动轴与从动轴轴端装有相同的啮合齿轮，主动轴通过联轴器或带轮与电动机相连。两个转子之间及转子与机壳之间分别留有 0.4 mm 和 0.3 mm 左右的间隙，以使转子既能自由转动，又不过多漏气。

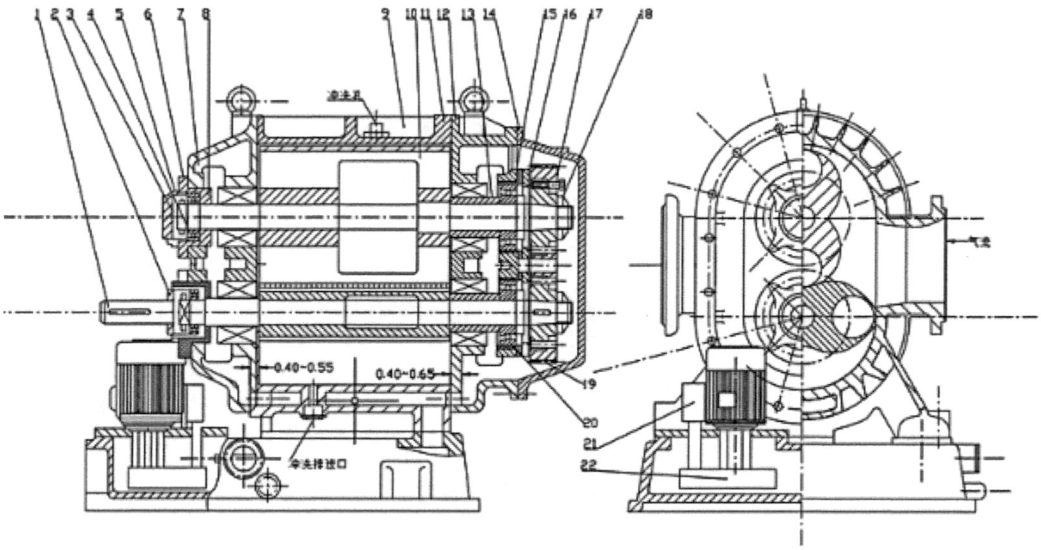

1—主动轴；2、8—有圆形图；3、16—轴承盖；4—从动轴；5、20—轴承；6、14—轴承盖；7—前盖板；10—转子；11—轴端密封；12—后盖板；13—衬套；15—齿轮箱；17、19—齿轮圈；18—轮毂；22—电泵

图 2-43 L36 型罗茨鼓风机结构图

(二) 罗茨鼓风机的工作原理

当电动机带动主动轴转动时，安装在主动轴上的齿轮便带动从动轴上的齿轮按相反方向同步旋转，与此同时，相互啮合的两个转子也随之转动。当转子在图 2-44 (a) 所示位置时，转子左侧与进气口相通，右侧与排气口相通，上转子与机壳间所形成的空间内包含有与进气压力相同的气体；当转子转过一个小角度达到图 2-44 (b) 所示位置时，上部空间与排气口相通，排气管内高压气体的突然流入，使该空间内的气体受到压缩，压力升至排气压力，并随着转子的进一步旋转，空间容积不断减小，气体便从排气口排出。同时，在转子的左侧，空间容积不断增大，压力降低，外界气体从吸气口被吸入，并随转子进

入下部空间到达图 2-44（c）所示位置。图 2-44（c）所示位置与图 2-44（a）所示位置的情况基本相同，只是气体所处的空间及转子的位置发生了变换。转子旋转至图 2-44（d）所示位置，下部空间的气体先被压缩，而后排出，直至转子旋转到图 2-44（e）所示位置为止，图 2-44（e）所示位置与图 2-44（a）所示位置完全相同。转子不停地旋转，气体就不断地被吸入、压缩和排出。转子每旋转一周的排气量，即为上、下空间的容积之和。

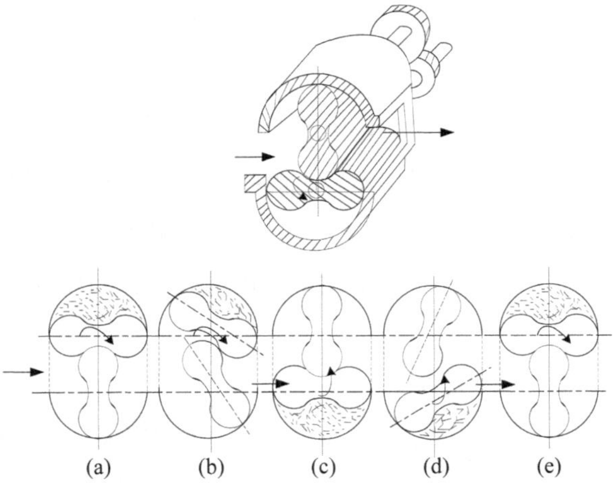

图 2-44　罗茨鼓风机的工作原理

从工作原理看，罗茨鼓风机的旋转方向并无规定。如图 2-44 所示，上部转子做顺时针方向旋转，下部转子做逆时针方向旋转，则从左边吸入气体，右边排出气体。若改变两转子的旋转方向，则从右边吸入气体，左边排出气体。如果风口是上下安置的，最好使气体从上面进入，下面排出，这样可利用下面气体较高的压力抵消一部分转子和轴的重量，以减小轴承所受的压力。

（三）罗茨鼓风机的主要零部件

1. 机壳

机壳的作用是与转子共同形成密封容积。其材料依据输送气体的性质和压力而定，常用铸铁和铸钢制成。因转子在机壳内旋转，所以机壳与转子间应留有一定的间隙，以保证转子与机壳不发生碰撞。常用的机壳结构形式有三种。一种是机壳由壳体和机盖两部分组成。另一种是由壳体和前、后盖三部分组成。这两种结构形式比较简单，但转子与机壳间间隙的测量、检修和调整较为困难。还有一种机壳共由六部分组成，其壳体分为上、下两半，前、后盖板也分为上部鼓风翼盖、下部阻风翼盖，壳体的边上有凸缘，相互可用螺栓连接，机壳中部水平方向有进、出口，如图 2-45 所示，这种结构为检修时测量、调整转子与机壳间的间隙提供了方便。

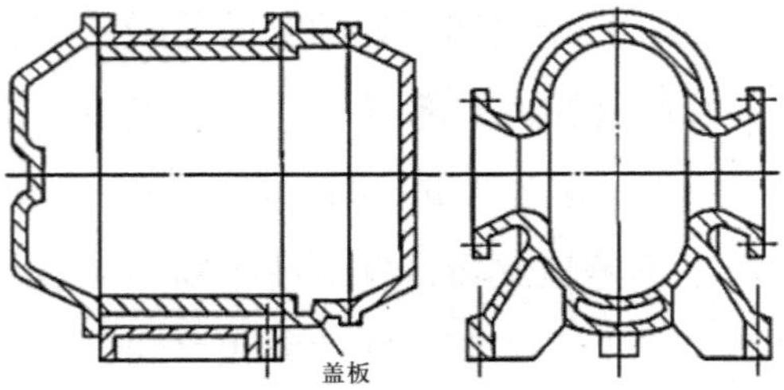

图 2-45 机壳的结构

2. 转子

转子是罗茨鼓风机的主要部件，由叶轮和轴组成。小型罗茨鼓风机的叶轮可制成实心的，中型罗茨鼓风机的叶轮为了减轻重量，可制成空心的。叶轮有二叶型和三叶型两种，如图 2-46 所示。三叶型叶轮每转动一圈进行 3 次吸、排气，与二叶型相比，气体脉动少、负荷变化小、机械强度高、噪声低、振动也小。

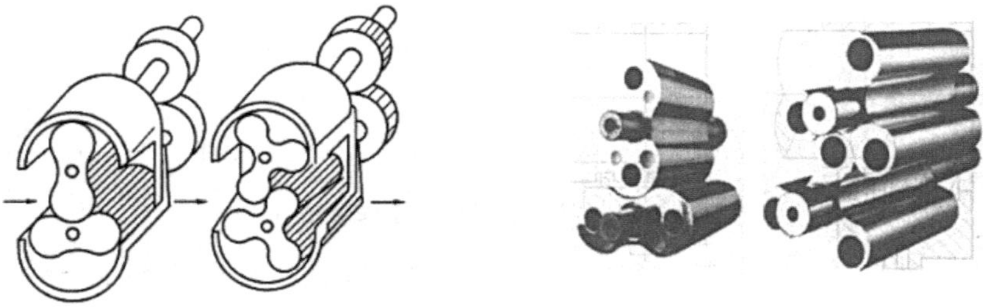

（a）二叶直齿叶型　　（b）三叶螺旋齿叶型

图 2-46 罗茨鼓风机转子结构

转子所用的材质依据输送介质不同而定，有铸铁、铸钢、铝及铜等，一般使用的罗茨鼓风机转子大多采用铸铁或铸钢制成。

3. 传动齿轮

罗茨鼓风机的主动齿轮和从动齿轮采用同步齿轮，既用作传动，又起叶轮定位作用。同步齿轮由齿轮圈和齿轮毂组成，用圆锥销定位。传动齿轮的形式有直齿圆柱齿轮、斜齿圆柱齿轮和人字齿轮。直齿圆柱齿轮制造方便，其缺点是转速较高时容易引起冲击，且噪声较大。斜齿圆柱齿轮传动比较平稳，不会引起冲击，适用于转速较高和功率较大的鼓风机，但斜齿轮传动轴向力较大。人字齿轮运转平稳、噪声小、强度高，但制造、安装和调整比较复杂。齿轮装在齿轮箱内，主动齿轮一端与联轴器相连。传动齿轮的材料一般采用铸铁或铸钢。齿形要求准确，这样可降低磨损，减少振动和噪声。

4. 轴承与轴封装置

轴承的作用是支承转子和轴。罗茨鼓风机的轴承可采用滚动轴承和滑动轴承。滚动轴承摩擦系数小、轴向尺寸小、径向间隙小、维护方便、使用广泛。滑动轴承可用在高转速场合，其承载能力更大，同时结构简单、现场施工容易。罗茨鼓风机主动轴是伸出机壳的，为了防止气体沿轴与壳体的间隙外漏或空气进入，需设置轴封装置。罗茨鼓风机的轴封装置有胀圈式、迷宫式、填料式、机械密封式、骨架油封式等，针对不同的环境、不同的介质、不同的转速，采取不同的密封方式。罗茨鼓风机常用的轴封装置如图 2-47、图 2-48、图 2-49 所示。

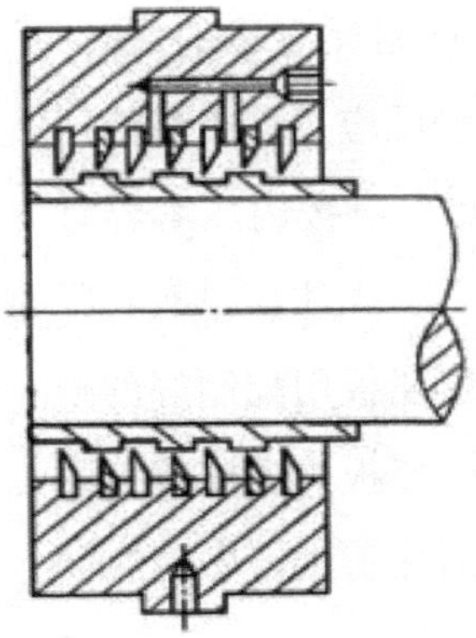

图 2-47　胀圈式轴封装置

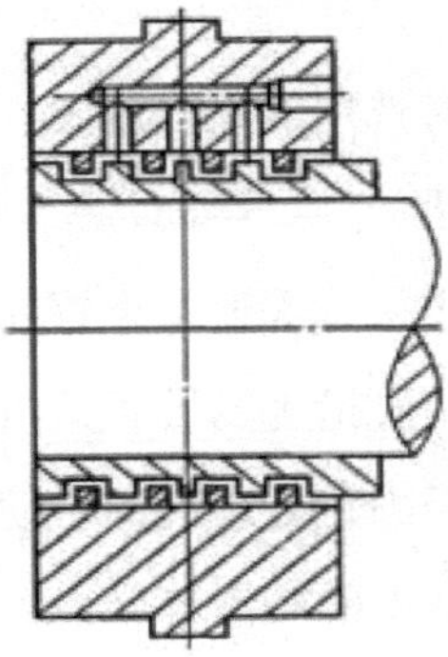

图 2-48　迷宫式轴封装置

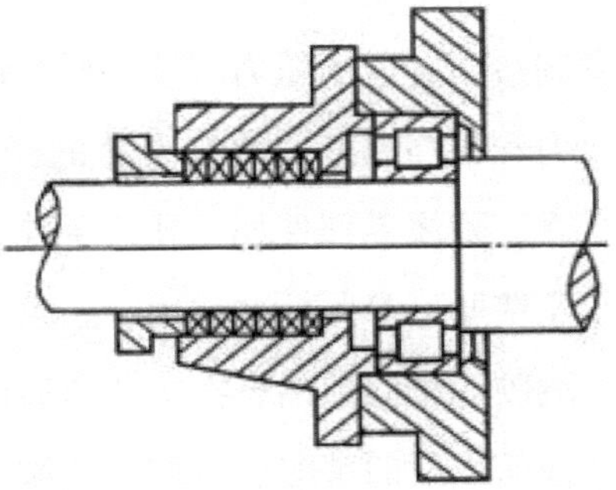

图 2-49　填料式轴封装置

第七节　搅拌机械

以液体为主体与其他液体、固体或气体物料的混合操作称为搅拌。搅拌设备普遍应用于石油化工、橡胶、农药、染料、医药等行业，用来完成磺化、硝化、氢化、烃化、聚合、缩合等工艺过程，以及有机染料和中间体的许多其他工艺过程。由于工艺条件、介质不同，反应釜的材料选择及结构也不一样，但基本组成是相同的，它包括传动装置（电动机、减速器）、釜体（上盖、筒体、釜底）、工艺接管等。

一、搅拌的作用

搅拌的作用有：使不互溶液体混合均匀，制备均匀混合液、乳化液，使传质过程强化；使气体在液体中充分分散，强化传质或化学反应，制备均匀悬浮液，促使固体加速溶解、浸渍或液固化学反应；强化传热，防止局部过热或过冷。

二、反应釜的分类

（一）钢制反应釜

最常见的钢制反应釜的材料为 Q235 钢（或容器钢）。钢制反应釜的设计、制造与普通的压力容器一样。设计时选用的操作压力、温度为反应过程中最高压力和最高温度。装有夹套的壳体依照外压容器计算，而夹套本身按内压容器计算，附属零部件如人孔、手孔、工艺接管等通常设置在釜盖上，壳体、封头直径及壁厚可参照标准选用。要求采取防腐措施的设备，可将耐酸瓷板用配制好的耐酸胶泥牢固地黏合在釜的内表面，经固化处理后即可使用。衬瓷板的反应釜可耐任何浓度的硝酸、硫酸、盐酸及低浓度的碱液等介质，是目前化工生产中防腐蚀的有效方法。钢制反应釜的特点是制造工艺简单，造价较低，维护检修方便，使用范围广泛，因此，化工生产普遍采用。

（二）铸铁反应釜

铸铁反应釜对于碱性物料有一定抗腐蚀能力。当铸铁反应釜壁温低于 25 ℃、内压低于 0.6 MPa 时，最大直径可达 1 000 mm；当铸铁牌号提高时，最大直径可达 3 000 mm。铸铁设备在磺化、硝化、缩合、硫酸增浓等反应过程中使用较多。

（三）搪玻璃反应釜

搪玻璃反应釜是用含高二氧化硅的玻璃，经高温灼烧而牢固地结合于金属设备的内表面上。它具备玻璃的稳定性和金属本身强度高的优点，耐腐蚀，光滑，耐磨而且有一定的稳定性，目前已广泛地应用于化工、农药、医药、染料、食品及冶金工业等。搪玻璃反应釜在运输和安装时，要防止碰撞。加料时严防重物掉入容器内，使用时要缓慢加压升温，防止剧变。

三、反应釜的结构

反应釜主要由釜体、釜盖、传动装置、搅拌器、密封装置等组成，如图 2-50 所示。

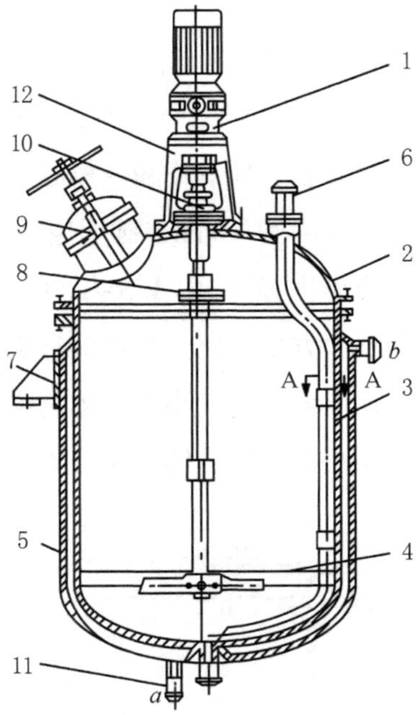

1—传动装置；2—釜盖；3—釜体；
4—搅拌装置；5—夹套；6—工艺接管；
7—支座；8—联轴器；9—人孔；
10—密封装置；11—蒸汽装置；
12—减速器支架

图 2-50　反应釜结构

（一）釜体

釜体由圆形筒体、上盖、下封头构成。上盖与筒体联接有两种方法：一种是盖子与筒体直接焊死构成一个整体；另一种形式是考虑拆卸方便，可用法兰联接。上盖开有人孔、手孔和工艺接管孔等。釜体材料根据工艺要求来确定，最常见的是铸铁和钢板，有的采用合金钢或复合钢板；当用来处理有腐蚀性介质时，则需用耐腐蚀材料来制造反应釜，或者将反应釜内表面覆以搪瓷、衬瓷板或橡胶。目前国内反应釜主要使用材料有：20CrMo、30CrMoA、45 号钢、ZG25、Q345R 板、15MnVR 板、14MMnMoVB 等。在反应釜中，为加快反应速率、加强混合及强化传质或传热效果等，一般都装有搅拌装置。它由搅拌器和搅拌轴组成，用联轴器与传动装置连成一体。搅拌器形式很多，应根据工艺要求来选择，下面介绍几种常用的搅拌器形式。

1. 桨式搅拌器

图 2-51 所示的桨式搅拌器由桨叶、键、轴环、竖轴所组成。桨叶一般用扁钢或角钢制造，当被搅拌物料对钢材腐蚀严重时，可用不锈钢或有色金属制造，也可采用钢制桨叶的外面包覆橡胶、环氧或酚醛树脂、玻璃钢等材料的方式。桨式搅拌器的转速较低，一般为 20～80 r/min，圆周速度在 1.5～3 m/s 范围内比较合适。桨式搅拌器直径取反应釜内径 D_i 的 1/3～2/3，桨叶不宜过长，因为搅拌器消耗的功率与桨叶直径的五次方成正比。当反应釜直径很大时采用两个或多个桨叶。桨式搅拌器适用于流动性大、黏度小的液体物料，也适用于纤维状和结晶状的溶解液，如果液体物料层很深时可在轴上装置数排桨叶。

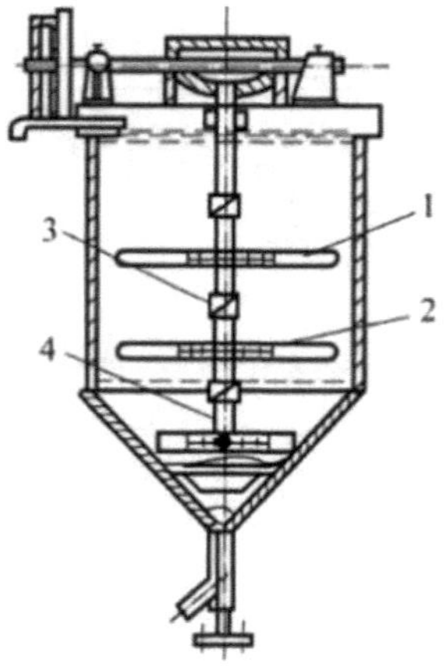

1—桨叶；2—键；3—轴环；4—竖轴

图 2-51　桨式搅拌器

2. 框式和锚式搅拌器

图 2-52 为框式搅拌器，图 2-53 为锚式搅拌器。框式搅拌器可视为桨式的变形，即将水平的桨叶与垂直的桨叶联成一体成为刚性的框子，其结构比较坚固，搅动物料量大。如果这类搅拌器底部形状和反应釜下封头形状相似，通常称为锚式搅拌器。锚式搅拌器制造方法较多。一种是用扁钢或角钢弯制，搅拌叶之间、搅拌叶与轴套之间全部焊接；另一种是做成可拆卸式的，用螺栓来连接各搅拌叶，检修时可拆卸。特殊情况下可采用整体铸造或管材焊制，如铸铁搅拌器和搪玻璃搅拌器。框式搅拌器直径较大，一般取反应器内径的 2/3～9/10，线速度约 0.5～1.5 m/s，转速范围 50～70 r/min。框式搅拌器与釜壁间隙较小，有利于传热过程的进行。快速旋转时，搅拌器叶片所带动的液体把静止层从反应釜壁上带下来；慢速旋转时，有刮板的搅拌器能产生良好的热传导。这类搅拌器适用于大

多数的反应过程，有利于传质与传热。

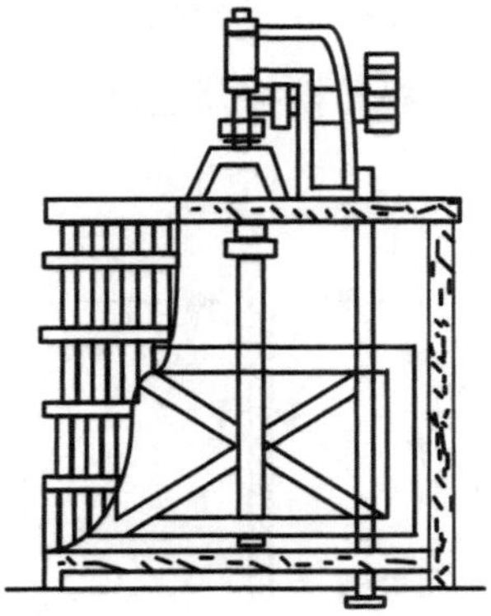

图 2-52　框式搅拌器

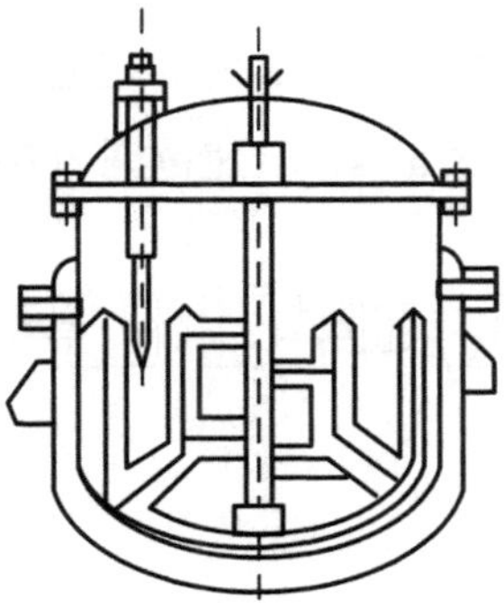

图 2-53　锚式搅拌器

3. 推进式搅拌器

图 2-54 所示为推进式搅拌器，常为整体铸造，加工方便。采用焊接时，需模锻后再与轴套焊接，加工较困难。因推进式搅拌器转速高，制造时要做静平衡试验。搅拌器可用轴套以平键（或紧固螺钉）与轴固定。通常为两个搅拌叶。第一个桨叶安装在反应釜的上部，把液体或气体往下压；第二个桨叶安装在下部，把液体往上推。搅拌时能使物料在反应釜内循环流动，所起作用以容积循环为主，剪切作用较小，上下翻腾效果良好。当需要有更大的流速时，反应釜内设有导流筒。

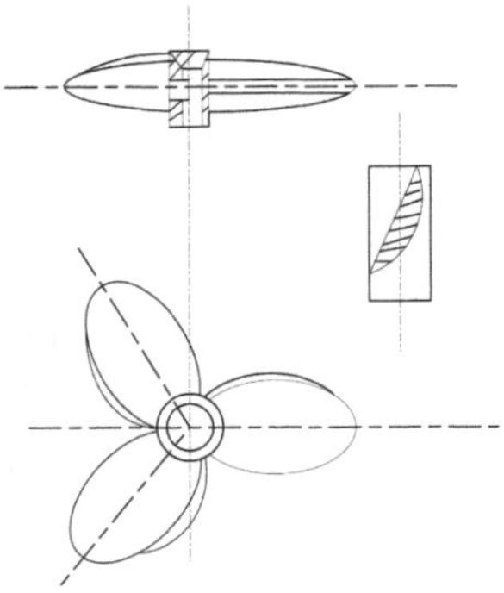

图 2-54　推进式搅拌器

推进式搅拌器直径约取反应釜内径的 1/4～1/3，切线速度可达 5～15 m/s，转速范围为 300～600 r/min，搅拌器的材质常用铸铁、铸钢。

4. 涡轮式搅拌器

图 2-55 为涡轮式搅拌器。搅拌叶又分为平直叶和弯曲叶两种。搅拌叶一般

和圆盘焊接（或以螺栓联接），圆盘焊在轴套上。搅拌器用轴套以平键和销钉与轴固定。涡轮搅拌器的主要优点是当能量消耗不大时，搅拌效率较高。搅拌时液体流动的方向见图 2-56。它适用于乳浊液、悬浮液等。涡轮搅拌器速度较大，切线速度 3~8 m/s，转速范围 300~600 r/min。

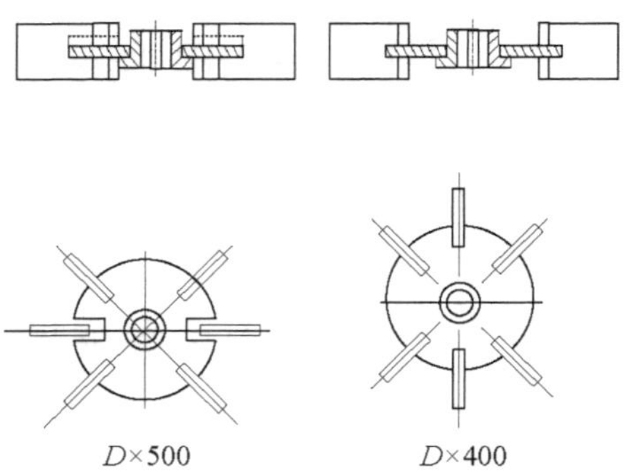

图 2-55　涡轮式搅拌器

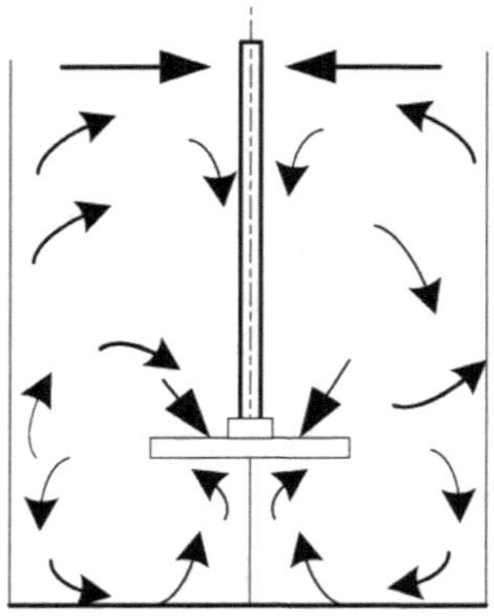

图 2-56　涡轮搅拌器搅拌时液流的方向

5. 特殊形式搅拌器

图 2-57 所示为一种螺带式搅拌器，常用扁钢按螺旋形绕成，直径较大，常做成几条紧贴釜内壁，与釜壁的间隙很小，所以搅拌时能不断地将黏于釜壁的沉积物刮下来。对黏稠物料，采用行星传动的搅拌器，如图 2-58 所示。行星传动搅拌器的优点是搅拌强度很高，被旋转部分带动搅拌的物料体积很大，缺点是结构复杂。上述两种搅拌器目前使用较少。

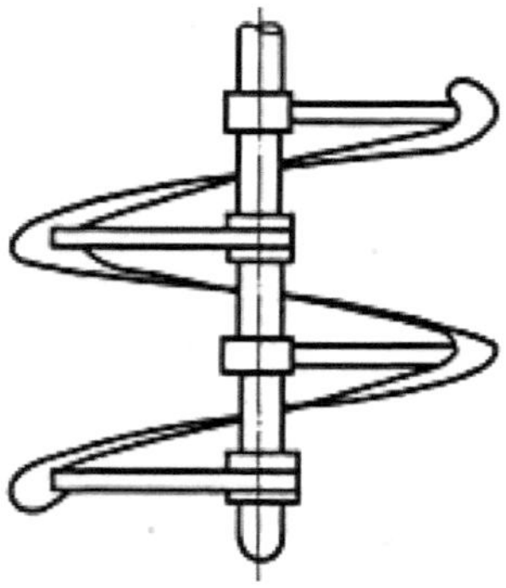

图 2-57　螺带式搅拌器

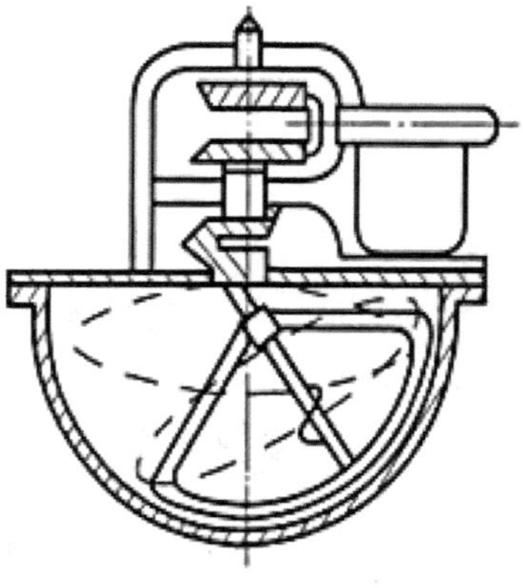

图 2-58　行星传动搅拌器

（二）密封装置

在反应釜中使用的密封装置为动密封结构，主要有填料密封、机械密封两种。

1. 填料密封

填料密封结构如图 2-59 所示，填料箱由箱体、填料、油环、衬套、压盖和压紧螺栓等零件组成。旋转压紧螺栓时，压盖压紧填料，使填料变形并紧贴在轴表面，达到密封目的。在化工生产中，轴封容易泄漏，一旦有毒气体逸出会污染环境，因而需控制好压紧力。压紧力过大，轴旋转时轴与填料间摩擦增大，会使磨损加快，在填料处定期加润滑剂，可减少摩擦，并能减少因螺栓压紧力过大而产生的摩擦发热。填料要富于弹性，有良好的耐磨性和导热性。填料的弹性变形要大，使填料紧贴转轴，对转轴产生收缩力，同时还要求填料有足够的圈数。使用中由于磨损应适当增补填料，调节螺栓的压紧力，以达到密封效果。

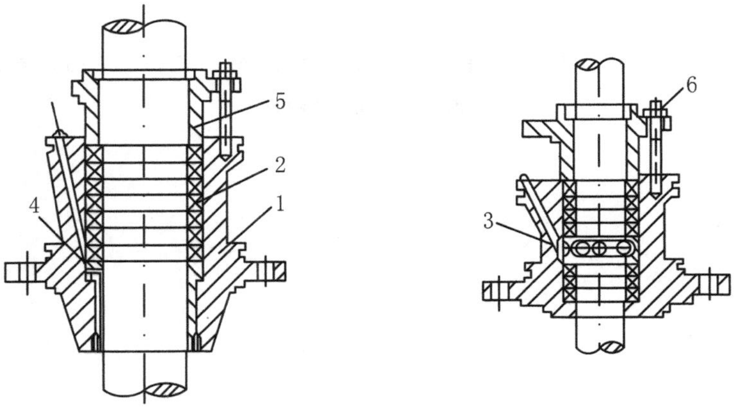

1—箱体；2—填料；3—油环；4—衬套；5—压盖；6—压紧螺栓

图 2-59　填料密封

2. 机械密封

机械密封在反应釜上已广泛应用，它的结构和类型繁多，但它们的工作原理和基本结构都是相同的。图 2-60 是一种结构比较简单的釜用机械密封装置。机械密封包括弹簧加荷装置、动环、静环及辅助密封圈四个部分。机械密封工作原理如图 2-60 所示。机械密封一般有四个密封面。A 处是静环座和设备之间的密封，是静密封，采用一般垫片就可以密封；B 处是静环与静环座之间密封，也是静密封，通常采用具有弹性的辅助密封圈来防止泄漏；D 处是动环与轴（或轴套）之间密封，这也是一个相对静止的密封，常用“O”形圈来密封。上述三处密封均是静密封，可以采取措施，防止泄漏。C 处是动环和静环间相对旋转密封，属于动密封，是依靠弹簧加荷装置和介质压力在相对运转，动环和静环的接触面（端面）上产生一个合适的压紧力，使这两个光洁、平直的端面紧密贴合，端面间维持一层极薄的流体膜（这层膜起着平衡压力和润滑端面的作用）而达到密封目的。

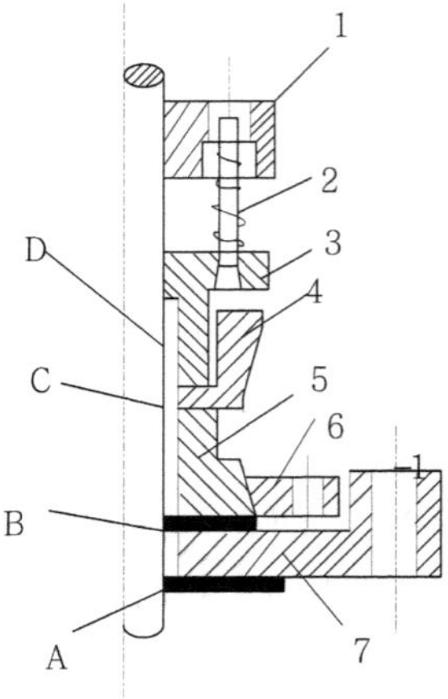

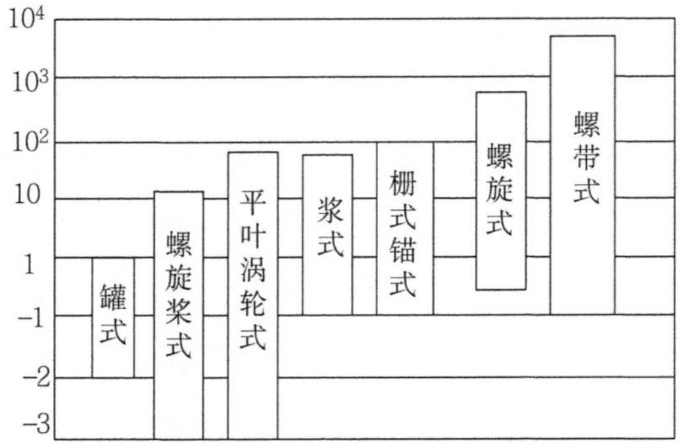

1—弹簧座；2—弹簧；3—压盖；4—动环；5—静环；6—静环压盖；7—釜顶法兰

图 2-60　机械密封

第三章

化工与制药设备

第一节　化工容器

一、内压薄壁容器

在石油化工生产中应用最多的容器设备是薄壁容器，其中大多数为内压容器，外压容器较少。下面介绍内压薄壁容器的结构和受力情况。

（一）内压圆筒形容器的结构和受力分析

内压薄壁容器分为球形、圆筒形和锥形几种。球形容器由于受力情况较好，一般主要用于贮存具有一定压力的液体，如石油液化气贮罐。圆筒形容器应用最多，它由圆筒和封头两部分组成，如图 3-1（a）所示。

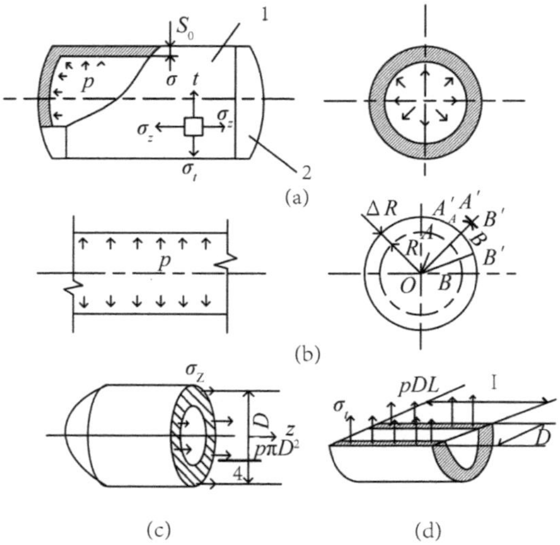

1—筒体；2—封头

图 3-1　内压圆筒形容器的结构和受力分析

如果用一个垂直于筒体轴线的截面，将筒体截成左右两部分，移去右面部分而研究左面部分的平衡［见图 3-1（b）］，筒体中内压 p 的轴向合力为 $p\pi D^2/4$，左面部分有向左移动之趋势，为了保持原来的平衡，被移去的右面部分必对左面部分有作用力（内力），即在筒体器壁的横截面上产生拉应力。由于 σ_z 对在筒体

器壁的横截面上的力分布是均匀的。根据轴向平衡条件：有：$\sum p_z=0$

$$\sigma_z \pi D S_0 - p\frac{\pi D^2}{4} = 0$$

$$\sigma_z = \frac{pD}{4S_0} \tag{3-1}$$

式中：σ_z 为轴向应力，N/m²；p 为圆筒体的内压力，N/m²；D 为圆筒的中面直径，m；S_0 为壁厚，m。再由筒体中取出长为 L 的一段，用通过筒体轴线的平面（称为轴平面）将筒体截成上下两部，去上面部分来研究下面部分的平衡［见图 3-1（c）］，垂直作用在轴平面上的内压力 p 的合力为 pDL。纵截面上的应力沿着圆环的切线方向，称之为环向应力。由于筒体器壁很薄，弯曲应力可以忽略，而认为环向应力是均匀分布在截面上的拉应力，其合力为 $\sigma_t 2LS_0$，根据平衡条件 $\sum py=0$ 有：

$$\sigma_t = \frac{pD}{2S_0} \tag{3-2}$$

比较式（3-1）和式（3-2）可以看出：圆筒形器壁中环向应力是轴向拉应力的 2 倍，因此，在制造圆筒形容器时，纵向焊缝的质量要求比环向焊缝的高。为保证安全，最好不要在纵向焊缝上开孔。当在圆筒上开设人孔或手孔时，应使其短轴与筒体的纵向一致。

（二）内压球形壳体的受力分析

球形壳体由于对称于球心，因此没有圆筒形壳体那样有“轴向”与“环向”之分。在球壳内虽然也存在着两向应力，但在承受气体压力时它们的数值相等。若将球壳沿任一直径方向假想剖分成两半，如图 3-2 所示，并建立半个球体的受力平衡关系，可得

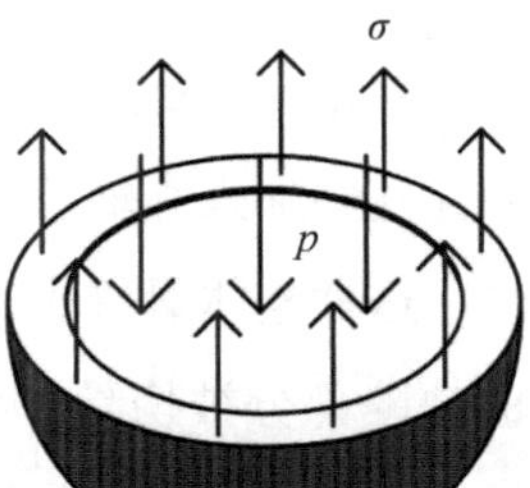

图 3-2 内压球形壳体受力分析

$$\sigma\pi DS_0 = \frac{\pi}{4}D^2p \text{ , } \sigma = \frac{pD}{4S_0} \tag{3-3}$$

式中，σ 为许用拉应力。

将式（3-3）与式（3-2）比较，可以看出，在同样直径、壁厚和同样压力的情况下，球形壳壁中的拉应力仅是圆筒形壳壁中环向拉应力的一半，也就是说若想使球形壳壁的应力提高到与圆筒形壳壁的应力相同，球形壳壁厚仅是圆筒形壳壁厚度的一半，而且当容积相同时，球壳具有最小的表面积，故节省不少金属材料。所以，大型贮罐做成球形较为经济。近年来随着加工技术水平的不断提高，高压容器或设备也有采用球形的。

二、高压容器

随着化学工业的迅速发展，高压技术越来越重要，高压容器也得到了越来越广泛的应用。如氨合成塔、尿素合成塔、甲醇合成塔、石油加氢裂化反应器等压力一般在 15~30 MPa 之间，高压聚乙烯反应器的压力在 200 MPa 左右。同时，高压技术也大量用于其他领域，如水压机的蓄压器、压缩机的气缸，核反应堆及深海探测等。高压操作可提高反应速度，改进热量的回收，并能缩小设备体积等，随着化学工业的迅速发展，高压工艺过程获得了越来越广泛的应用。因此，了解高压容器的结构原理和使用特点非常重要。常见的高压容器的结构有以下几种：单层圆筒结构包括整体锻造式、锻焊式、单层卷焊式、单层瓦片式等。多层圆筒结构包括多层包扎式、多层热套式、多层绕板式、多层绕带式、多层绕丝式等。

（一）高压容器的筒体结构及应用

1. 单层圆筒结构

（1）整体锻造式圆筒

整体锻造式是厚壁容器中最早采用的一种结构。它是用大型钢锭，经去除浇口、冒口等缺陷后，在钢锭中心穿孔并加入心轴后经水压机多次锻造，然后进行内、外壁切削加工而成的圆筒体。这种整体锻造式的圆筒，其主要优点是结构比较简单，而且由于大型钢锭中的缺陷部分被切除，余下部分经锻压后组织密实，材料性质均匀，筒体无焊缝，机械强度得到提高，是一种比较安全可靠的厚壁筒体结构。如果在锻造过程中配合采用真空脱气加喷粉、钢包精炼、电渣重熔等先进的冶金技术，锻造筒体的性能还会有明显的改善。但这种结构需要大型的冶炼、锻造和热处理设备，并且生产周期长、金属切削量较大、制造成本高，因此，在制造上受到一定的限制。整体锻造式筒体的使用范围一般为直径小于 1 500 mm、长度不超过 12 m 的压力容器。特别适用于直径为 100～800 mm 的超高压容器，中国多数超高压水晶釜均采用这一结构。

（2）单层瓦片式圆筒

当没有大型卷板机而有大型水压机时，可以将厚钢板加热后在水压机上压制成瓦片形状的“瓦坯”，再用焊接纵焊缝的方法将“瓦坯”组对成圆筒节，然后按照需要的长度组焊成圆筒体。由于每一个筒节都有两条或两条以上的纵焊缝，而且“瓦坯”组对时需要一定数量的工装夹具，因此，较费工时，且制造方法比上一种复杂，一般较少采用此种圆筒结构。

锻焊式圆筒和单层卷焊式圆筒如图 3-3 所示。

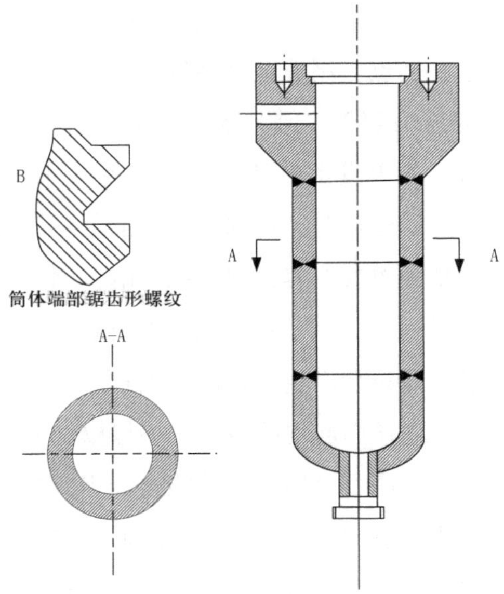

图 3-3 锻焊式圆筒和单层卷焊式圆筒

2. 多层圆筒结构

（1）多层包扎式圆筒

多层包扎式圆筒由内筒和外面包扎的多层层板两部分组成。首先用厚度 4～34 mm 的优质碳素钢板或 8～13 mm 的不锈钢板卷焊成内筒筒节，然后将焊接后的纵焊缝磨平并进行无损检测和机械加工，再把厚度为 4～12 mm 的薄钢板卷成半圆形瓦片，并作为层板包扎到内筒外面直至需要的厚度，以构成一个筒节，一个筒节的长度视所选择钢板的宽度而定，层数则随需要的厚度而定。最后，筒节两端再加工出环焊缝坡口，并通过深环焊缝焊接将筒节连成一个筒体，如图 3-4 所示。

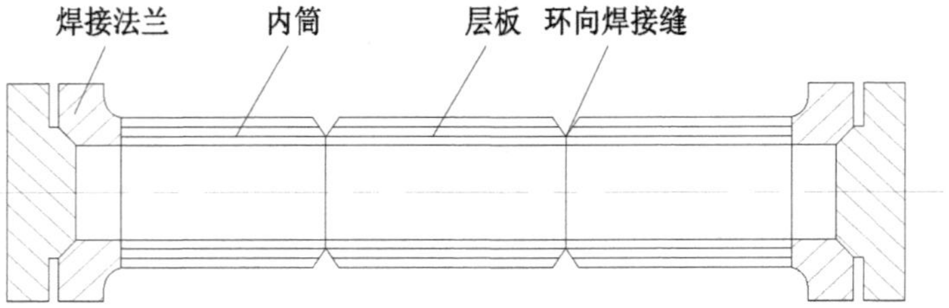

图 3-4　多层包扎式厚壁容器

在包扎式圆筒中，每个筒节还开设有直径为 6 mm 的安全孔和数个通气孔，如图 3-5 所示。一方面可以防止环焊缝焊接时把空气密封在层板间造成不良影响，另一方面可作为操作时的安全孔使用。一旦内筒因腐蚀或其他原因产生破裂，高压介质必然会从安全孔渗漏出来，通过该孔便能很方便地进行观察和处理，以防止恶性事故的发生。多层包扎式结构是目前应用最多的一种厚壁容器，主要是因为它有如下一些优点：制造这种结构的厚壁容器不需要大型复杂的加工设备，一般中等规模的压力容器专业厂都能制造。使用的层板较薄，其塑性较好，脆性转变温度较低，如果发生破裂，也只是逐层开裂，不会产生大量碎片。另外，层板部分的纵焊缝始终错开，任何轴向剖面上均无两条以上的焊缝，减小了焊缝区因缺陷或应力集中对整个容器强度的影响，因此，具有较高的安全可靠性。层板在包扎和焊接过程中，由于受到钢丝绳或液压钳的拉紧力，以及焊缝的冷却收缩作用，筒体沿壁厚将会产生一定的压缩预应力。当受内压作用时，该预应力即可以抵消一部分由内压引起的拉应力，使厚壁圆筒在壁厚方向的应力分布比单层筒体更均匀，由此提高了容器的承载能力。当介质有腐蚀性时，内筒可选用耐蚀钢板，而层板则用普通碳素钢材料，以降低成本。多层包扎式圆筒也有一些缺点，如制造工序多，包扎工艺难度大，生产周期长，对钢板厚度均匀性要求较高，钢材利用率较低（仅 60%左右），筒节间存在深环焊缝，对筒体的制造质量和安全有显著影响，特别是焊接缺陷，使其成为低应力脆性断裂的根源等。多层包扎式圆筒的常用范围是最大设计压力 70 MPa，设计温度-45～550 ℃。

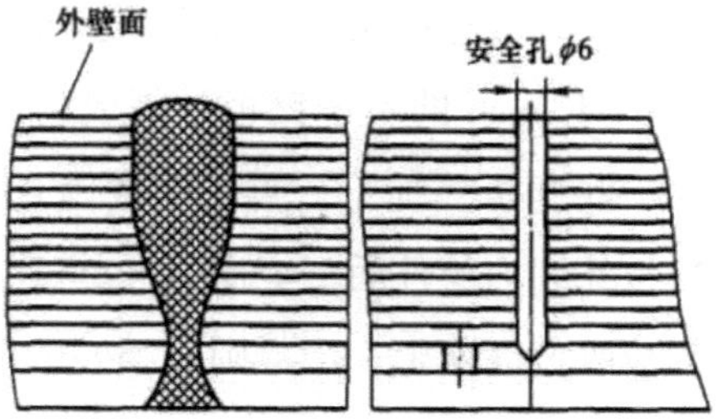

图 3-5　层板包扎结构

（2）多层热套式圆筒

热套式结构是将两个或多个圆筒套在一起组成的厚壁圆筒。首先是把25～80 mm的中厚钢板卷焊成几个直径不同但可以过盈配合的筒节，然后将外层筒节加热，套入内层筒节。当外筒冷却后产生收缩，紧紧地贴在内筒上，使内筒受到一定的压应力。最后再将套好后的厚壁筒节通过深环焊缝组焊成一个筒体，如图3-6所示。当设计压力大于100 MPa时，需要由过盈产生的套合力提高其承载能力，此时套合面需经精密机械加工；当设计压力小于35 MPa时，套合面只需进行粗加工或喷砂处理，甚至可以不加工。

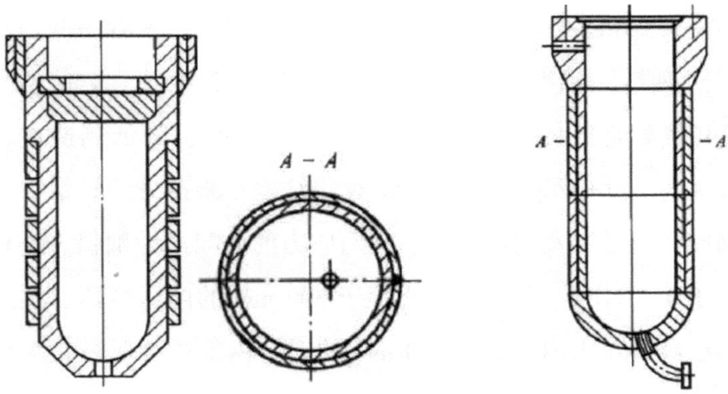

(a) 双层热套式厚壁圆筒　　(b) 外筒焊缝不焊接的热套式结构

图3-6　多层热套式厚壁圆筒

这种结构与多层包扎式圆筒相比，不仅具有前者的大多数优点，而且还避免了工序多、生产周期长的缺点。热套容器大多采用25～80 mm的中厚钢板制作圆筒，故抗脆性能又比单层筒体好。各层圆筒贴合紧密，不存在间隙，除了可以改善筒体操作时的应力状态外，对用筒壁作传热的容器也十分有利。另外，热套式筒体的各层圆筒纵焊缝能进行100%探伤，因此，纵向焊缝质量易于保证。由于热套式结构只能热套短圆筒，故筒体节连接较多，深环焊缝存在缺陷的可能性增大，同时也增加了环焊缝焊接和无损检测的工作量。除此之外，热套式结构需要加工坡口的大型设备和进行整体热处理的加热炉。多层热套式圆筒的常用范围是设计压力10～70 MPa、设计温度-45～538 ℃、内直径600～4 000 mm、壁厚50～500 mm、筒体长度24～38 m。

（3）多层绕带式圆筒

多层绕带式圆筒是中国首创的一种结构，现已被列入ASME Ⅷ-1和标准ASME Ⅷ-2的规范案例。它是在内筒外壁上以一定的预应力绕上数层钢带制造而成。钢带有两种，即扁平钢带和型槽钢带。用前一种钢带制作的圆筒称为扁平钢带式，后一种则称为绕带式。由于绕带式所使用的钢带有槽，公差要求高，轧制困难，并且还需要大型高精度的加工设备，因此已经很少使用。目前使用更多的是扁平钢带式圆筒。扁平钢带式圆筒，是在厚度不小于 1/6 总壁厚的内筒外面，以相对于圆筒体环向 15°～30°的倾角错绕螺旋间距 80～160 mm、厚度为 4～8 mm 的热轧扁平钢带，如图 3-7 所示。开绕时，钢带的起始端与筒体的端部焊牢，每层钢带按多头螺纹方式绕制，并相互左右螺旋错开。同时通过一个油压装置压紧钢带以产生一定的拉力，使筒内产生必要的预压缩力。扁平钢带式圆筒绕制如图 3-8 所示。

该结构兼有绕带式和多层包扎式筒体的优点，可以用轧制容易的扁平钢带代替轧制困难的型槽钢带，钢带只需冷绕。与厚板卷焊圆筒相比，它能够提高工效 1 倍，降低焊接和热处理能耗 80%，减少钢材消耗 20%，降低制造成本 30%～50%。另外，筒体全长没有深的纵向和环向焊缝结构，制造方法易掌握，制造设备简单，但绕制倾角对带层及内筒轴向、环向应力的分配极为敏感。这种结构主要适用于压力不小于 1 MPa，内径大于或等于 300 mm 的内压容器。在过去的三十多年中，我国已经制造出内径达 1 000 mm 的扁平钢带式合成塔、水压机蓄能器和高压气体储罐 1 000 多台。目前，国内可以生产直径达 2 500 mm 的扁平钢带式厚壁容器。

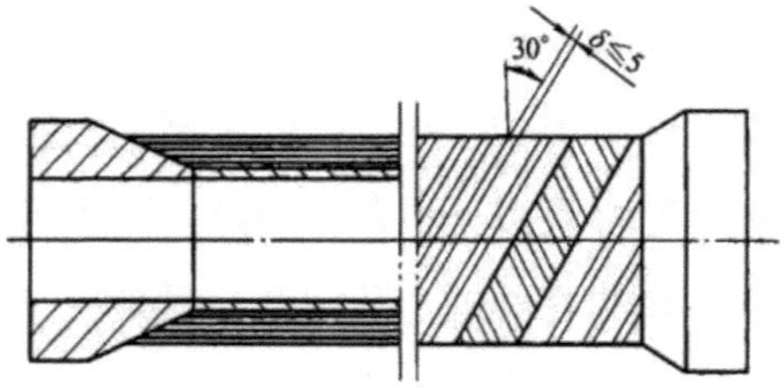

图 3-7　扁平钢带式圆筒

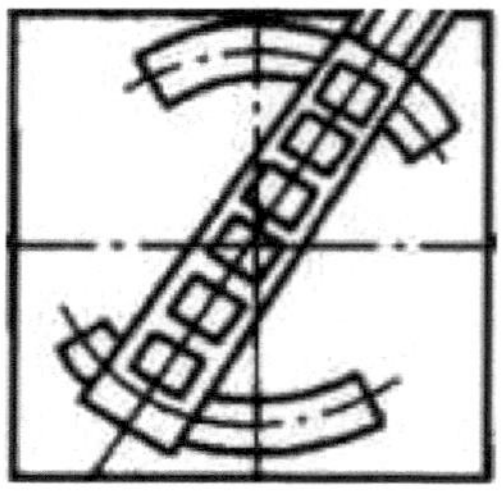

图 3-8　扁平钢带式圆筒绕制示意图

（4）多层绕丝式圆筒

多层绕丝式圆筒主要由内筒、钢丝层和法兰组成。内筒一般为单层整锻式筒体。高强度钢丝以一定的预拉应力逐层沿环向缠绕在内筒上至所需的厚度。缠绕在内筒外面的钢丝层只能承受环向和径向的应力，而不能承受轴向力。因此，绕丝式筒体的轴向力应由内筒或框架来承担。如由内筒承担轴向力，则内筒的壁厚不得小于筒体总厚度的一半，这就使内筒制造困难且筒壁中的应力不易均匀；如用框架承担轴向力，则可采用薄内筒，筒体的受力状况和抗疲劳性能好，但框架的造价很高。绕丝式筒体具有钢丝缠绕力易于控制、使用安全、选材容易等优点，在超高压场合得到应用，其内压可达 1 000 MPa 以上，直径可达 2 000 mm。

三、通用式发酵罐

通用式发酵罐属于机械搅拌式发酵罐，是指既具有机械搅拌又有压缩空气分布装置的发酵罐。由于这种形式的发酵罐是目前大多数发酵工厂最常用的，所以称为“通用式”。

（一）通用式发酵罐主要结构

主要由罐体、搅拌器、挡板、轴封、空气分布器、传动装置、传热装置、冷却管、消泡器、人孔、视镜等组成，如图 3-9 所示。

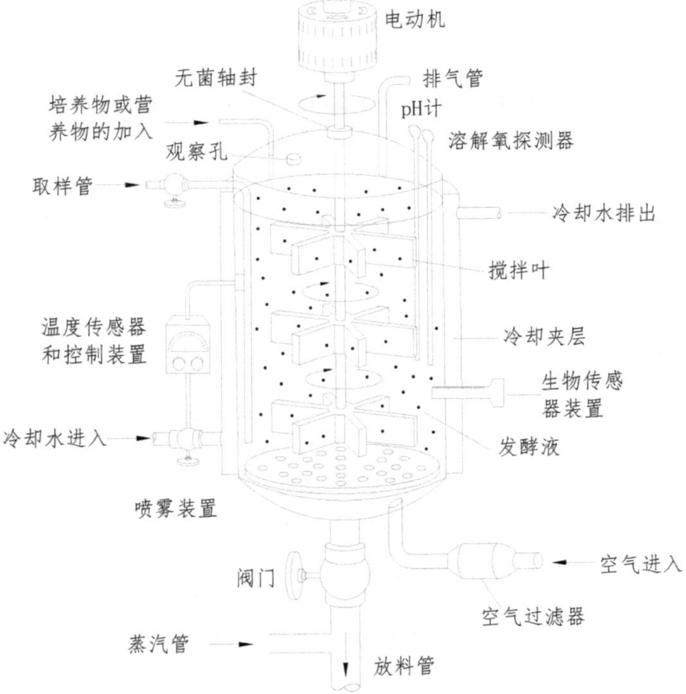

图 3-9　通用式发酵罐示意图

1. 罐体

通用式发酵罐是一种既具有机械搅拌又具有压缩空气通气装置的发酵罐。罐体由圆筒形筒身和上下两个椭圆形封头组成。罐体根据工艺要求，设置有冷却水、给排气、取样、放料、接种、消泡剂、酸、碱等工艺接管，以及视镜、仪表等接口。

罐体材料：以不锈钢钢板或复合不锈钢板为好，以保证罐内培养液清洁和壁面光滑，压力容器也可用钢制作，罐体的强度应能承受灭菌蒸汽的压力和温度。罐顶上的接管有：进料管、补料管、排气管、接种管和压力表接管等。罐身上的接管有：冷却水进出管、空气进管、温度计管和测控仪表接口。为了减少接管，如进料管、补料口和接种管合为一个接口。罐体内要求双面焊接，焊接面要光滑无砂眼和死角，防止杂菌潜伏在缝隙中，如图 3-10 所示。

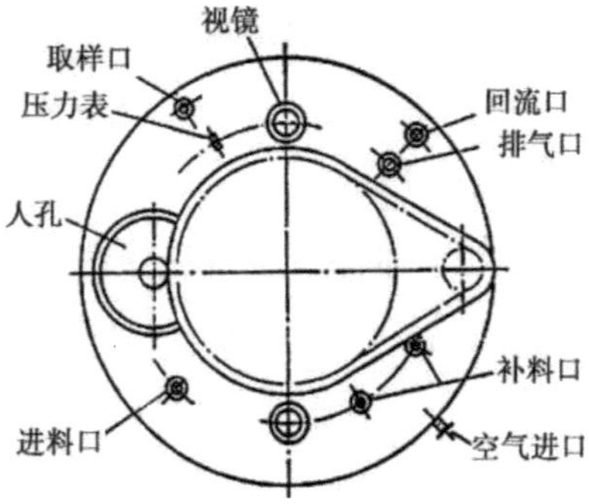

图 3-10　一般大中型发酵罐罐顶部件布置图

2. 搅拌装置

设置机械搅拌的作用是为了有利于液体本身的混合及气液和液固之间的混合，以及改善传质和传热过程，特别是有助于氧的溶解。发酵罐常用涡轮式搅拌器和旋桨式搅拌器，如图 3-11 所示。

（1）涡轮式搅拌器：产生径向流型，由于圆盘的存在，使罐内的流动分成上、下两个循环区。剪切力大，有利于破碎气泡，不利于微生物生长。涡轮式搅拌器具有结构简单、传递能量高、溶氧速率高等优点，但存在的缺点是轴向混合差，搅拌强度随着搅拌轴距增大而减弱，当培养液较黏稠时，混合效果下降。

（2）螺旋桨式搅拌器：产生轴向流型，中间的液体向下运动，靠近罐壁的流体向上运动，具有循环量大、压头低的特点，混合均匀程度高且混合效果较好，但质量较大，价格贵。

图 3-11　半管叶圆盘涡轮式和旋桨式搅拌器

3. 挡板

在搅拌过程中会产生切向流，由于切向分速度的作用，液体在罐内做圆周运动，产生的离心力使罐内液体在径向分布呈抛物线形，中心形成下凹现象。

从图 3-12（a）可以看出不带挡板的情况下，发酵液中间的液面下陷，形成一个很深的漩涡。因为在搅拌过程中会产生切向流，由于切向分速度的作用，液体在罐内做圆周运动，产生的离心力使罐内液体在径向分布呈抛物线形，中心形成下凹现象。当搅拌转速增大时，这个现象会更严重，甚至可能使搅拌器不能完全浸没在发酵液中，导致搅拌功率下降。图 3-12（b）是加了挡板的搅拌流型。液体从搅拌器径向甩出，遇到挡板后形成向上、向下两部分垂直方向的运动，向上部分经过液面后，流经轴中心而转下。由于挡板的存在，有效地阻止了罐内液体的圆周运动，下凹现象消失。挡板的作用：改变液流的方向，促使液体激烈翻动，增加溶解氧；防止搅拌过程中液面中央形成旋涡而导致搅拌器露在料液以上，起不到搅拌作用。

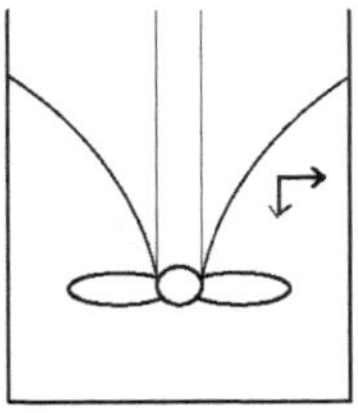
（a）无挡板

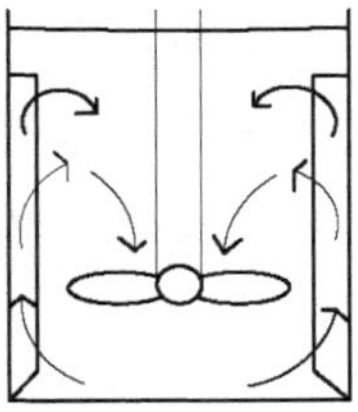
（b）有挡板

图 3-12　搅拌状况

4．通气装置

通气装置是指将无菌空气导入罐内的装置。工厂常用的通气装置是单管式，单管式管口对正罐底中央，装于最低一挡搅拌器下面，喷口朝下，管口与罐底的距离约 40 mm，该距离可根据溶氧情况进行适当调整，通常通风管的空气流速取 20 m/s。为了防止吹管吹入的空气直接喷击罐底，加速罐底腐蚀，可在罐底中央焊上直径为 100~300 mm 的不锈钢保护板，叫补强板，可延长罐底寿命，如图 3-13 所示。

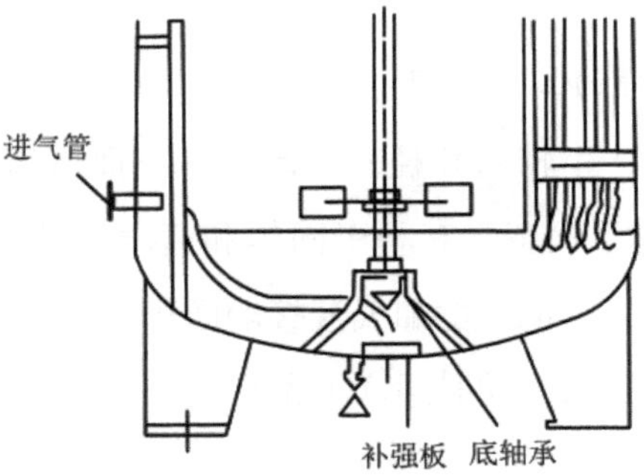

图 3-13　单管式空气分布装置

5. 传热装置

发酵过程中发酵液产生的净热量称为发酵热，发酵热随发酵时间而改变，发酵最旺盛时，发酵热量最大。为维持一定的最适宜培养温度，须用冷却水导出部分热量，发酵罐的传热装置有夹套和蛇管两种。

6. 机械消沫装置

发酵过程中，由于发酵液中含有大量蛋白质等发泡物质，在强烈的通气搅拌下将产生大量泡沫。严重时，大量的泡沫会导致发酵液外溢和染菌。消除发酵液泡沫，除了加入消泡剂之外，在泡沫量较小和泡沫的机械强度较差时，还可以采用机械消沫装置来破碎泡沫。

7. 耙式消泡器

最简单实用的消泡器，可直接安装在上搅拌的轴上，消泡耙齿底部应比发酵液面高出适当高度。因为泡沫的机械强度较小，当少量泡沫上升时，耙齿可将泡沫打碎。由于这一类消泡器安装在搅拌轴上，往往因搅拌转速太低而效果不佳，如图 3-14 所示。

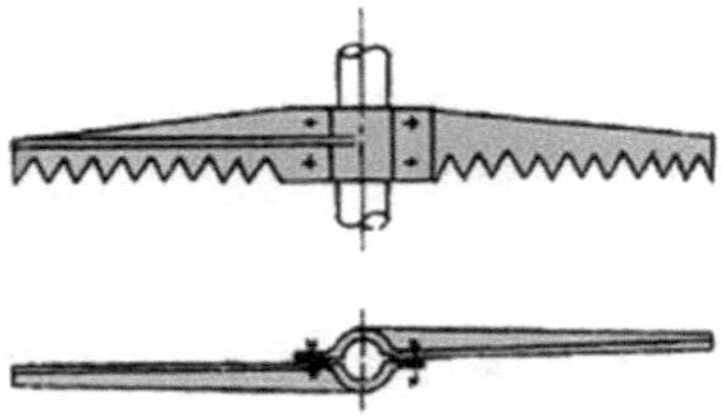

图 3-14 耙式消泡器

8. 半封闭涡轮消沫器

对于下伸轴发酵罐，罐顶空间较大，可以在顶部安装半封闭涡轮消沫器，在高速旋转下泡沫可直接被涡轮打碎或被涡轮抛出撞击到壁面而粉碎；消沫效果较好。

（二）通用式发酵罐的工作原理

利用机械搅拌物料产生轴向和径向流动。一方面可以使罐内物料混合良好，液体中的固形物保持悬浮状态，有利于固体和营养物质充分接触，便于营养吸收；另一方面，可以打碎气泡，增加气液接触面积，提高气液间的传质速率，加强氧的传递效果并消除泡沫；同时通入无菌空气维持菌体氧气需要，满足好氧菌的生长发酵条件。

第二节　塔设备概述

塔设备是化工、石油、炼油、医药等生产中的重要设备之一，总投资位居换热器之后，处于化工总装置投资的第二位。在生产过程中常用塔设备进行精馏、吸收、解吸、气体的增湿及冷却等单元操作过程。随着工业的发展，为满足生产工艺的要求，出现了各种结构和在不同工况条件下使用的塔设备。塔设备的分类方法很多，根据单元操作过程可把塔设备分为吸收塔、解吸塔、精馏塔和萃取塔等；根据操作压力可把塔设备分为减压塔、常压塔和加压塔。目前，最常用的分类是根据塔的内件结构把塔设备分为板式塔和填料塔。石油化工生产大型化的发展趋势，使得单塔规模增大。目前板式塔直径达 18 m，塔盘多达上百块，塔高 80 余米；填料塔最大直径也有 15 m，塔高达 100 m。塔设备是指高度远比直径大得多的圆筒形立式容器。它是实现气-液或液-液两相间紧密接触，达到两相间传质和传热的设备。

一、化工生产对塔设备的基本要求

1. 生产能力大、操作弹性好。处理物料量大，同时在较大的气、液负荷波动时，仍能维持较高的传质速率。

2. 传质效率高。能提供足够大的相间接触面积和接触时间，使气、液两相充分接触。

3. 流体阻力小。流体通过塔设备压降小、运转费用低。

4. 结构合理、安全可靠、耗材少、制造费用低。

5. 不易堵塞，操作简单，便于安装、调节与检修。

（一）塔设备的总体结构

无论是板式塔还是填料塔，其总体结构是相同的，都是由塔体、塔体内件和塔体附件构成，如图 3-15 所示。

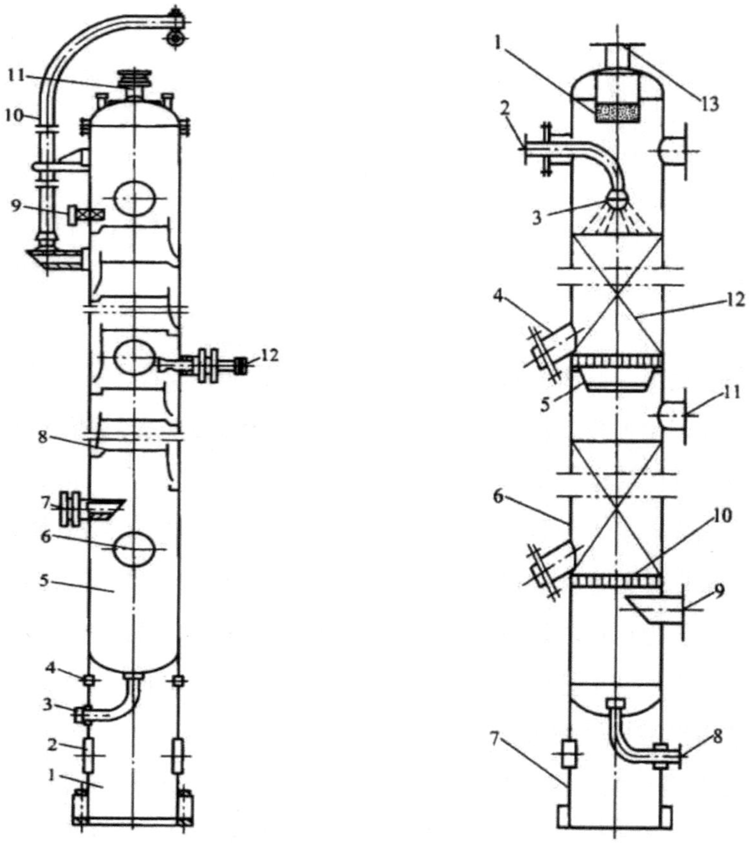

（a）板式塔（左）1—裙座；2—裙座入孔；3—塔底液体出口；4—裙座排气孔；5—塔体；6—入孔；7—蒸气入口；8—塔盘；9—回流入口；10—吊柱；11—塔顶蒸气出口；12—进料口

（b）填料塔（右）1—除沫器；2—液体进口；3—液体分布器；4—卸料口；5—液体分布器；6—塔体；7—裙座；8—液体出口；9—气体进口；10—栅板；11—人孔；12—填料；13—气体出口

图 3-15　塔设备总体结构

塔体即塔设备的外壳，由筒体和上下封头组成。常见的壳体由等直径、等壁厚的圆筒及作为顶盖和底盖的椭圆形封头组成，也有采用变径、不等壁厚的塔体。塔体的厚度除满足工艺条件下的强度外，还应满足风力、偏心载荷、地震载荷所引起的应力，以及水压试验、吊装、运输和开停工等要求。对塔体的安装还有垂直度和弯曲度要求。塔体附件包括支座、人孔、手孔、接管、连接法兰、吊柱、扶梯、平台和保温层等。

塔体内件是塔体内部构件的总称。板式塔内件主要由塔盘组成，如图 3-15（a）所示为沿塔高一级级布置相距一定间距的开孔塔盘。操作时，气体自塔底下部进入塔内，自下而上依次穿过各层塔盘，与此同时从塔顶进液管来的液体自上而下穿过塔盘，在塔盘上形成一定的液面高度，气体以鼓泡或喷射的形式逐级穿过塔盘上的液层，使两相充分接触，进行传质。填料塔内件主要由填料组成，如图 3-15（b）所示，塔内装填一定段数和一定高度的填料层。液流由上而下穿过填料层，被吸附在填料的表面，气体由下而上，连续通过填料的表面与液流接触传质。

二、板式塔

板式塔是逐级接触式气液传质设备。它具有效率高、处理量大、重量轻及便于检修等优点，但结构比较复杂，阻力降较大。在石油、化工生产中，目前板式塔所占的比例比填料塔大。板式塔的主要传质元件是塔盘，根据气流速度的不同，塔盘上气液两相有鼓泡、蜂窝状、泡沫、喷射四种接触状态，其中泡沫接触和喷射接触均是优良的气液接触状态。通常为了改善和提高塔盘的传质效果，常在塔盘开孔中设置传质元件如泡罩、浮阀、浮舌等或是改进塔盘开孔结构，采用舌形孔或导向筛孔结构等，故塔盘结构多种多样。根据塔盘上设置的传质元件和塔盘开孔结构的不同，出现许多不同的塔型，如泡罩塔、浮阀塔和筛板塔、舌形塔、斜孔塔等，其中泡罩塔、浮阀塔、筛板塔在国内外使用较为广泛。本节就板式塔的运用情况做简单的讨论。

（一）泡罩塔

泡罩塔是最早使用的一种板式塔，设计和使用较为成熟。近几十年来由于多种新型塔设备的出现逐渐取代了它的地位。泡罩塔盘是由泡罩、溢流堰（进口堰、出口堰）及降液管组成，如图 3-16 所示。泡罩的形式有很多种，其中开有梯形齿缝的圆形泡罩（JB/T 1212—1999）使用广泛，如图 3-17 所示。泡罩塔盘上的气液接触状况如图 3-16 所示。回流液由上层塔盘通过右侧的降液管横向流过塔盘上布置泡罩的气液接触区，初步分离液体中夹带的气泡，接着流过出口堰进入左侧的降液管。在降液管中被夹带的蒸气分离出来上升返回塔盘，清液则流向下层塔盘。与此同时，蒸气从下层塔盘上升，进入泡罩的升气管中，通过环行通道，再经泡罩的齿缝分散到泡罩间的液层中去，与液层进行传质、传热。蒸气从齿缝中流出时，搅动塔盘上的液体，使液层上部变成泡沫层。气泡离开液面破裂成带有液滴的气体，小液滴相互碰撞凝聚成较大液滴回落到液层上，还有少量微小液滴被带到上层塔盘成为雾沫夹带。泡罩塔的优点是操作弹性大，在负荷变化较大时仍能保持较高的效率；气液两相在泡沫状态接触，传质效率较高；不易堵塞，可适用于多种介质。其主要缺点是塔盘结构复杂、造价高、塔板的压力降较大，生产能力低，因而它的使用受到限制。目前，只有在生产能力变化大，操作稳定性要求高以及要求有相当稳定分离能力等特殊要求的场合选择使用。

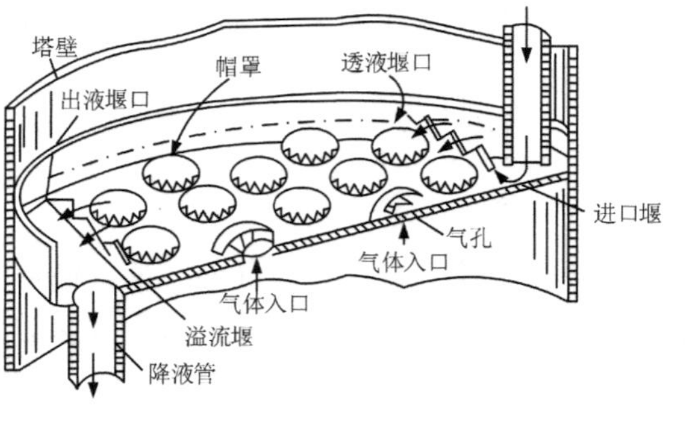

图 3-16　泡罩塔盘

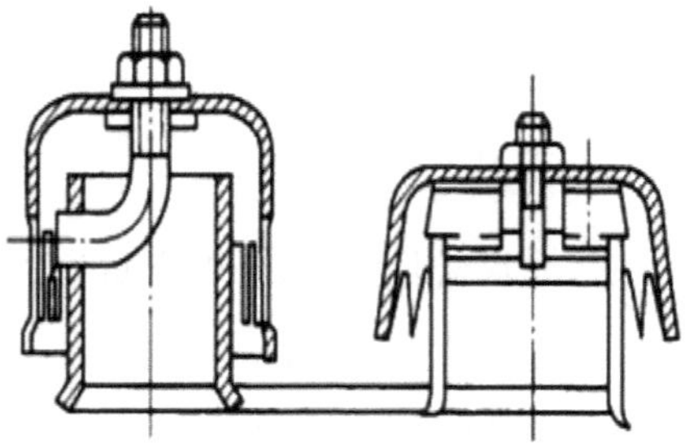

图 3-17　圆形泡罩

（二）浮阀塔

从 20 世纪 50 年代起，浮阀塔已大量地运用于石油、化工生产，用以完成加压、常压、减压下的精馏、吸收、解吸等过程。浮阀是浮阀塔的传质元件。浮阀的种类很多，有条形和盘形浮阀，如图 3-18 所示。其中盘形浮阀使用最广泛，而 V-L 型浮阀在盘形浮阀中最为常见。它是用钢板制成的圆形阀片，下面有三条阀腿，把阀腿装入塔板的阀孔后，用工具将阀脚扭转 90°，浮阀便固定在阀孔中。通过调整阀腿的长度可以控制浮阀升起的最大开度。为了保证气速最小时仍然能保持一定的开度，使气体与塔板能均匀鼓泡，同时避免浮阀与塔板粘住，在浮阀周边设置三个朝下倾斜的定距片。浮阀的开度随塔内气相负荷大小自动调节，可以保持操作稳定性，同时获得最大的传质效率，如图 3-19 所示。阀孔在塔板上一般以正三角形排列。在三角形排列中有顺排和叉排两种，如图 3-20 所示。由于叉排时气流鼓泡与液层接触均匀，液面梯度较小，故应用广泛。

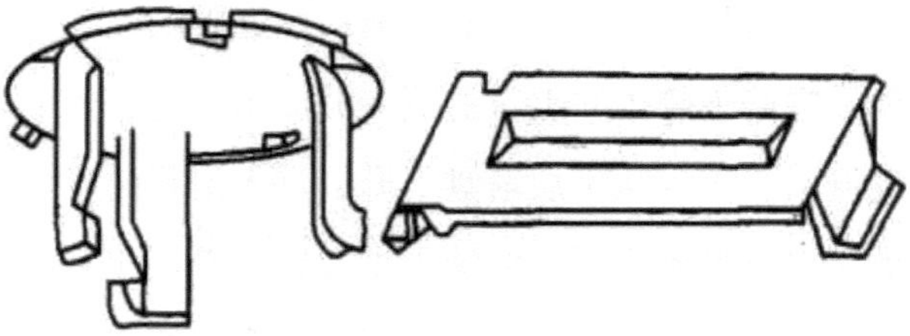

(a)V-L型浮阀　　　(b)条型浮阀

图 3-18　浮阀

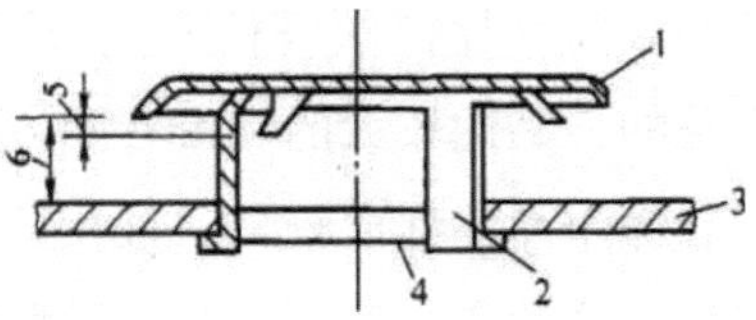

1—阀盖；2—阀腿；3—塔盘；4—阀孔；5—最小开度；6—最大开度

图 3-19　浮阀结构

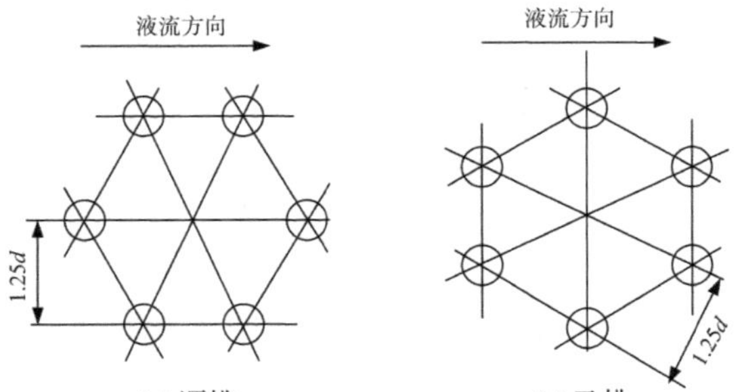

(a) 顺排　　(b) 叉排

图 3-20　阀孔排列形式

与泡罩塔相比，浮阀塔具有处理量大、生产能力高、压降低、结构简单、制造容易、检修方便、投资低等优点，同时由于浮阀在一定的范围内可以自由升降以适应气量的变化，因此，其操作弹性比较大。鉴于其制造方便和性能上的优点，浮阀塔逐步取代了传统的泡罩塔。

（三）筛板塔

筛板塔也是运用较早的板式塔，筛板塔的结构简单，在塔板上开设一定数量呈三角形排列的直径为 3～8 mm 的筛孔作为气体通道。气体自下而上穿过筛孔，分散成气泡与塔盘上的液层进行气液间的传质和传热。如图 3-21 所示，筛板塔塔盘由筛孔区、无孔区、溢流堰及降液管等几部分组成。

塔内上升气体的速度很低时，因通过筛孔的气体的动压头很小，所以塔板上回流液全部由筛孔漏下，塔板上无法形成液层，这时塔板效率很低；当气速逐渐增大，通过筛孔的气体动压头达到一定数值时，回流液在塔盘上便形成液层，这种情况称为“液封”。随着气速的不断增大，液层也不断增高，液体就开始越过溢流堰从降液管流到下一层塔板上，但也有一部分液体直接从筛孔漏到下一层塔板上，这种现象称为“漏液”。随着气速的增大，漏液量逐渐减少，当气速达到一定数值时，塔板孔漏液停止，则该点称为漏液点。如果气速再增大，则塔板上形成泡沫层，并开始出现雾沫夹带。继续增大气速不仅使雾沫夹带量增大，而且还会出现液泛现象。

筛板塔的优点是结构简单，制造、维修方便，相同条件下，其生产能力高于泡罩塔和浮阀塔，塔板效率较高（比浮阀塔稍低），压降低。其缺点是小孔径筛板易堵塞，故不适宜处理脏的、黏性较大的和带有固体颗粒的料液。

泡罩塔盘的蒸气负荷和操作弹性都比较高，且在负荷有较大变化时能保持较高的效率，但它的造价很高，这就是它逐渐被其他塔型取代的原因之一。浮阀塔盘在蒸气负荷、操作弹性、效率和价格等方面都比泡罩塔盘优越，因而目前得到广泛应用。筛板塔造价低、压力降小，除操作弹性外，其他性能接近于浮阀塔，故其应用也较为广泛。

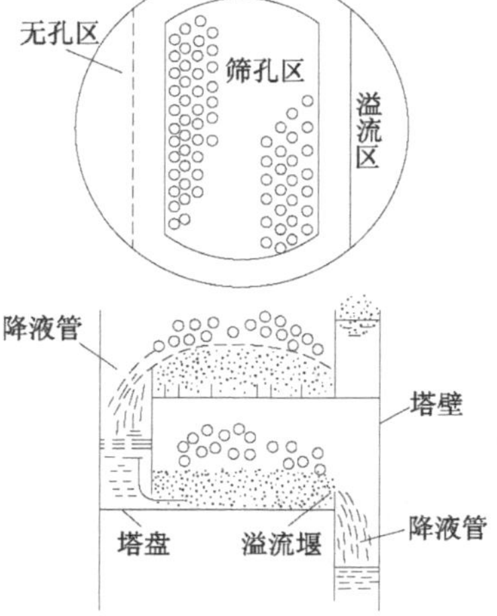

图 3-21 筛板塔

（四）板式塔的内部结构

板式塔内部的主要构件是塔盘，塔盘为气液接触提供表面，是板式塔重要的组成元件。塔盘结构有穿流型和溢流型两种。穿流塔盘无降液管，如图 3-21（a）所示。图 3-21（b）所示为溢流塔盘。

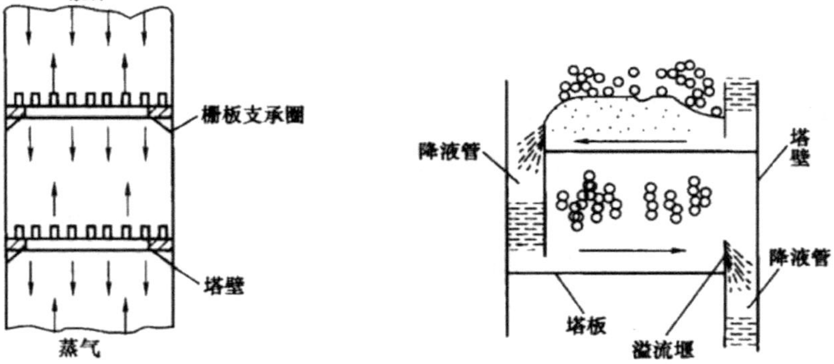

（a）穿流塔盘　（b）溢流塔盘

图 3-22 穿流塔盘和溢流塔盘

1. 塔盘

塔盘需具有良好的刚性，同时对安装水平度要求较高，以确保塔盘上液层厚度一样，气体穿过液层传质均匀。塔盘按结构特点可分为整块式和分块式两种。当塔径小于 800 mm 时采用整块式塔盘；当塔径大于 900 mm 时，由于人能在塔内安装、拆卸，可采用分块式塔盘；塔径为 800~900 mm 时，可根据制造与安装的具体情况任选这两种结构。

（1）整块式塔盘

整块式塔盘用在较小的塔径内，因为人无法进入塔内安装部件，所以组成塔体的塔节（若干筒体）间采用法兰和螺栓连接，每个塔节装几层塔盘。根据塔盘在塔体中支承结构的不同，整块式塔盘可分为定距管式和重叠式。定距管式塔盘结构如图 3-23 所示，它是依靠定距管和拉杆来固定塔盘和塔盘之间的间距。重叠式塔盘结构如图 3-24 所示，在每一塔节下部焊有一组支座，支承和固定最下层塔盘，塔盘之间依靠支柱和支承板固定，然后由下向上逐层叠放安装，并用调节螺钉调整水平。

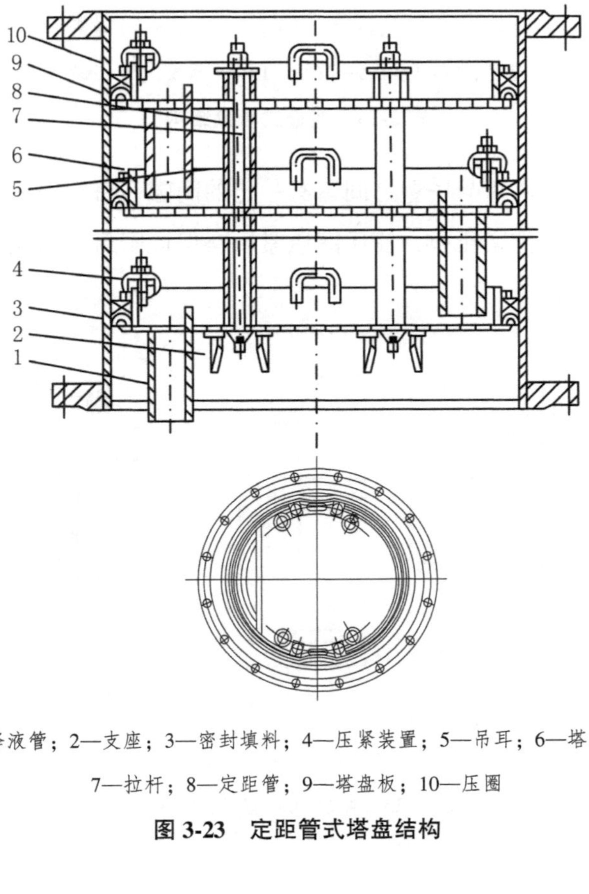

1—降液管；2—支座；3—密封填料；4—压紧装置；5—吊耳；6—塔盘圈；7—拉杆；8—定距管；9—塔盘板；10—压圈

图 3-23 定距管式塔盘结构

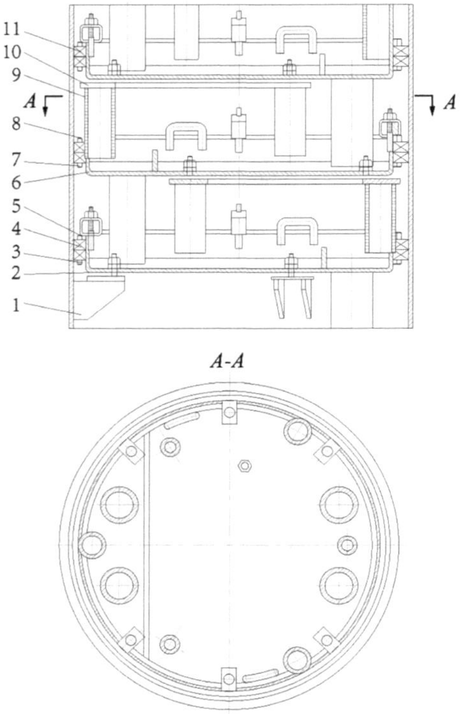

1—支座；2—调节螺钉；3—圆钢圈；4—密封填料；5—塔盘圈；6—溢流堰；
7—塔盘板；8—压圈；9—支柱；10—支承板；11—压紧装置

图 3-24　重叠式塔盘结构

为了装配方便，塔盘与塔壁之间留有一定的间隙，每装完一层塔盘都要用填料填满间隙，用螺母拧紧压板，使压圈压紧填料保证密封，以避免气液短路影响传质效率，如图 3-25 所示。

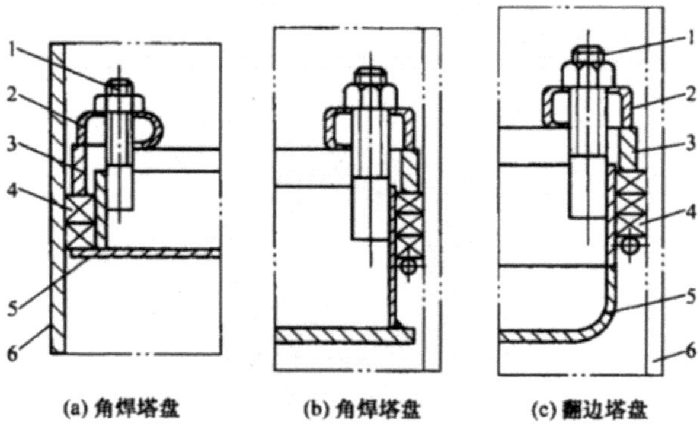

1—螺栓；2—压板；3—压圈；4—填料；5—塔盘；6—塔体

图 3-25　整块式塔盘密封结构

（2）分块式塔盘

在较大直径的板式塔中，如仍采用整块式塔盘，一方面安装不便，另一方面大直径整块式塔盘刚度低，易弯曲变形，影响气液均匀传质，故将塔盘分成数块，通过人孔送入塔内，装焊于塔体内壁的塔盘支承件上。分块式塔盘的塔体无须采用分塔节用法兰连接的结构，而是采用焊制整体圆筒结构。

分块式塔盘根据液流形式不同分为单流塔盘、双流塔盘。塔径为 800~2 400 mm 时用单流塔盘［见图 3-26（a）］；塔径大于 2 400 mm 时采用双流塔盘［见图 3-26（b）］。其中单流塔盘结构简单，最为常用。

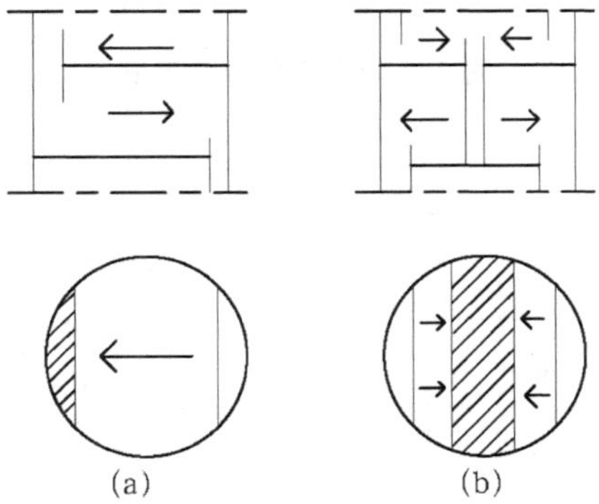

图 3-26　单流塔盘和双流塔盘

分块式塔盘的分块形式如图 3-27 所示，有矩形和弓形两种。分块塔盘的最大宽度以能通过塔体人孔为限，一般塔盘分块数与塔体直径有关，具体见表 3-2。

表 3-2　分块式塔盘分块数和塔盘直径

塔径/mm	800~1 200	1 400~1 600	1 800~2 000	2 200~2 400
塔盘分块数	3	4	5	6

为了确保每一小块塔盘组装固定，同时提高塔盘的刚度，将塔盘冲压出折边，故分块式塔盘有自身梁式塔盘［见图 3-28（a）］和槽式塔盘［见图 3-28（b）］两种结构。

为了便于进入塔内清洗和检修，使人能顺利进入各层塔盘，可将塔盘接近中央处的矩形板设置成一块上、下均可拆的内部通道板（最小尺寸为 300 mm×400 mm），故通道板无折边，是一块搁置在其他分块塔盘上的平板（见图 3-29）。图 3-30 所示为自身梁式单流分块塔盘的三部分组成结构。

2. 塔盘的支承

对于小直径分块式塔（直径在 2 000 mm 以下），塔盘产生的挠度很小，采用焊在塔壁上的支承圈支承，支承圈一般用扁钢或角钢按塔内径弯制而成。对于直

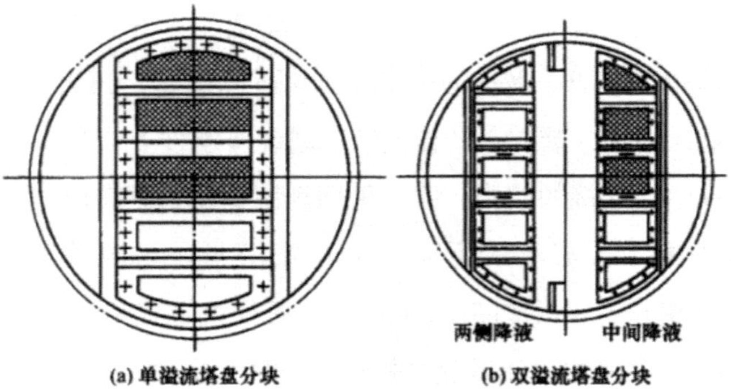

图 3-27　塔盘的分块形式

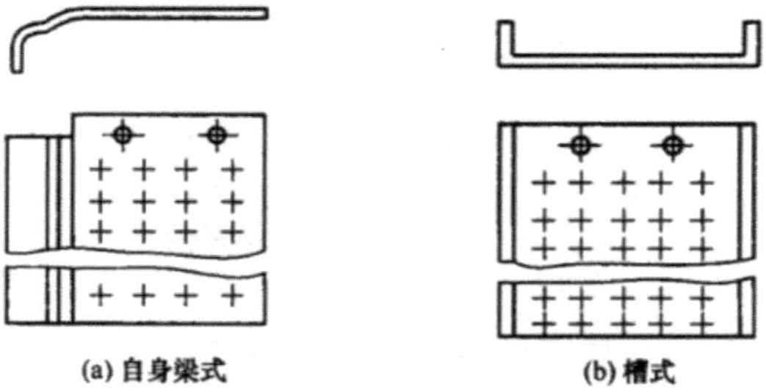

图 3-28　分块塔盘结构

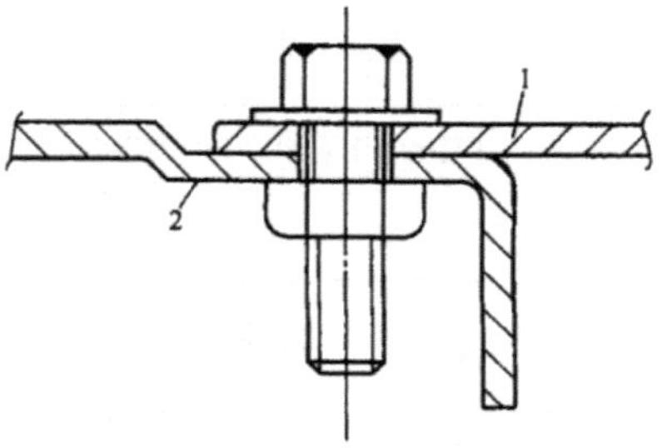

1—通道板；2—塔盘板

图 3-29　上下可拆的通道板

径较大的塔（直径 2 000 mm 以上），塔盘跨度大，刚度低，产生的挠度大，故必须增设支承梁结构来支承塔盘，如图 3-31 所示。将长度较小的分块塔盘的一端放在支承圈上，另一端放在支承梁上。

3. 降液管

降液管结构形式有圆形和弓形两种，如图 3-32 所示。圆形降液管通常在液体负荷低或塔径较小时，采用一根或几根圆形或长圆形降液管，如图 3-32（b）

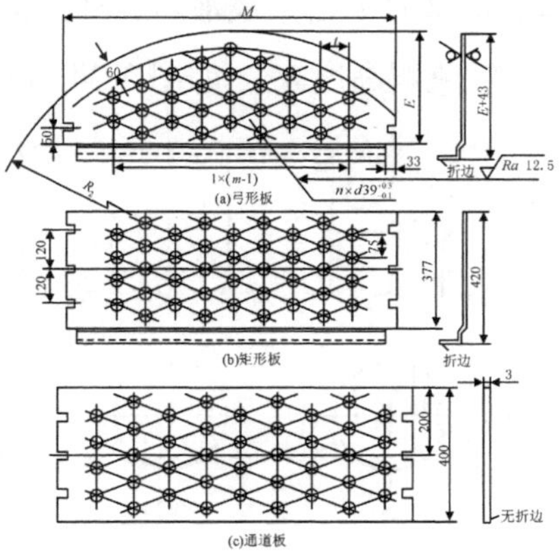

图 3-30　自身梁式单流分块塔盘

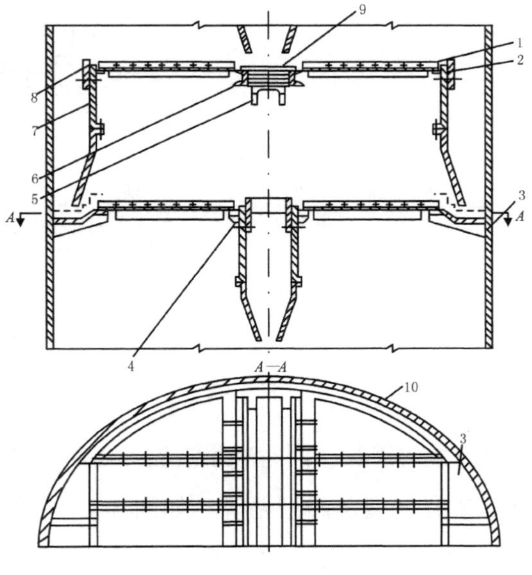

1—塔盘板；2—支持板；3—筋板；4—压板；5—支座；6—支承梁；
7—两侧降液板；8—可调溢流堰板；9—中心降液板；10—支承圈

图 3-31　双流分块式塔盘支承结构

所示。弓形降液管将堰板及塔壁之间的全部截面用作降液面积，适用于大液量及大直径的塔，塔盘面积利用率高，降液能力大，气液分离效果好，如图 3-32（c）所示。对于采用整块式塔盘的小直径塔，又必须有尽量大的降液面积时，宜采用固定在塔盘上的弓形降液管，如图 3-32（d）所示。降液管有垂直式、倾斜式、阶梯式，如图 3-33 所示。小直径或负荷较小的塔盘采用垂直式；当降液管面积占塔盘面积的 12%以上时，选用倾斜式，可以扩大塔盘有效截面；阶梯式结构可减少气泡产生，也有利于气泡分离，国外应用较多。为了防止气体从降液管上升，走短路而不通过塔盘，降液管处需形成液封，即降液管的底缘距受液盘的高度 h，一定要小于塔板上的溢流堰高度 h_w，如图 3-34 所示。

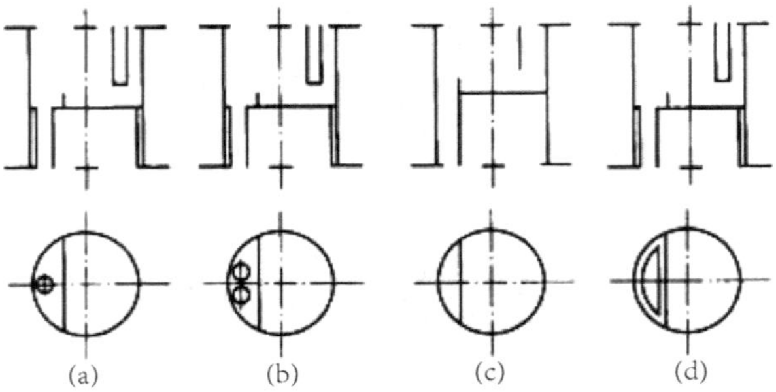

图 3-32　降液管结构形式

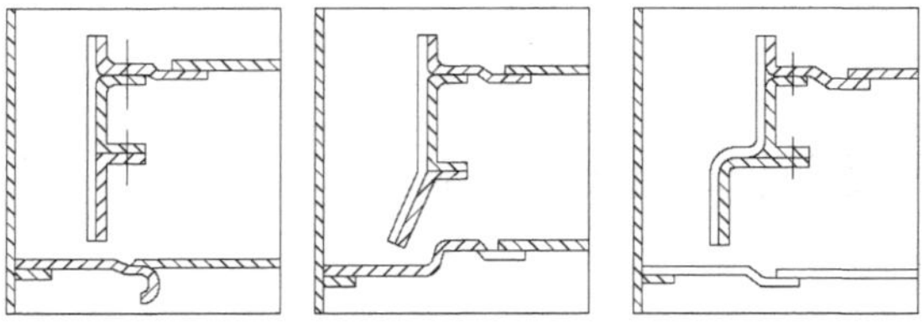

图 3-33　降液管

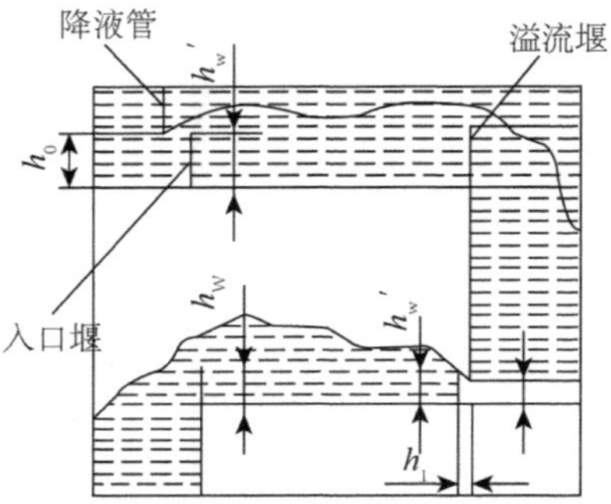

图 3-34

4. 受液盘

为了保证降液管出口处的液封，同时减小液流冲击引起的塔盘变形，需在塔盘上设置受液盘。受液盘有平型及凹型两种，如图 3-35 所示。平型受液盘不易在塔盘上形成死角，故常用于易聚合的物料。常见的可拆式平型受液盘如图 3-35（a）所示。凹型受液盘对流体流向有缓冲作用，可降低塔盘入口的液峰高度，使得液流平稳，有利于塔盘入口区更好地鼓泡，如图 3-35（b）所示。在塔段最低一层塔盘的降液管末端设置的受液盘，又称液封盘，其作用是保证降液管出口处的液封，如图 3-36 所示。

5. 溢流堰

塔盘上设置溢流堰的目的是为了维持一定的液层高度，确保降液管的液封，使液体均匀流动，减少液流冲击。根据在塔盘上的位置，溢流堰可分为进口堰和出口堰，如图 3-37 所示。溢流堰有平直堰和齿形堰两种结构，常用平直堰结构。但当液体溢流量较小时，为避免因安装偏差引起的液流不均，图 3-34 降液管的液封结构可采用齿形堰，也可设计成可调齿形堰，调整堰顶水平度以适应生产条件的变化，如图 3-38 所示。

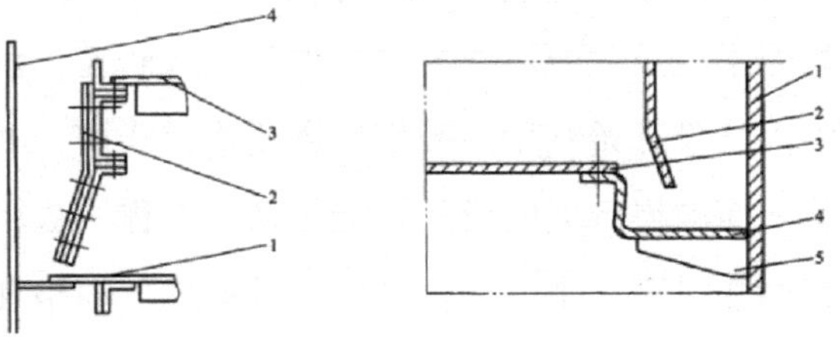

（a）可拆式平型受液盘 （b）凹型受液盘

（a）1—受液盘；2—倾斜降液管；3—塔盘；4—塔体

（b）1—塔体；2—倾斜降液管；3—塔盘；4—受液盘；5—支承板

图 3-35 受液盘

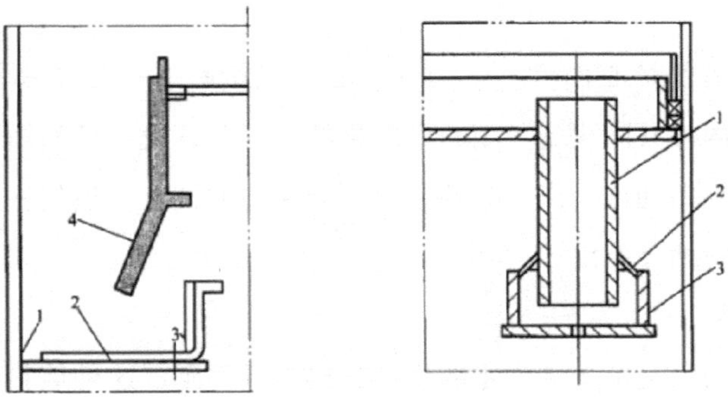

（a）弓形液封盘 （b）圆形液封盘

（a）1—塔壁；2—液封盘；3—泪孔；4—降液管

（b）1—降液管；2—筋板；3—液封盘

图 3-36 液封盘

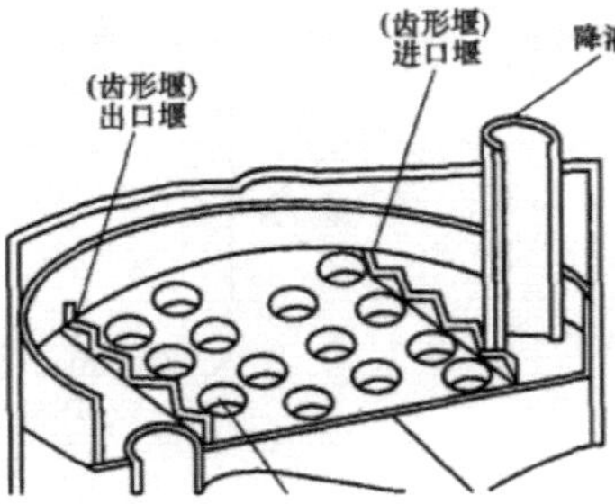

图 3-37 溢流堰

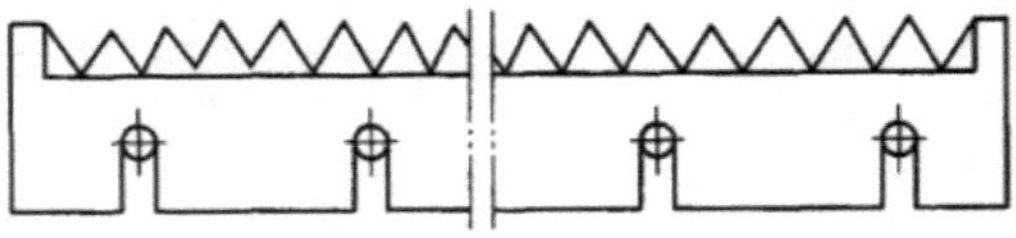

图 3-38 可调齿形堰

三、填料塔

填料塔的基本特点是结构简单，压力降小，传质效率高，便于采用耐腐蚀材料制造等。对于热敏性及容易发泡的物料，更显示其优越性。过去，填料塔多要求塔径在 0.8 m 以下。近年来，随着高效新型填料和其他高性能塔内件的开发，以及人们对填料流体力学、放大效应及传质机理的深入研究，填料塔技术得到了迅速发展。目前，国内外已开始利用高效填料塔改造板式塔，并在增加产量、提高产品质量、节能等方面取得巨大的成效。近年来，工程界对填料塔进行了大量的研究工作，主要集中在以下几个方面：开发多种形式、规格和材质的高效，低压力降，大流量的填料；与不同填料相匹配的塔内件结构；填料层中液体的流动及分布规律；蒸储过程的模拟。

随着塔设备的大型化，今后需要进一步研究新型高性能的填料及其他新型塔内件，特别要加强气体及液体分布器的研究。

（一）填料

填料是填料塔的核心内件，它为气、液两相接触进行传质和换热提供了表面，与塔的其他内件共同决定了填料塔的性能。因此，设计填料塔时，首先要适当地选择填料。要做到这一点，必须了解不同填料的性能。填料一般可以分为散装填料及规整填料两大类。

1. 散装填料

散装填料是指以乱堆安装为主的填料，也可以整砌。这种填料是具有一定外形结构的颗粒体，故又称颗粒填料。根据其形状不同，这种填料可分为环形、鞍形及环鞍形。每一种填料按其尺寸、材质的不同又有不同的规格。散装填料的发展过程如图 3-39 所示。

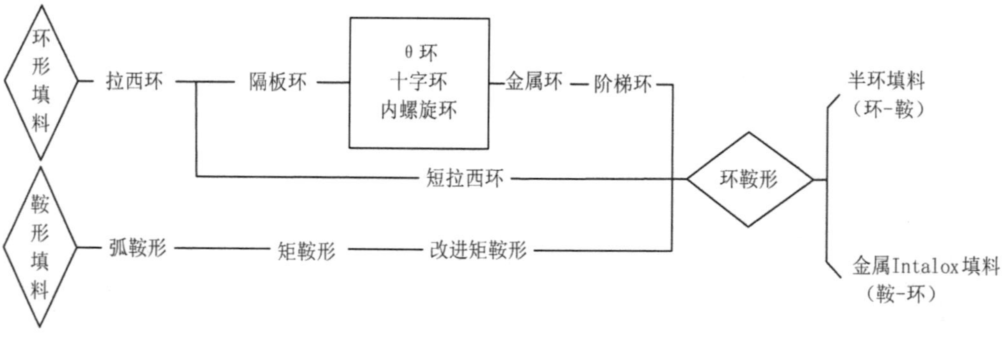

图 3-39 散装填料的发展过程

（1）环形填料

最原始的填料塔是以碎石、砖块、瓦砾等无定形物作为填料的。1914 年拉西（F. Rasching）发明了具有固定几何形状的拉西环瓷制填料。与无定形填充物的填料塔相比，其流体通量与这种原料的使用，标志着填料的研究和应用进入了科学发展的新时期。从此，人们不断改进填料的形状、结构，出现了许多新型填料，并在化工生产中获得成功应用。拉西环是高度与外径相等的圆柱体，由陶瓷、金属、塑料等制成。拉西环的规格以外径为特征西环（100 mm 以上），一般采用整砌方式装填。小尺寸的拉西环（75 mm 以下）多采用乱堆方式填充。因为乱堆的填料间容易产生架桥，使相邻填料外表面间形成线接触，填料层内形成积液、液体的偏流、沟流、股流等。此外，由于填料层内滞液量大，气体通过填料层绕填料壁而流动时折返的路径较大，通量较小。但由于这种填料具有较长的使用历史，结构简单，价格便宜，所以在相当一段时间内应用比较广泛。

（2）开孔环形填料

开孔环形填料是在环形填料的环壁上开孔，使断开窗口的孔壁形成一个具有一定曲率指向环中心的内弯舌片。这种填料既充分利用了环形填料的表面又增加了许多窗孔，从而大大改善了气、液两相物料通过填料层时的流动状况，增加了气体通量，减少了气相的阻力，增加了填料层的湿润表面，提高了填料层的传质效率。

（3）鲍尔环填料

鲍尔环填料是针对拉西环的一些缺点经改进而得到的，是高度与直径相等的开孔环形填料，在其侧面开有两层长方形的孔窗，每层有 5 个窗孔，每个孔的舌叶弯向环心，上下两层孔窗的位置交错。孔的面积占环壁总面积的 35%左右。鲍尔环一般用金属或塑料制成如图 3-40 所示的金属鲍尔环的结构。实践表明，同样尺寸的金属鲍尔环与拉西环相比，其相对效率要高出 30%左右，在相同的压力降下，鲍尔环的处理能力比拉西环增加 50%以上，而在相同的处理能力下，鲍尔环填料的压力降仅为拉西环的一半。

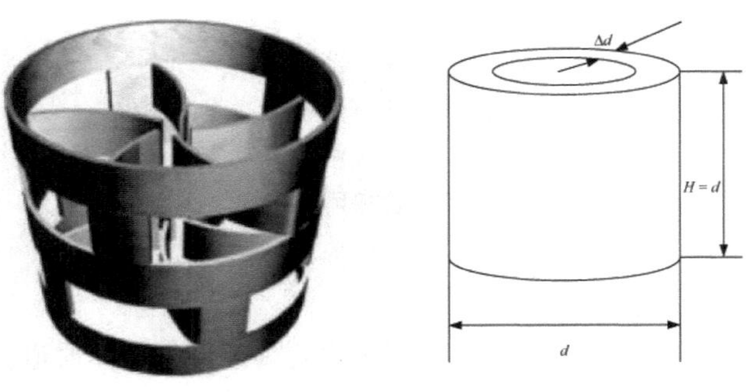

图 3-40　金属鲍尔环的结构

改进型鲍尔环填料的结构与鲍尔环相似，只是环壁上开孔的大小及内弯叶片的数量不同。每个窗孔改为上下两片叶片从两端分别弯向环内，详见图 3-41。叶片数比鲍尔环多出了一倍。并交错地分布在四个平面上，同时，环壁上的开孔面积也比鲍尔环填料有所增加，因而使填料内的气、液分布情况得到改善，处理能力较鲍尔环提高 10%以上。

图 3-41　改进型鲍尔环填料

（4）阶梯环填料

阶梯环填料是 20 世纪 70 年代初期，由英国传质公司开发研制的一种新型短开孔环形填料。其结构类似于鲍尔环，但其高度减小一半，且填料的一端扩为喇叭形翻边，这样不仅增加了填料环的强度，而且使填料在堆积时相互的接触由线接触为主变成为以点接触为主，从而不仅增加了填料颗粒的空隙，减少了气体通过填料层的阻力，而且改善了液体的分布，促进了液膜的更新，提高了传质效率。因此，阶梯环填料的性能较鲍尔环填料又有进一步的提高。目前，阶梯环填料可由金属、陶瓷和塑料等材料制造而成，详见图 3-42。

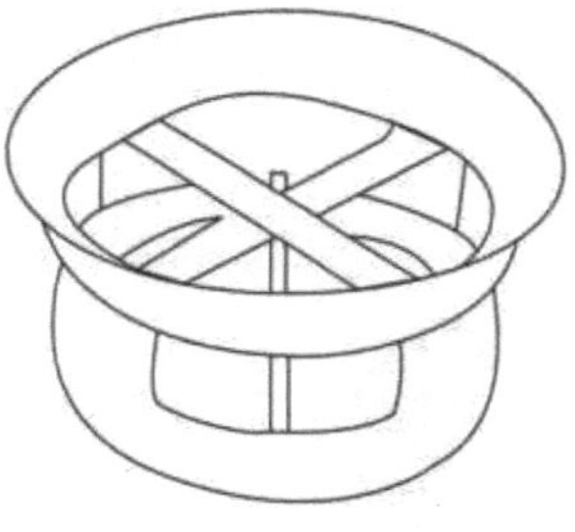

图 3-42　阶梯环的结构

（5）鞍形填料

鞍形填料类似马鞍形状，这种填料层中主要为弧形的液体通道，填料层内的孔隙率较环形填料连续，气体向上主要沿弧形通道流动，从而改善气液流动状况。

（6）弧鞍形填料

弧鞍形填料形状如图 3-43 所示。通常由陶瓷制成。这种填料虽然与拉西环比较性能有一定程度的改善，但由于相邻填料容易产生套叠和架空的现象，使一部分填料表面不能被湿润，即不能成为有效的传质表面。目前基本被矩鞍形填料所取代。

（7）矩鞍形填料

矩鞍形填料是一种敞开式的填料，它是在弧鞍形填料的基础上发展起来的。其外形如图 3-44 所示。它是将弧鞍填料的两端由圆弧改为矩形，克服了弧鞍填料容易相互叠合的缺点。这种填料因为在床层中相互重叠的部分较少，孔隙率较大，填料表面利用率高，所以与拉西环相比压力降低，传质效率提高，与尺寸相同的拉西环相比效率约提高 40%以上。生产使用中证明这种填料不易被固体悬浮颗粒所堵塞，装填时破碎量减少，因而被广泛推广使用；矩鞍形填料可用瓷质材料、塑料制成。近年来出现了矩鞍形填料的改进型填料，其特点是将原矩鞍形填料的平滑弧形边缘改为锯齿状。在填料的表面增加皱褶，并开有圆孔，见图 3-45。由于结构上做了上述改进，改善了流体的分布，增大了填料表面的润湿率，增强了液膜的湍动，降低了气体阻力，提高了处理能力和传质效率。目前，这种填料一般用陶瓷或塑料制造。

图 3-43 弧鞍形填料

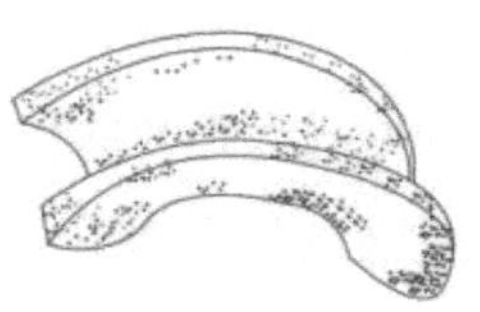

图 3-44 矩鞍形填料

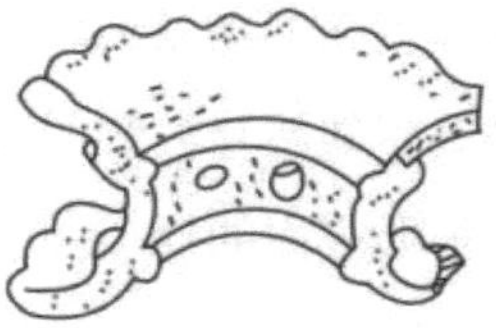

图 3-45 改进型矩鞍形填料

（8）金属环矩鞍填料

金属环矩鞍填料是 1978 年由美国诺顿公司首先开发出来的，不久国产金属环矩鞍填料也用于生产。如图 3–46 所示。金属环矩鞍填料结合了开孔环形填料

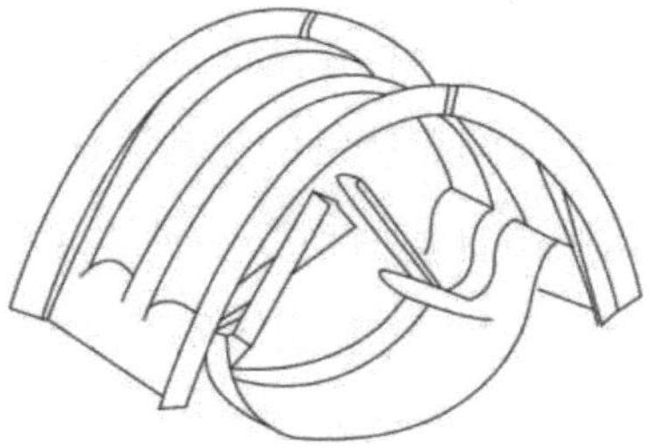

图 3-46 金属环矩鞍填料

和矩鞍填料的特点，既有类似于开孔环形填料的圆环、环壁外孔和内伸的舌片，又有类似于矩鞍填料的圆弧形通道。这种填料是用薄金属板冲制而成的整体环鞍

结构，两侧的翻边增加了填料的强度和刚度。因为这种填料是一种开敞的结构，所以使流体的流量大、压力降低、滞留量小。也有利于液体在填料表面的分布及液体表面的更新，从而提高传质性能。与金属鲍尔环相比，这种填料的通量提高15%~30%，压力降降低40%~70%，效率提高10%左右。因而金属环矩鞍填料获得广泛的应用，特别在乙烯、苯乙烯等减压蒸馏中效果更为突出。

2. 规整填料

在乱堆的散装填料塔内，气、液两相的流动路线往往是随机的，加之填料装填时难以做到各处均一，因而容易产生沟流等不良状况，从而降低塔的效率。规整填料是一种在塔内按均匀的几何图形规则、整齐地堆砌的填料，这种填料人为地规定了填料层中气、液的流路，减少了沟流和壁流的现象，大大降低了压力降，提高了传热、传质的效果。规整填料的种类，根据其结构可分为丝网波纹填料及板波纹填料。

（1）丝网波纹填料

用于制造丝网波纹填料的材料有金属，如不锈钢、铜、铝、铁、镍及蒙乃尔等，除此之外，还有塑料丝网波纹填料及碳纤维波纹填料。金属丝网波纹填料为由厚度0.1~0.25 mm、相互垂直排列的不锈钢丝网波纹片叠合织成的盘状规整填料。相邻两片波纹的方向相反，于是在波纹网片间形成一相互交叉又相互贯通的三角形截面的通道网。叠合在一起的波纹片周围用带状丝网箍住，箍圈可以有向外的翻边以防壁流。波片的波纹方向与塔轴的倾角为30°或45°，每盘的填料高度为40~300 mm，详见图3-47。通常填料盘的直径略小于塔体的内径，上、下相邻两盘填料交错90°。对于小塔径，填料整盘装填。对于直径在1.5 m以上的大塔或没有法兰连接的不可拆塔体，则可用分块形式从人孔吊入塔内再拼装。操作时，液体均匀分布于填料表面并沿丝网表面以曲折的路途向下流动，气体在网片间的交叉通道内流动，因而气、液两相在流动过程中不断地、有规则地转向，获得了较好的横向混合。又因上下两盘填料的板片方向交错90°，故每通过一层填料后，气、液两相进行一次再分布，有时还在波纹填料片上按一定的规则开孔（孔径5 mm，孔间隙约为10 mm），这样相邻丝网片间气、液分布更加均匀，几乎无放大效应。这样的特点有利于丝网波纹填料在大型塔器中的应用。金属丝网波纹填料的缺点是造价高，抗油能力差，难以清洗。

（2）板波纹填料

板波纹填料可分为金属、塑料及陶瓷板波纹填料三大类。金属板波纹填料保留了金属丝网波纹填料几何规则的结构特点，所不同的是改用表面具有沟纹及小孔的金属板波纹片代替金属网波纹片，即每个填料盘内若干金属板波纹片相互叠合，相邻两波纹片间形成通道且波纹流道成 90°交错，上下两盘填料中波纹片的叠合方向旋转 90°，同样，对小型塔可用整盘的填料，而对于大型塔或没有法兰连接的塔体则可用分块填料。这种填料的结构如图 3-48 所示。金属板波纹填料保留了金属丝网波纹填料压力降低、通量高、持液量小，气、液分布均匀，几乎无放大效应等优点，传质效率也比较高，但其造价比丝网波纹填料要低得多。

图 3-47　丝网波纹填料

图 3-48　板波纹填料

（二）填料塔内件的结构

填料塔的内件是整个填料塔的重要组成部分。内件的作用是为了保证气、液更好地接触，以便发挥填料塔的最大效率和生产能力，因此，内件设计的好坏直接影响到填料性能的发挥和整个填料塔的效率。

1．填料的支承装置

填料的支承装置安装在填料层的底部。其作用是：防止填料穿过支承装置而落下；支承操作时填料层的重量；保证足够的开孔率，使气、液两相能自由通过。因此，不仅要求支承装置具备足够的强度及刚度，而且要求结构简单，便于安装，所用的材料耐介质的腐蚀。

（1）栅板型支承

填料支承栅板是结构最简单、最常用的填料支承装置，如图 3-49 所示。

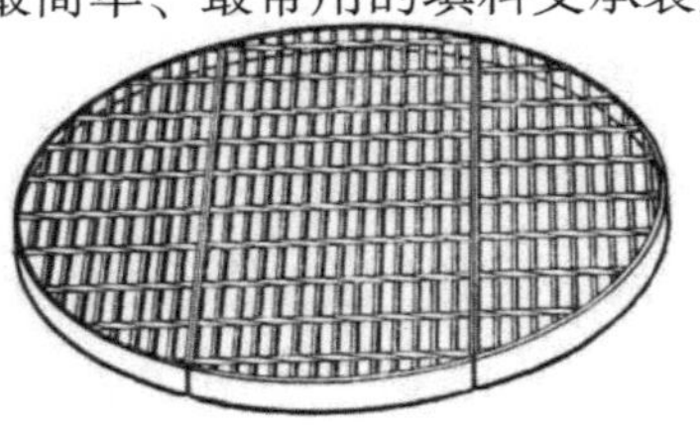

图 3-49　栅板型支承装置

它由相互垂直的栅条组成，放置于焊接在塔壁的支承圈内。塔径较小时可采用整块式栅板，大型塔则可采用分块式栅板。栅板支承的缺点是如果将散装填料直接乱堆在栅板上，则会将空隙堵塞而减少其开孔率，故这种支承装置广泛用于规整填料塔。有时在栅板上先放置一盘板波纹填料，然后再装填散装填料。

（2）气液分流型支承

气液分流型支承属于高通量、低压力降的支承装置。其特点是为气体及液体提供了不同的通道，避免了栅板式支承中气、液从同一孔槽中逆流通过。这样既避免了液体在板上的积聚，又有利于液体的均匀再分配。

波纹式气、液分流支承由金属板加工的网板冲压成波形，然后焊接 1 个钢圈，如图 3-50 所示。网孔呈菱形，且波形沿菱形的长轴冲制。目前使用的网板最大厚度：碳钢为 8 mm、不锈钢为 6 mm、菱形长轴为 150 mm、短轴为 6 mm、波纹高度为 25~50 mm、波距一般大于 50 mm。驼峰式支承装置是组合式的结构，其梁式单元体，尺寸为宽 290 mm、高 200 mm，各梁式单元体之间用定距凸台保持 10 mm 的间隙供排液用。驼峰上具有条形侧孔，如图 3-51 所示。图中各梁式单元体由钢板冲压成型。板厚：不锈钢为 4 mm、碳钢为 6 mm。这种支承装置的特点是：气体通量大，液体负荷高，液体不仅可以从盘上的开孔排出，而且可以从单元体之间的间隙穿过，最大液体负荷可达 200 $m^3/(m^2 \cdot h^{-1})$。它是目前性能最优的散装填料的支承装置，且适用于大型塔。对于直径大于 3 m 的大塔，中间沿与驼峰轴线的垂直方向应加工字钢梁支承以增加刚度。

图 3-50　波纹式支承装置

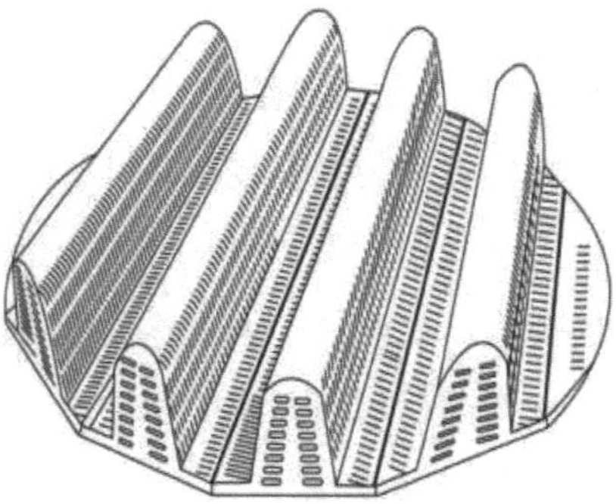

图 3-51　驼峰式支承装置

（3）孔管式填料支承装置

如图 3-52 所示。其特点是将位于支承板上的升气管上口封闭，在管壁上开长孔，因而气体分布较好，液体从支点板上的孔中排出，特别适用于塔体用法兰连接的小型塔。

图 3-52　孔管式填料支承装置

2. 液体分布器

液体分布器安装于填料上部，它将液相加料及回流液均匀地分布到填料的表面，形成液体的初始分布。在填料塔的操作中，因为液体的初始分布对填料塔的影响最大，所以液体分布器是填料塔最重要的塔内件之一。液体分布器的设计应考虑液体分布点的密度、分布点的布液方式及布液的均匀性等因素，其中包括分布器的结构形状、几何尺寸的确定。液位高度或压头大小、阻力等。为了保证液体初始分布均匀，应保证液体分布点的密度即单位面积上的喷淋点数。

（1）管式液体分布器

管式液体分布器分重力型和压力型两种。图 3-53 为重力型排管式液体分布器。它由进液口、液位管、液体分配管及布液管组成。

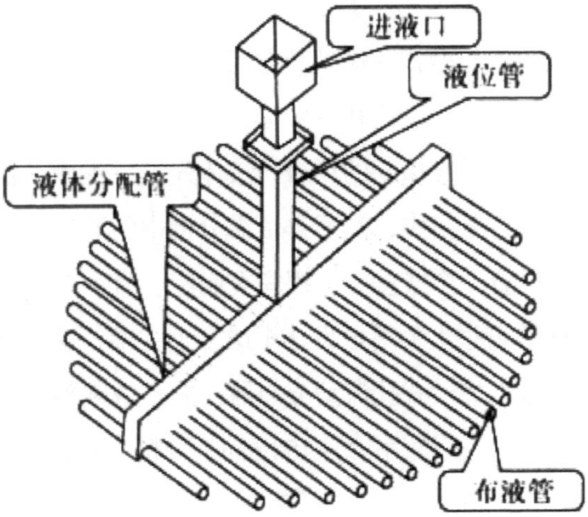

图 3-53　重力型排管式液体分布器

液管为漏斗形，内置金属丝网过滤器，以防止固体杂质进入液体分布器内。液位管及液体分配管可用圆管或方管制成。布液管一般用圆管制成，且底部打孔以将液体分布到填料层上部。对于塔体分段由法兰连接的小型塔排管式液体分布器做成整体式，而对于整体式大塔，则可做成可拆卸结构，以便从人孔进入塔中，在塔内安装。这种分布器的最大优点是塔在风载荷作用下产生摆动时，液体不会溅出。此外，液体管中有一定高度的液位，故安装时水平度误差不会对从小孔流出的液体有较大的影响，因而可达到较高的分布质量。因此，该分布器一般用于中等以下液体负荷及无污物进入的填料塔中，特别是丝网波纹填料塔。压力型管式分布器是靠泵的压头或高液位通过管道与分布器相连。将液体分布到填料上，根据管子安排的方法不同，有排管式和环管式。压力型管式分布器结构简单，易于安装，占用空间小，适用于带有压力的液体进料，值得注意的是压力型管式分布器只能用于液体单相进料，操作时必须充满液体。

（2）槽式液体分布器

槽式液体分布器为重力型分布器，它是靠液位（液体的重力）分布液体。就结构而言，可分为孔流型与溢流型两种。

图 3-54 为槽式孔流型液体分布器，它由主槽和分槽组成。主槽为矩形截面敞开式的结构，长度由塔径及分槽的尺寸决定，高度取决于操作弹性，一般取 200~300 mm。主槽的作用是将液体通过其底部的布液孔均匀稳定地分配到各分槽中。分槽将主槽分配的液体，均匀地分布到填料的表面上。分槽的长度由塔径及排列情况确定，宽度由液体量及要求的停留时间确定，一般为 30~60 mm，高度通常为 250 mm 左右。分槽是依靠槽内的液位由槽底的布液孔来分布液体的，其设计的关键是布液结构。一般情况下，最低液位以 50 mm 为宜，最高液位可弹性操作、塔内一般允许 200 mm 左右。槽式溢流型液体分布器与槽式孔流型分布器结构上有相似处，它是将槽式孔流型分布器的底孔改成侧向溢流孔。溢流孔一般为倒三角形或矩形，如图 3-55 所示。它适用于高液量或物料内有脏物易被堵塞的场合。液体先进入主槽，依靠液位由主槽的矩形或三角形溢流孔分配至各分槽中，然后再依靠分槽中的液位从三角形或矩形溢流孔流到填料表面。主槽可设置一个或多个，视塔径而定，直径 2 m 以下的塔可设置一个主槽，直径 2 m 以上或液量很大的塔可设 2 个或多个主槽。这种分布器常用于散装填料塔中，由于其分布质量不如槽式孔流型分布器，故高效规整填料塔中应用不多。分槽宽度一般为 100~120 mm，高度为 100~150 mm，分槽中心距为 30 mm 左右。

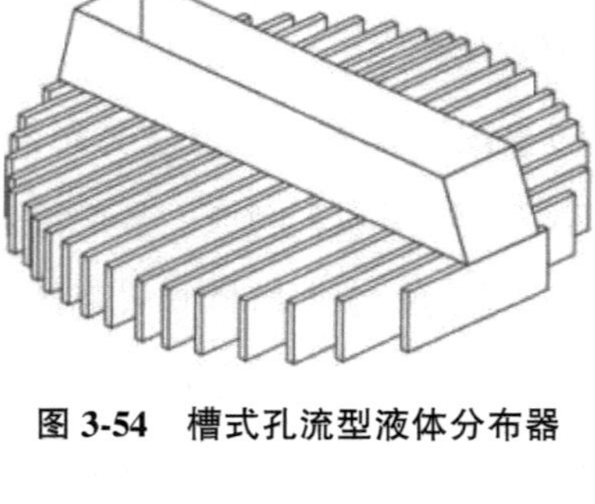

图 3-54 槽式孔流型液体分布器

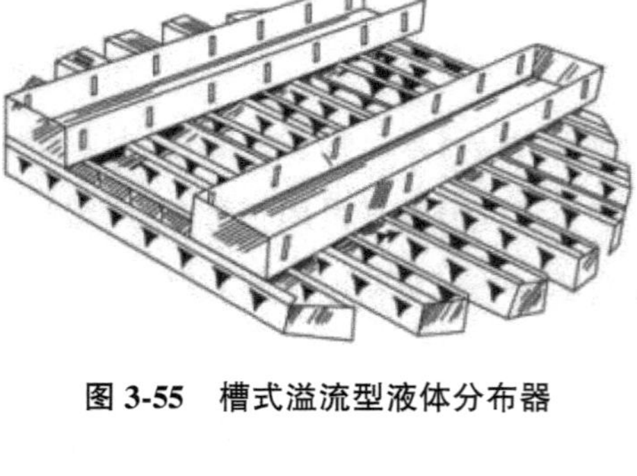

图 3-55 槽式溢流型液体分布器

（3）喷洒式液体分布器

喷洒式液体分布器的结构与压力型管式分布器相似，它是在液体压力下，通过喷嘴（而不是管式分布器的喷淋孔）将液体分布在填料上，其结构如图 3-56 所示，最早使用的喷洒式液体分布器是莲蓬头喷淋式分布器，由于其分布性能差，已很少使用。利用喷嘴代替莲蓬头可取得较好的分布效果。喷洒式分布器的关键是喷嘴的设计。包括喷嘴的结构、布置、喷射角度、液体的流量反映出的喷嘴的安装高度等。喷嘴喷出的液体呈锥形，为了达到均匀分布的效果，锥底需有部分重叠，重叠率一般为 30%～40%，喷嘴安装于填料上方 300～800 mm 处，喷射角度约 120°。喷洒式分布器结构简单、造价低、易于支承。气体处理量大，液体处理量的范围比较宽，但雾沫夹带较严重，需安装除沫器，且压头损失也比较大，使用时要避免液体直接喷到塔壁上，产生过大的壁流。进料口不能含有气相及固相。

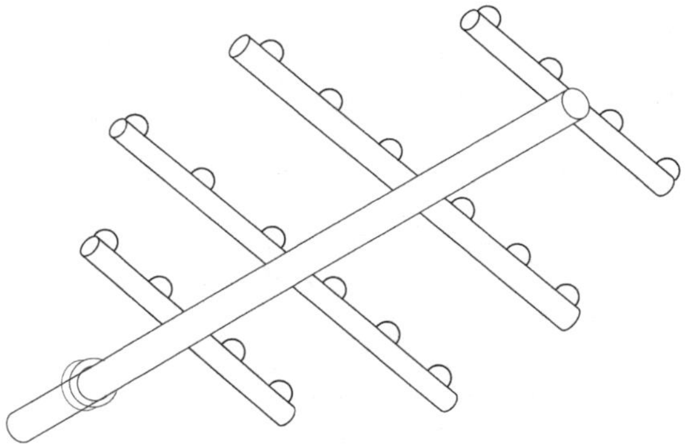

图 3-56　喷洒式液体分布器

（4）盘式液体分布器

盘式液体分布器分为孔流型和溢流型两种。

盘式孔流型液体分布器是在底盘上开有液体喷淋孔并装有升气管。气液的流道分开：气体从升气管上升，液体在底盘上保持一定的液位，并从喷淋孔流下，升气管截面可为圆形，也可为锥形，高度一般在 200 mm 以下。当塔径在 1.2 m 以下时，分布器可制成具有边圈的结构，如图 3-57 所示。分布器边圈与塔壁间的空间可作为气体通道。对于大直径塔，可用图 3-58 所示的盘式孔流型液体分布器，它采用支承梁将分布器分为 2～3 个部分，设计时注意支承梁在载荷作用下每米的最大挠度应小于 1.5 mm，两个分液槽安装在矩形升气管上，并将液体加入盘上。

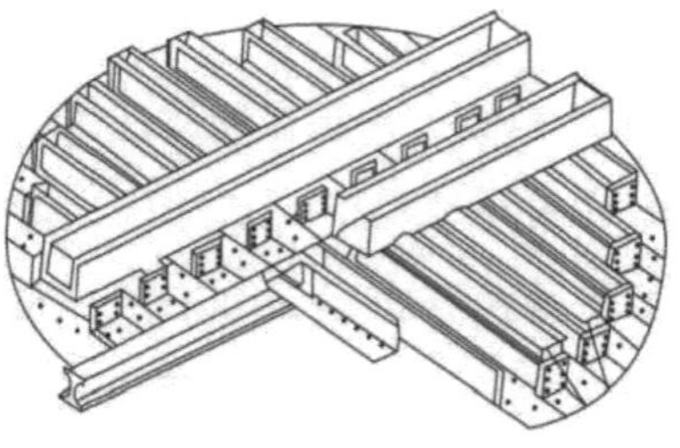

图 3-57 小直径塔用盘式孔流型液体分布器

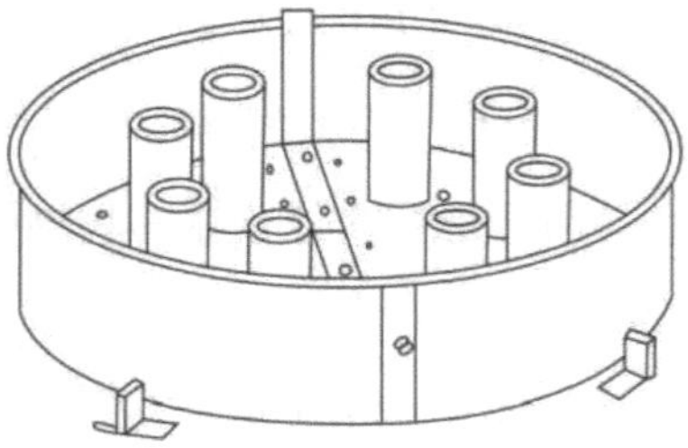

图 3-58 大直径塔用盘式孔流型液体分布器

盘式溢流型液体分布器是将上述盘式孔流型分布器的布液孔改成溢流管。对于大塔径，分布器可制成分盘结构，如图 3-59 所示。每块分盘上设升气管，且各分盘间，周边与塔壁间也有升气管道，三者总和约为塔截面积的 15%～45%。溢流管多用上端开 60°斜口的小管制成，溢流管斜口高出盘底 20 mm 以上，溢流管布管密度可为每平方米塔截面 100 个以上，适用于规整填料及散装填料塔，特别适合中、小流量的操作。一般而言，在选择液体分布器的时候，对于金属丝网填料及非金属丝网填料，应选用管式分布器，对于比较脏的物料，应优先选用槽式分布器。对于分批精馏的情况，应选用高弹性分布器。

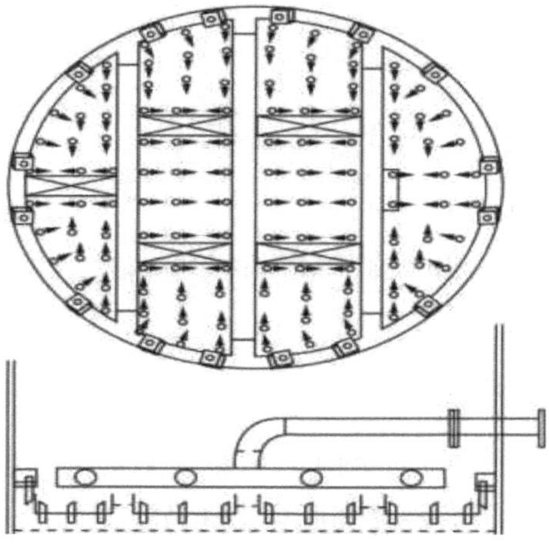

图 3-59 盘式溢流型液体分布器

3. 液体收集再分布器

当液体沿填料层向下流动时，具有流向塔壁而形成“壁流”的倾向，结果造成液体分布不均匀，降低传质效率，严重时使塔中心的填料不能被液体湿润而形成“干锥”。为此，必须将填料分段，需要在各段填料之间收集上一段填料流下来的液体，再分布。液体收集再分布器将上层填料流下的液体完全收集、混合，然后均匀分布到下层填料，并将上升的气体均匀分布到上层填料以消除各自的径向浓度差。

（1）液体收集器

①斜板式液体收集器。上层填料下来的液体落到斜板上后沿斜板流入下方的导液槽中，然后进入底部的横向或环形集液槽。再由集液槽中心管流入再分布器中进行液体的混合和再分布。斜板在塔截面上的投影必须覆盖整个截面并稍有重叠。安装时将斜板点焊在收集器筒体及底部的横槽及环槽上即可。斜板液体收集器的特点是自由面积大，气体阻力小，一般不超过 24.5 Pa，因此特别适用于真空操作。

②升气管式液体收集器，其结构与盘式液体分布器相同，只是升气管上端设置挡液板，以防止液体从升气管落下，这种液体收集器是把填料支承和液体收集器合二为一，占据空间小，气体分布均匀性好，可用于气体分布性能要求高的场合。其缺点是阻力较斜板式收集器大，且填料容易挡住收集器的布液孔。

（2）组合式液体再分布器

将液体收集器与液体分布器组合起来即构成组合式液体再分布器，而且可以组合成多种结构形式的再分布器。图 3-60（a）为斜板式收集器与液体分布器的组合，可用于规整填料及散装填料塔；图 3-60（b）为气液分流式支承板与盘式液体分布器的组合。两种再分布器相比，后者的混合性能不如前者，且容易漏液，但它所占据的塔内空间小。

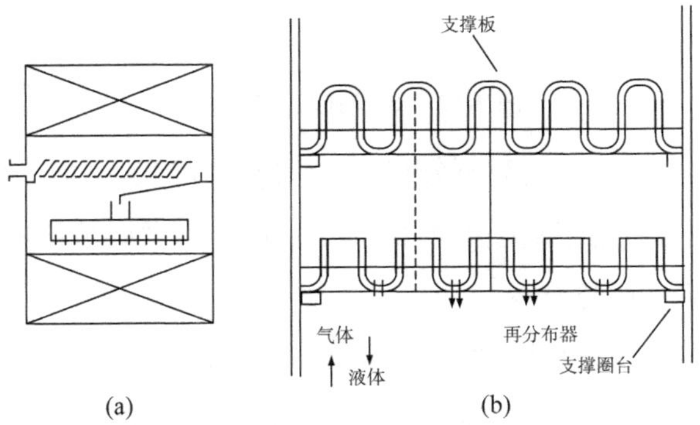

图 3-60　液体再分布器的性能比较

盘式液体再分布器其结构与升气管液体收集器相同，只是在盘上打孔以分布液体。开孔的大小、数量及分布由填料种类及尺寸、液体流量及操作弹性等因素确定。

（3）壁流收集再分布器

分配锥是最简单的壁流收集再分布器，如图 3-61（a）所示。它将沿塔壁流下的液体用再分配锥导出至塔的中心。圆锥小端直径 D 通常为塔径 D 的 0.7～0.8 倍。分配锥一般不宜安装在填料层里，而适宜安装在填料层分段之间，作为壁流的液体收集器用。这是因为分配锥若安装在填料内则使气体的流动面积减少，扰乱了气体的流动。同时分配锥与塔壁间又形成死角，填料的安装也困难。分配锥上具有通孔的结构，是分配锥的改进结构，如图 3-61（b）所示。通孔使通气面积增加，且使气体通过时的速度变化不大。

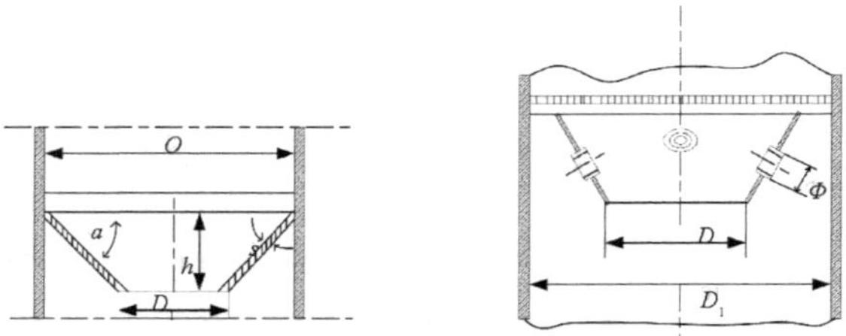

(a)分配锥　　(b)具有通孔的分配锥

图 3-61　壁流收集再分布器

图 3-62 为玫瑰式再分布器。与上述分配锥相比，具有较高的自由截面积，较大的液体处理能力，不易被堵塞，分布点多且均匀，不影响原料的操作及填料的装填。它将液体收集并通过突出的尖端分布到填料中。

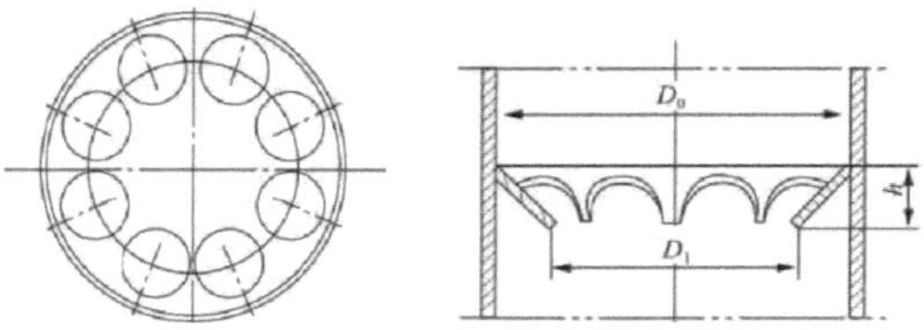

图 3-62　玫瑰式再分布器

应当注意的是上述壁流收集再分布器，只能消除壁流，而不能消除塔中的径向浓度差。因此，只适用于直径小于 0.6～1 m 的小型散装填料塔。

4. 填料的压紧和限位装置

当气速较高或压力波动较大时，会导致填料层的松动从而造成填料层内各处的装填密度产生差异，引起气、液相的不良分布，严重时会导致散装填料的流化，造成填料的破碎、损坏、流失。为了保证填料塔的正常、稳定操作，在填料层上部应当根据不同材质的填料，安装不同的填料压紧器或填料层限位器。一般情况下，陶瓷、石墨等脆件散装填料使用填料压紧器，而金属、塑料制散装填料及各种规整填料则使用填料层限位器。

（1）填料压紧器

填料压紧器又称填料压板，将其自由放置于填料层上部，靠其自身的重量压紧填料。当填料层移动并下沉时，填料压板即随之一起下落，故散装填料的压板必须有一定的重量。常用的填料压紧板有栅条式，其结构与图 3-62 所示的栅板型支承板类似，只是要求其空隙率大于 70%。栅条间距约为填料直径的 0. 6~0. 8 倍，或是底面垫金属丝网以防填料通过栅条间隙。其次是如图 3-63 所示的网板式填料压板，它用钢圈、栅条及金属网制成，如果塔径较大，简单的压紧网板不能达到足够的压强，设计时可适当增加其重量。无论是栅板式还是网板式压板，均可制成整体式或分块结构，视塔径大小及塔体结构而定。

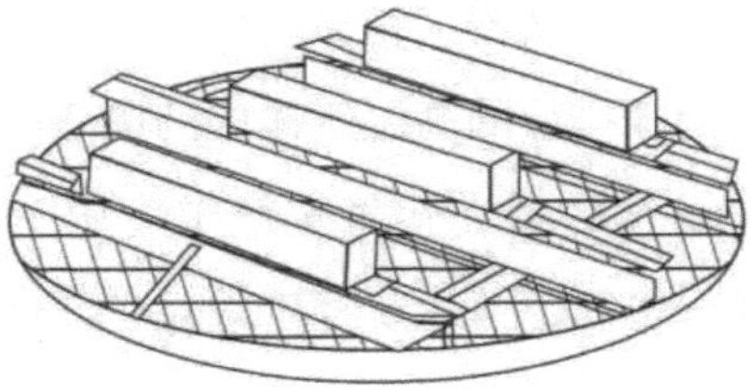

图 3-63　网板式填料压板

（2）填料限位器

填料限位器又称床层定位器，用于金属、塑料制散装填料及所有规整填料。它的作用是防止高气速、高压力降或塔的操作出现较大波动时，填料向上移动而造成填料层出现空隙，从而影响塔的传质效率。对于金属及塑料制散装填料，采用如图 3-63 所示的网板结构作为填料限位器。因为这种填料具有较好的弹性，且不会破碎，故一般不会出现下沉，所以填料限位器需要固定在塔壁上。对于小塔，可用螺钉将网板限位器的外圈固定于塔壁，而大塔则用支耳固定。对于规整填料，因具有比较固定的结构，因此限位器也比较简单，使用栅条间距为 100~500 mm 的栅板即可。

第三节　换热设备

一、换热设备的应用

换热设备是化工、炼油工业中普遍应用的典型工艺设备，用来实现热量的传递，使热量由高温流体传送给低温流体。在化工厂，换热设备的费用约占总费用的 10%～20%，在炼油厂约占总费用的 35%～40%。其在动力、原子能、冶金、食品、交通、家电等工业部门也有着广泛的应用。

在化工生产中，为了工艺流程的需要，往往进行着各种不同的换热过程：如加热、冷却、蒸发和冷凝等。换热器就是用来进行这些热传递过程的设备，通过这种设备，能将热量从温度较高的流体传递给温度较低的流体，以满足工艺上的需要。换热器作为一个单独的化工设备，有时则把它作为某一工艺设备中的组成部分，如氨合成塔中的下部热交换器、精储塔底部的再沸器和顶部的回流冷凝器或分凝器等。其他如用于回收排放的高温气体中的废热的废热锅炉，有时在生产中也是不可缺少的。总之，换热器在化工生产中应用十分广泛，提高热能利用率，降低燃料消耗和电耗，提高工业生产经济效益，任何化工生产工艺几乎都离不开它。

二、换热设备应满足的基本条件

根据工艺过程或热量回收用途的不同，换热设备可以是加热器、冷却器、蒸发器、再沸器、冷凝器、余热锅炉等，因而换热设备的种类、型式很多。完善的换热设备在设计或选型时应满足以下各项基本要求。1. 合理地实现所规定的工艺条件；2. 结构安全可靠；3. 便于制造，安装，操作和维修；4. 经济上合理。

三、换热设备的分类及其特点

按照传热方式的不同，换热设备可分为三类。（1）混合式换热器；（2）蓄热式换热器；（3）间壁式换热器。混合式换热器利用冷、热流体直接接触与混合的作用进行热量交换。这类换热器的结构简单、价格便宜，常做成塔状。图 3-64 是一搁板式冷却塔的示意图。蓄热式换热器的热量传递是通过格子砖或填料等蓄热体来完成的，首先让热流体通过，把热量积蓄在蓄热体中，然后再让冷流体通过，把热量带走，如图 3-65 所示。由于两种流体交替转换输入，因此，不可避免地存在着一小部分流体相互掺和的现象，造成流体的“污染”。蓄热式换热器结构紧凑、价格便宜、单位体积传热面积大，故较适合用于气-气热交换的场合。

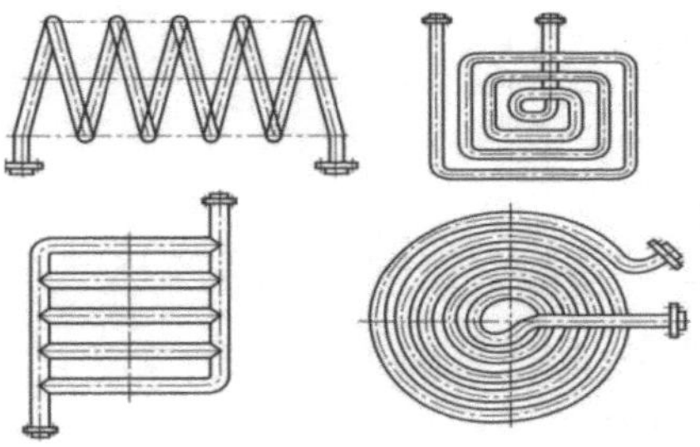

图 3-64　搁板式冷却塔

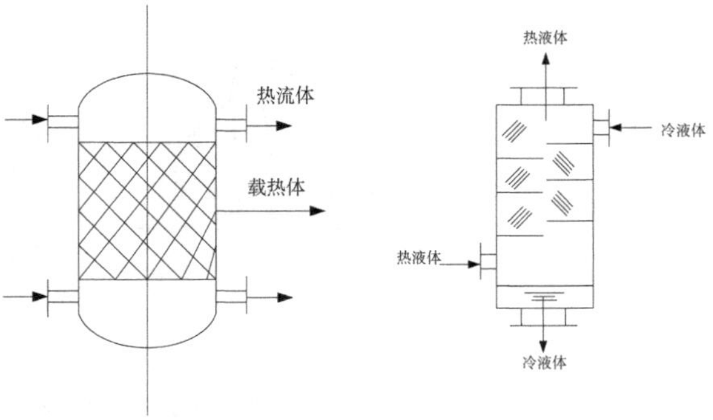

图 3-65　蓄热式换热器

按照传热面的形状与结构特点它又可分为：管式换热器，如蛇管式、套管式、管壳式、缠绕管式等；板面式换热器，如板式、板翅式、螺旋板式、板壳式、伞板式等；其他型式换热器，如石墨换热器、聚四氟乙烯换热器、热管换热器等。

（一）管式换热器

这类换热器是通过在换热管壁面进行传热的。虽然在换热效率、设备结构紧凑性（换热器在单位体积中的传热面积 m^2/m^3）和单位传热面积的金属消耗量（kg/m^2）等方面都不如其他新型换热器，但它具有结构坚固、可靠、适应性强、易于制造、能承受较高的操作压力和温度等优点。尤其在高温、高压和大型换热器中，仍占有相当优势。

1. 蛇管式换热器

它是最早出现的一种结构简单和操作方便的换热设备。一般用金属或非金属管子，按需要弯曲成各种形状，根据形状的不同，蛇管换热器又可分为沉浸式和喷淋式蛇管两种。

沉浸式蛇管换热器的蛇管多以金属管子弯绕而成，或由弯头、管件和直管连接组成，也可制成适应容器的形状，沉浸在容器内的液体中，两种流体分别在管内、管外进行换热。沉浸式蛇管换热器的优点是结构简单、价格低廉、便于防腐、管子能承受较大的流体压力。其缺点是由于管外流体的流速很小，需要的传热面积大，因而传热系数较小，故常需加搅拌装置，以提高其传热效率。

喷淋式蛇管换热器多用来冷却管子内的热流体，将蛇管成排地固定在钢架上，热流体在管内流动，冷却水由管排上方的喷淋装置均匀淋下，洒布在蛇管上，并沿管面两侧下降至下面的管子表面，最后流入水槽排出，如图 3-66 所示。与沉浸式蛇管相比较，主要优点是管外流体的传热系数大，且便于检修和清洗。其缺点是体积大，冷却水用量大，喷淋效果不够好。

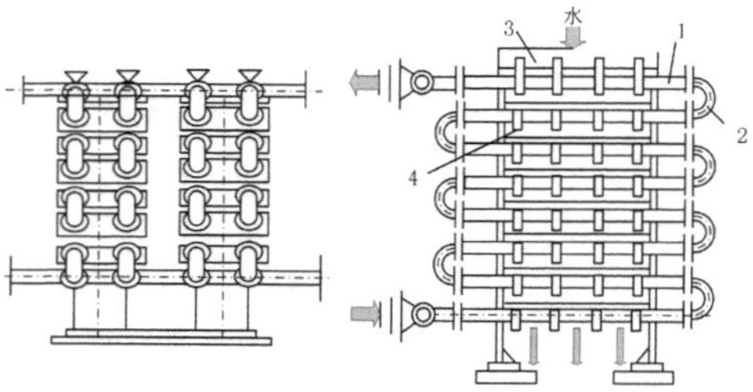

1—直管；2—U形管；3—水槽；4—齿图

图 3-66 喷淋式蛇管换热器

2. 套管式换热器

套管式换热器是由两种不同直径的直管套在一起组成同心套管，其内管用U形肘管顺次连接，外管与外管互相连接而成，其构造如图3-67所示。每一段套管称为一程，程数可根据传热面积要求而增减。换热时一种流体走内管，另一种流体走环隙，内管的壁面为传热面。套管式换热器的优点是结构简单，能耐高压，传热面积可根据需要增减，且两种流体呈逆流流动，适当地选择管子内、外径，可提高流体的流速，使传热面两侧都可有高的传热系数。其缺点是单位传热面积的金属消耗量大，管子接头多，检修、清洗和拆卸都不方便，可拆连接处容易造成泄漏。此类换热器适用于高温、高压及小流量流体和所需的传热面积不大的场合。

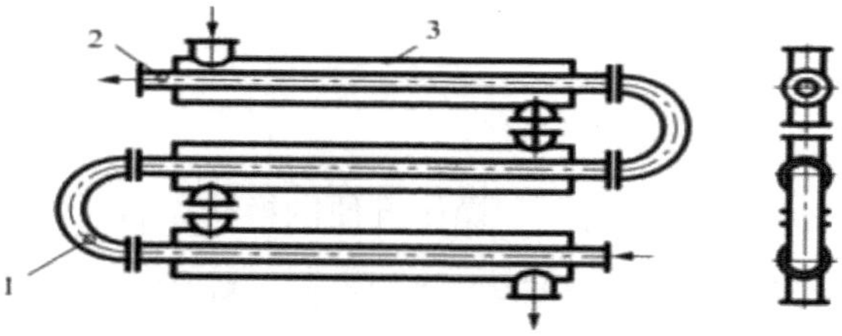

1—U形肘管；2—内管；3—外管

图 3-67 套管式换热器

3. 管壳式换热器

管壳式换热器又称列管式换热器，是一种通用的标准换热设备，它具有结构简单、可靠性高、易于制造、选材广泛、清洗方便、适应性强等特点，应用最为广泛，在换热设备中占据主导地位。它的形式有多种，其主要结构如图3-68所示，圆筒形壳体内安装有由许多平行管子（称为列管）组成的管束，管子的两端（或一端）固定在管板上，管子的轴线与壳体的轴线平行。为了增加流体在管外空间的流速并支承管子，改善管外膜的传热性能，在筒体内间隔安装多块折流板（或其他折流元件），用拉杆和定距管将其与管子组装在一起。换热器的壳体上和两侧的端盖上（对偶数管程而言，则在一侧）装有流体的进、出口，有时还在其上装设检查孔，安置测量仪表用的接口管、排液孔和排气孔等。

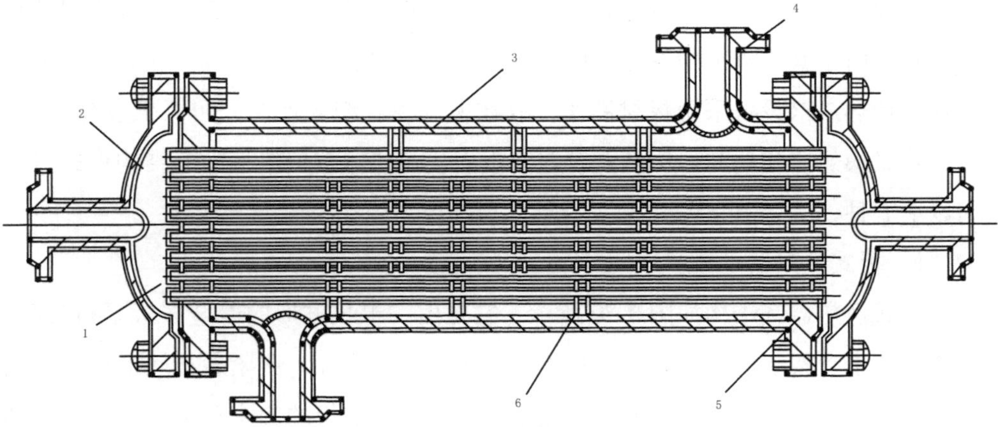

1—管子；2—封头；3—壳体；4—接管；5—管板；6—折流管

图 3-68 管壳式换热器

4. 缠绕管式换热器

该换热器是在芯筒与外筒之间的空间内将传热管按螺旋线形状交替缠绕而成，相邻两层螺旋状传热管的螺旋方向相反，并采用一定形状的定距件使之保持一定的间距。缠绕管可以采用单根绕制，也可以采用两根或多根组焊后一起绕制。管内可以通过一种介质，称单通道型缠绕管式换热器，如图 3-69（a）所示；也可分别通过几种不同的介质，而每种介质所通过的传热管均汇集在各自的管板上，构成多通道型缠绕管式换热器，如图 3-69（b）所示。缠绕管式换热器适用于同时处理多种介质、在小温差下需要传递较大热量且管内介质操作压力较高的场合，如制氧等低温过程中使用的换热设备。

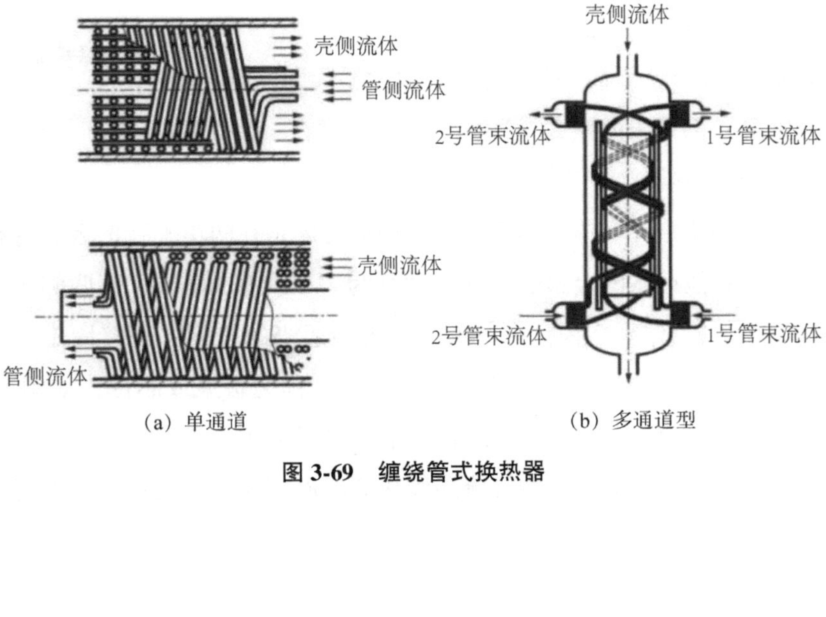

（a）单通道　　（b）多通道型

图 3-69 缠绕管式换热器

（二）板面式换热器

板面式换热器是通过板面进行传热的换热器，其传热性能要比管式换热器更加优越，由于其结构上的特点，使流体能在较低的速度下就达到湍流状态，从而强化了传热。该设备采用板材制作，故在大规模组织生产时，可降低设备成本，但与管式换热器相比其耐压性能较差。板面式换热器按传热板面的结构形式可分为以下五种。

1. 板式换热器

板式换热器其结构如图3-70所示。它是由一组长方形的薄金属板平行排列，夹紧组装于支架上面构成，两相邻板片的边缘衬有垫片，压紧后板间形成密封的流体通道，且可用垫片的厚度调节通道的大小。每块板的四个角上，各开一个圆孔，其中有两个圆孔与板面上的流道相通，它们的位置在相邻板上是错开的，以分别形成两流体的通道。冷、热流体交替地在板片两侧流动，通过金属板片进行换热。板片是板式换热器的核心部件，为使流体均匀通过板面，增加传热面积，并促使流体湍动，常将板面冲压成凹凸的波纹状。波纹形状几十种，常用的波纹形状有水平波纹、人字形波纹和圆弧形波纹等。

板式换热器的优点是结构紧凑，单位体积设备所提供的换热面积大；安装灵活，可根据需要增减板数以调节传热面积；板面波纹使截面变化复杂，流体的扰动作用增强，具有较高的传热效率；拆装方便，有利于维护和清洗。其缺点是处理量小，操作压力和温度受密封垫片材料性能限制而不宜过高。板式换热器适用于经常需要清洗，工作环境要求十分紧凑，工作压力在2.5 MPa以下，温度在-35~200 ℃的场合。

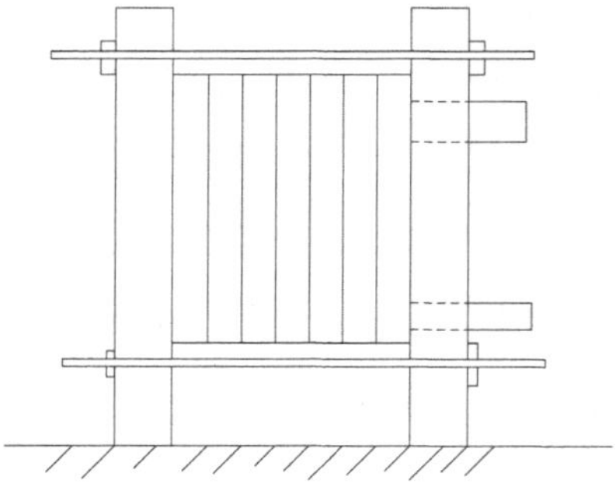

图3-70 板式换热器

2. 板翅式换热器

板翅式换热器由许多单元体组成，所谓单元体是在两块平行的金属薄板之间安放波纹状或其他形状的金属翅片（一般称为“二次表面”），其两侧边缘以封条密封，如图3-71所示。然后将各单元体进行适当的排列并焊接固定，即可得到逆流、并流和错流的板翅式换热器的组装件，称为板束或芯部，如图3-72所示。最后将带有流体进、出口的集流箱焊接到板束上，就成为板翅式换热器。冷、热流体分别流向间隔排列的冷流层和热流层而实现热量交换，一般翅片的传

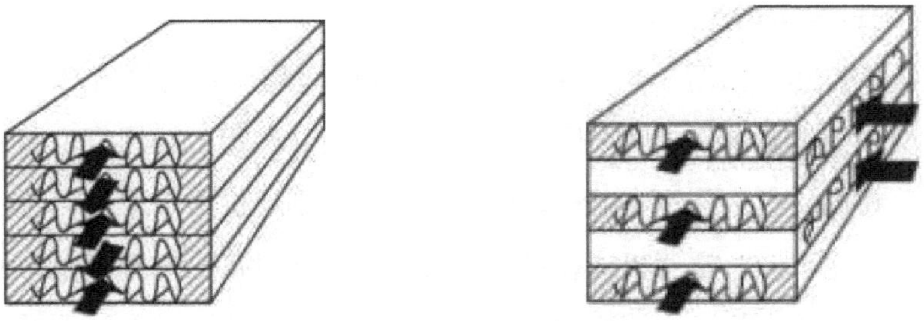

图 3-71　单元体分解

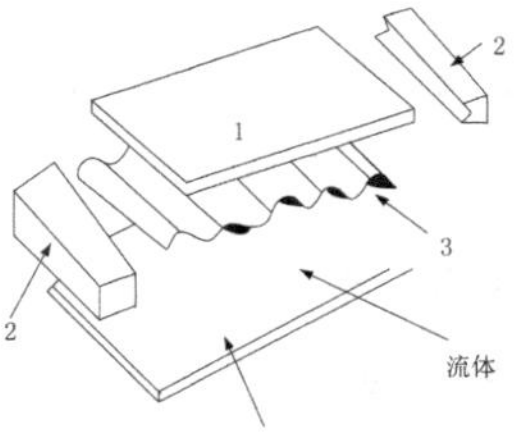

1—平隔板；2—侧封条；3—翅片（二次表面）

图 3-72　板翅式换热器的板束

热面积占总传热面积的 75%~85%，翅片与隔板间通过钎焊连接，大部分热量由翅片经隔板传出，小部分热量直接通过隔板传出。不同几何形状的翅片使流体在流道中形成强烈的湍流，使热阻边界层不断被破坏，从而有效地降低热阻，提高传热效率。板翅式换热器的翅片类型见图 3-73。另外，由于翅片焊于隔板之间，起到骨架和支承作用，使薄板单元件结构有较高的强度和承压能力。

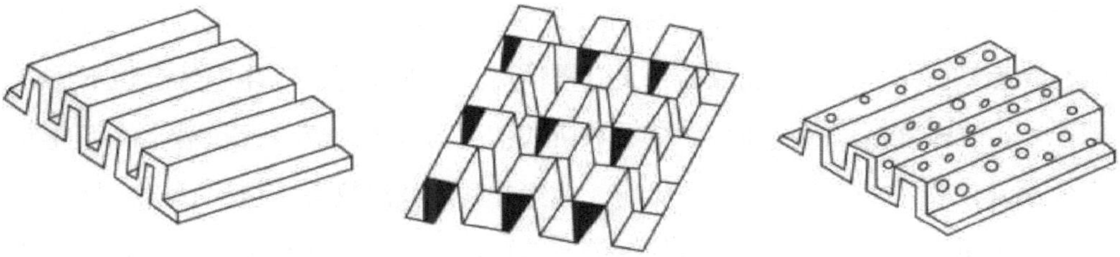

(a) 光直形翅片　(b) 锯齿形翅片　(c) 多孔形翅片

图 3-73　板翅式换热器的翅片类型

板翅式换热器结构紧凑，是目前传热效率较高的换热设备，其传热系数比管壳式换热器大 3~10 倍，1 m^3 的体积可提供 2 500 ~4 000 m^2 的换热面积，几乎是管壳式换热器的十几倍到几十倍，而相同条件下板翅式换热器的质量只有管壳式换热器的 10%~65%。可用于气-气、气-液和液-液的热交换，也可用作冷凝和蒸发；板翅通常用铝合金制作，特别适用于低温或超低温的换热。其缺点是流道窄小，易堵塞且压力降较大，一旦结垢，清洗和检修均很困难，故只能用于洁净物料和对金属铝无腐蚀作用的物料传热。

3. 螺旋板式换热器

螺旋板式换热器如图 3-74 所示。它是由两张间隔一定的平行薄金属板卷制而成的，两张薄金属板形成两个同心的螺旋形通道，两板之间焊有定距柱以维持通道间距，在螺旋板两侧焊有盖板。冷、热流体分别通过两条通道，通过薄板进行换热。因用途不同，螺旋板式换热器的流道布置和封盖形式有下面几种：

“Ⅰ”型结构，两个螺旋流道的两侧完全为焊接密封的“Ⅰ”型结构，是不可拆结构，如图 1-74（a）所示。两流体均做螺旋流动，通常冷流体由外周流向中心，热流体从中心流向外周，即完全逆流流动。这种型式主要应用于液体与液体间传热。

“Ⅱ”型结构，结构如图 3-74（b）所示。一个螺旋流道的两侧为焊接密封，另一流道的两侧是敞开的，因而一种流体在螺旋流道中做螺旋流动，另一种流体则在另一流道中做轴向流动。这种型式适用于两流体流量差别很大的场合，常用作冷凝器、气体冷却器等。

“Ⅲ”型结构，结构如图 3-74（c）所示。一种流体做螺旋流动，另一流体是轴向流动和螺旋流动的组合。适用于蒸气的冷凝冷却。

“G”型结构，结构如图 3-74（d）所示。常被安装在塔顶作为冷凝器，采用立式安装，下部有法兰与塔顶法兰相连接。气体由下部进入中心管上升至顶盖折回，然后沿轴向从上至下流过螺旋通道被冷凝。螺旋板式换热器的优点是螺旋通道中的流体由于惯性离心力的作用和定距柱的干扰，在较低雷诺数下即达到湍流，故传热系数大；因流速较高，又有惯性离心力的作用，流体中悬浮物不易沉积下来，故螺旋板式换热器不易结垢和堵塞；由于流体的流程长和两流体可进行完全逆流，故可在较小的温差下操作，能充分利用低温热源；结构紧凑，单位体积的传热面积约为管壳式换热器的 3 倍。其缺点是操作温度和压力不宜太高，目前最高操作压力为 2 MPa，温度在 400 ℃以下；因整个换热器为卷制而成，一旦发生泄漏，维修很困难。

4. 板壳式换热器

板壳式换热器介于板式和管壳式换热器之间，由板束和壳体两部分组成，如图 3-75（a）所示。板束相当于管壳式换热器的管束，每一板束元件相当于一根管子，由板束元件构成的流道称为板壳式换热器的板程，相当于管壳式换热器的管程；板束与壳体之间的流通空间则构成板壳式换热器的壳程。板束元件的形状可以是多种多样的，一般用冷轧钢带滚压成型再焊接而成，如图 3-75（b）所示。板壳式换热器的壳体有圆形和矩形的，但一般均采用圆筒形，其承压能力较好。为使板束能充满壳体，板束每一元件应按其所占位置的弦长来制造。一般板壳式换热器不装设壳程折流板。

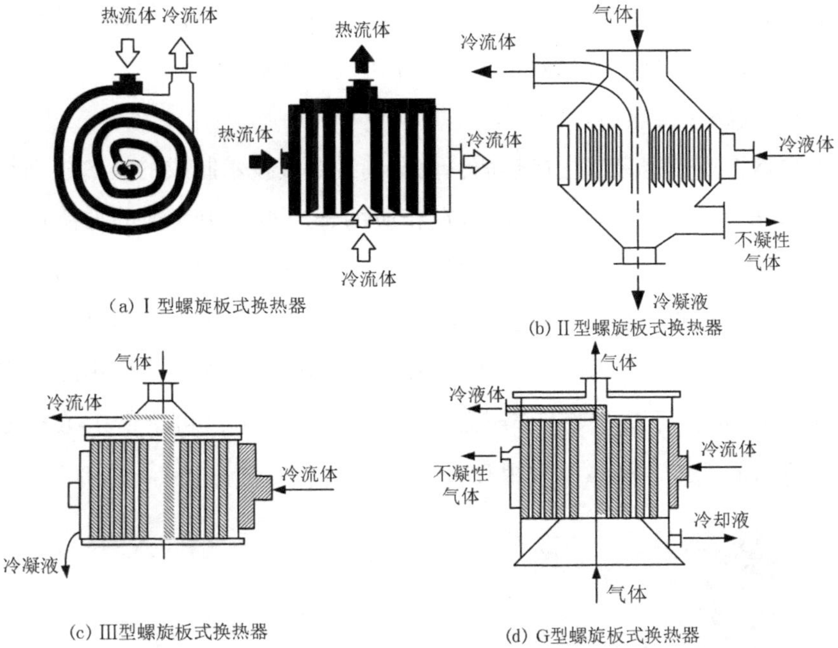

(a) Ⅰ型螺旋板式换热器　(b) Ⅱ型螺旋板式换热器

(c) Ⅲ型螺旋板式换热器　(d) G型螺旋板式换热器

图 3-74　螺旋板式换热器

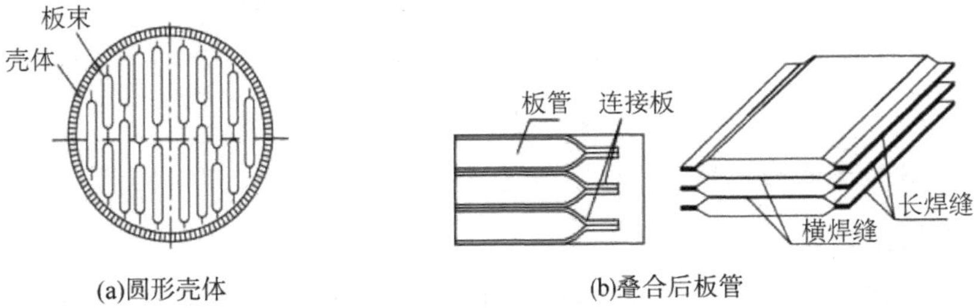

(a)圆形壳体　(b)叠合后板管

图 3-75　板壳式换热器

板壳式换热器兼有管式和板式两类换热器的特点，能较好地解决耐压、耐温与结构紧凑、高效传热之间的矛盾。其传热系数约为管壳式换热器的 2 倍，而体积为管壳式的 30%左右，压降一般不超过 0.05 MPa。由于板束元件互相支承，刚性强，能承受较高的压力或真空，最高工作压力可达 6 MPa，工作温度达 800 ℃。此外，还具有不易结垢、便于清洗等优点。其主要缺点是板束制造较复杂，对焊接工艺要求较高。

5. 伞板式换热器

伞板式换热器是中国独创的新型高效换热器，由板式换热器演变而来。伞板式换热器是由伞形传热板片、异形垫片、端盖和进口接管等组成。它以伞形板片代替平板片，从而使制造工艺大为简化，成本降低。伞形板式结构稳定，板片间容易密封。但由于设备的流道较小，容易堵塞，不宜处理较脏的介质。该设备的螺旋流道内具有湍流花纹，增加了流体的扰动程度，因而提高了传热效率。伞板式换热器具有结构紧凑、传热效率高、便于拆洗等优点。

6. 印刷线路板换热器

印刷线路板换热器只有主换热面，由印刷线路板技术制成的换热板面组装而成，如图 3-76 所示。换热板面一般是在相应的金属板上用腐蚀的方法加工出所需流道，流道横截面的形状多为近似半圆形，其深度一般为 0.1～2.0 mm。把加工好的板面按一定的工艺要求组合起来，用扩散焊连接等方法组装在一起，即成为印刷线路板换热器。印刷线路板传热效率与紧凑度非常高，传热面积密度为 650～1 300 m^2/m^3，可以承受工作压力为 10～50 MPa，温度可达 150～800 ℃，可用于非常清洁的气体、流体以及相变的换热过程。

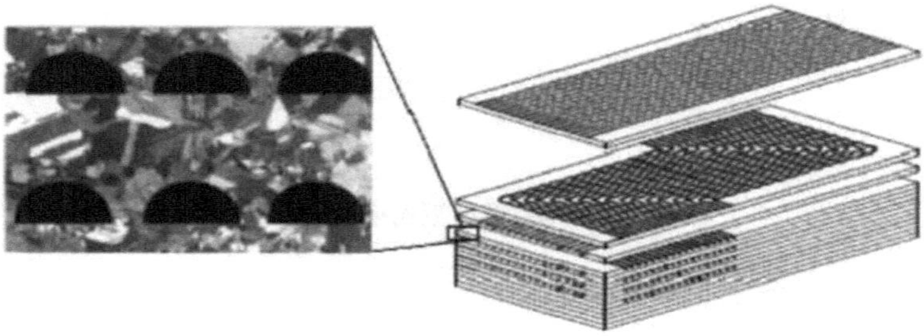

图 3-76 印刷线路板换热器

（三）其他型式换热器

1. 石墨换热器

石墨换热器是用一种不渗透性的石墨材料制造的。由于石墨具有优良的化学稳定性，除了强氧化酸以外，几乎可以处理一切酸、碱、无机盐溶液和有机物。高的导热系数和不易结垢，使石墨具有良好的耐腐蚀性和传热性能，将它用于腐蚀性的液体和气体的场合，最能发挥它的优越性。但由于石墨的抗拉和抗弯强度较低，易脆裂，在结构设计中应尽量采用实体块，以避免石墨件受拉伸和弯曲，同时在受压缩的条件下装配石墨件，以充分发挥它抗压强度高的特点。此外，换热器的通道走向必须符合石墨的各向异性所带来的最佳导热方向。根据这些情况，石墨换热器有管壳式、块式和板式等多种形式，其中尤以管壳式和块式目前更为广泛采用。

2. 聚四氟乙烯换热器

聚四氟乙烯换热器是最近 10 余年所发展起来的一种新型耐腐蚀的换热器。

主要的结构形式有管壳式和沉浸式两种。由于聚四氟乙烯耐腐蚀、不生锈，能制成小口径薄壁软管，因而可使换热器具有结构紧凑、耐腐蚀等优点。但是其机械强度低、导热性能差，故使用温度一般不超过 150 ℃，使用压力不超过 1.5 MPa。

3. 热管换热器

热管换热器由壳体、热管和隔板组成。热管是一种具有高导热性能的新型传热元件，是一根密闭的金属管子，管子内部装有一定材料制的毛细结构和载热介质。当管子在加热区加热时，介质从毛细结构中蒸发出来，带着所吸取的潜热，通过输送区沿温度降低的方向流动，在冷凝区遇到冷表面后冷凝，并放出潜热，冷凝后的载热介质通过它在毛细结构中的表面张力作用，重新返回加热区，如此反复循环，连续不断地把热端热量传递到冷端。热管换热器的主要特点是结构简单、质量轻、经济耐用；在极小的温差下，具有极高的传热能力；通过材料的适当选择和组合，可用于较大的温度范围，如从-200~2 000 ℃的温度范围内均可应用；一般没有运动部件，操作无声，不需要维护，寿命长；换热效率高，其效率可达到90%。热管换热器的结构形式多种多样。具有多种用途，如用作传送热量、保持恒温、当作热流阀和热流转换器等。

第四节　干燥设备

干燥操作是传热传质同时伴随发生的除湿过程，其目的是除去某些固体原料、成品及半成品中的水分或者溶剂，以便于储存、运输、加工和使用。去湿是加热物料，使物料中湿分蒸发，这一过程称为干燥，它是除去固体物质中湿分的一种方法。干燥中所需的热量是由干燥介质通过对流、传导、热辐射及介电的方式传给被干燥物料的，使物料中的湿分获得能量后变成蒸气从其中分离出来，最后得到含湿量较低的且达到某一规定的干燥产品。干燥过程中处理的物料种类繁多，物料特性千差万别，为了适应各种物料的干燥特性，干燥设备必然是多样的。在此主要介绍厢式干燥器、气流干燥器、喷雾干燥器和沸腾床干燥器。

一、厢式干燥器

厢式干燥器是一种比较古老的干燥器，它是一种外壁绝热、外形像箱子的干燥器，主要是以热风通过湿物料表面达到干燥的目的，适用于易碎物料，胶黏性、可塑性物料，粒状、膏状物料，等。厢式干燥器具有结构简单、操作方便、装卸灵活方便、物料损失小等优点，但也存在料面得不到更新，干燥时间长，劳动强度大，产品质量不稳定等缺点。它适用于对小批量、多品种或贵重产品的干燥。

（一）结构与工作原理

1. 水平气流厢式干燥器

水平气流厢式干燥器的气流与物料平行，热风沿着物料表面平行通过，以对流的方式与物料进行热量、质量交换。它由加热器、循环风机、干燥板层、支架、干燥器主体、吸气口、排气口组成，如图 3-77 所示。它的整体呈厢形，为了充分利用热能，在厢体外部设有绝热保温层，并设有利于气体进出的进气口和出气口。内部由一个或多个格组成，在其中放置装有被干燥物料的盘子，并按一定间距放于固定架上或是小车型的可推动架上，小车可方便地被推进推出。厢内设置有热风循环扇、气体加热器（蒸气加热翅片管或电加热元件）和可调节的气体挡板。

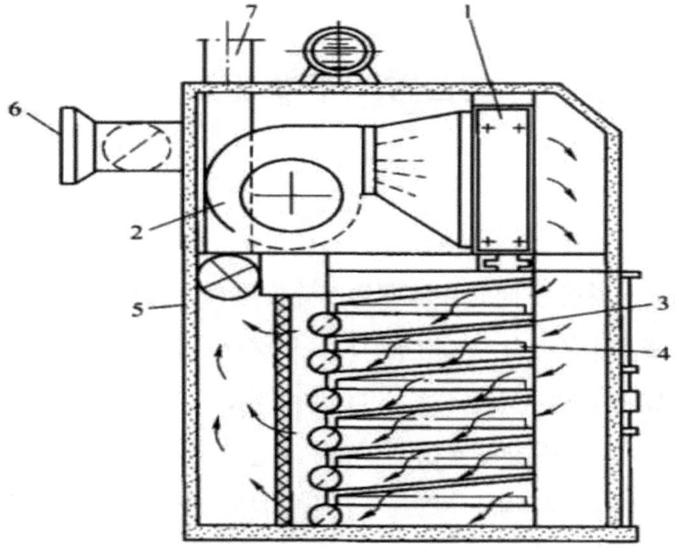

1—加热器；2—循环风机；3—干燥板层；4—支架；5—干燥器主体，6—吸气口；7—排气口

图 3-77　水平气流厢式干燥器

工作时通过送风系统使用热风干燥，热风沿着物料表面平行流过，由于热风温度比物料温度高，因此，它们在干燥区进行热量和能量交换，完成干燥过程。为了充分利用热能，对含有一定热量的气体通过循环风机和加热器进行再利用。提高干燥速率的方法是提高传热系数，而提高传热系数的有效方法是提高热风的流动速率，根据物料的特性，风速一般在 0.5~3 m/s 之间选取。水平气流式厢式干燥器适用于染料、颜料等干燥期末容易产生粉尘的物料，以及药品等处理量小、品种多的粉状物料，还适用于程序控制的块状物料。这种干燥器结构简单，适用的物料范围广，但一般干燥的时间较长。

2. 穿流气流厢式干燥器

穿流气流厢式干燥器是气流穿过物料层，以提高传热效率，克服了水平气流厢式干燥器中气流只流过物料表面而传热效率低的缺点。它由料盘、过滤器、盖网、风机等组成，如图 3-78 所示，料盘的底部由金属网或多孔板制成。为使热风顺利穿过物料层，物料形状一般为粒状、片状、环状、柱状等，热风流速以不带走物料为宜，一般为 0.6~1.2 m/s，料层厚度为 25~65 mm。工作时，气流垂直穿过物料层表面，气固接触面积增大、内部湿分扩散距离短，干燥的热效率比平行气流式的高 3~10 倍。在干燥操作初始阶段，可适当提高气体流速，以提高干燥效率；在干燥的恒速阶段，固体表面的温度接近于空气的湿球温度，气体温度可高一些；而当物料表面干燥后，就要适当降低气流速度，以防止过热引起表面硬化和变质，并防止扬尘。

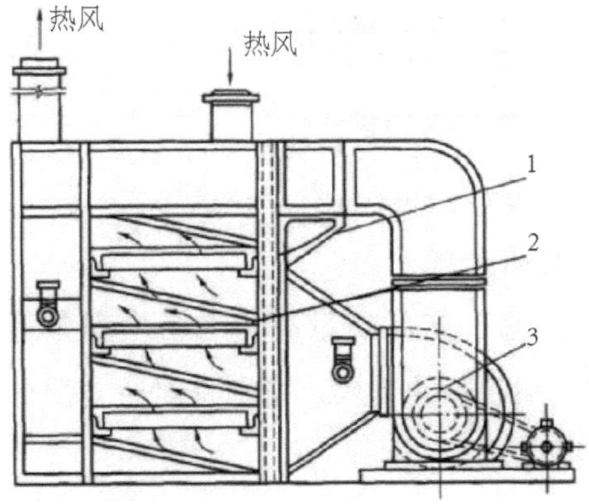

（a）固定盘架型

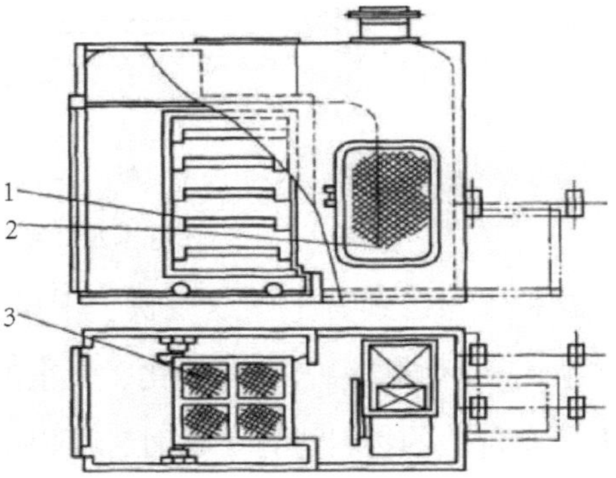

（b）小车型

（a）1—真空厢式干燥器；2—空心隔板；3—风机

（b）1—料盘；2—过滤器；3—盖网

图 3-78 穿流气流箱式干燥器

厢式干燥器操作的关键是料层的厚度均匀，有相同的压力降，气流通过物料层时无死角。有时为了防止物料的飞散，在物料盘上盖有如图3-77所示的金属丝网。穿流气流厢式干燥器适用于通气性好的颗粒状、条状、块状等物料。这种干燥器结构简单、操作方便，但物料层应均匀，否则会出现气流夹带物料或者漏气问题。

3. 真空厢式干燥器

真空厢式干燥器是将被干燥物料置于真空条件下进行干燥的设备。它由厢体、进气管、冷凝水出管、空心隔板等组成，如图3-79所示。厢体的断面为钢制方形，其外有保温层，内设多层空心隔板，隔板中通入加热蒸气或热水。进行干燥时，将蒸气由A管通入，冷凝水由B管流出，将料盘置于每层隔板之上，关闭厢门，用真空泵使厢内达到所需要的真空度进行干燥。

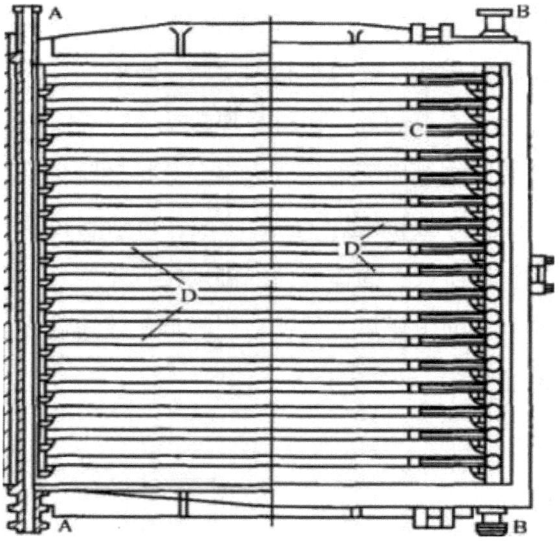

A—进气多支管；B—凝气多支管；C—进接多支管和空心隔板的短管；D—空心隔板

图3-79　真空厢式干燥器

这种干燥器具有干燥速度快、干燥时间短、产品质量高、无扬尘现象等优点，适用于不耐高温、易于氧化、贵重的生物制品的干燥，特别是对所含湿分是有毒、有价值的物料进行干燥时，可以冷凝回收。

二、喷雾干燥器

喷雾干燥是指一次工序，就可将溶液、乳浊液、悬浮液或膏糊液等各种物料干燥成粉体，颗粒等固体的单元操作。是采用雾化器将原料液分散为雾滴，并用热气体（空气、氮气或过热水蒸气）干燥雾滴而获得产品的一种干燥方法。原料液可以是溶液、乳浊液、悬浮液，也可以是熔融液或膏糊液。干燥产品根据需要可制成粉状、颗粒状、空心球或团粒状。

（一）喷雾干燥的典型流程

如图 3-80 所示，包括空气加热系统、原料液供给系统、干燥系统、气固分离系统以及控制系统。由图可见，喷雾干燥机通过加热转化为热空气，进入装置在干燥室顶部的热风分配器，然后均匀地进入干燥室，并呈现螺旋状转动，同时将料液送至装置在干燥室顶部地离心雾化器，使料液雾化成极小的雾化液滴，料液和热空气并流接触，水分迅速蒸发，在极短的时间内干燥为成品。成品经干燥塔底部和旋风分离器排出，废气由风机抽出排空。

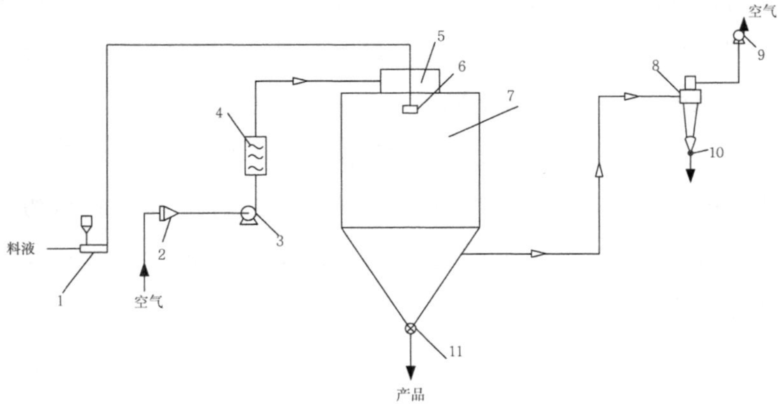

1—供料系统；2—空气过滤器；3—风机；4—加热器；5—空气分布器；6—雾化器；
7—干燥塔；8—旋风分离器；9—引风机；10，11—卸料阀

图 3-80　喷雾干燥流程

原料液雾化所用的雾化器是喷雾干燥的关键部件，目前常用的雾化器有三类：离心式、气流夹带式和压力式，图 3-81 为三种雾化器的结构和原理示意图。

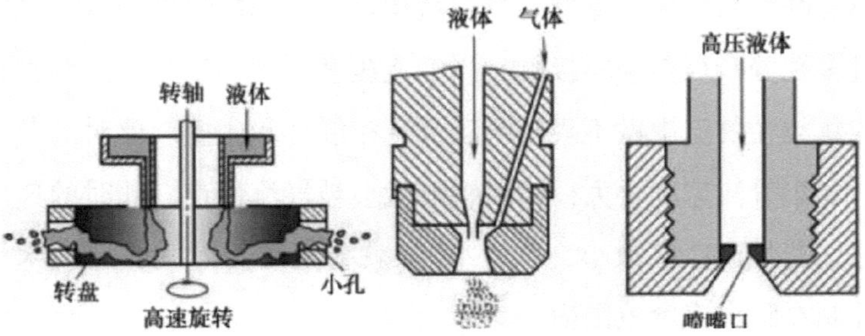

（a）离心雾化原理　（b）气流夹带雾化原理　（c）高压喷嘴雾化原理

图 3-81　三种雾化器的结构和原理示意图

离心雾化喷嘴有一个空心圆盘，圆盘的四周开很多小孔，液体通过转轴的边沿进入圆盘，圆盘高速旋转，液体通过小孔高速喷向四周。从小孔出来的液体，速度突然减慢，断裂成很多细小的液滴，呈雾状喷撒下来。这种雾化器适用于处理含有较多固体的物料。气流夹带雾化器用高速气体将液体带出，从喷嘴出来后形成很多细小液滴，呈雾状喷下。这种雾化器消耗动力较大，一般应用于喷液量较小的生产，处理量为每小时 100 L 以下。在高压喷嘴雾化器中，高压液体以非常高的速度从喷嘴中喷出，出喷嘴后断裂成很多细小的液滴，形成锥状喷雾。这种雾化器生产能力大，耗能少，应用最为广泛，适用黏度较大的药液。

（二）喷雾干燥器的工作原理

送风机将通过初效过滤器后的空气送至中效、高效过滤器，再通过蒸汽加热器和电加热器将净化的空气加热后，由干燥器底部的热风分配器进入装置内，通过热风分配器的热空气均匀进入干燥塔并呈螺旋转动的运动状态。同时由供料输送泵将物料送至干燥器顶部的雾化器，物料被雾化成极小的雾状液滴，使物料和热空气在干燥塔内充分地接触，水分迅速蒸发，并在极短的时间内将物料干燥成产品，成品粉料经旋风分离器分离后，通过出料装置收集装袋，湿空气则由引风机引入湿式除尘器后排出。

三、沸腾床干燥器

在一个干燥设备中，将颗粒物料堆放在分布板上，当气体由设备下部通入床层，随着气流速度加大到某种程度时，固体颗粒在床层内就会产生沸腾状态，这种床层称为沸腾床。采用这种方法进行物料干燥称为沸腾床干燥。

（一）沸腾干燥的原理

沸腾干燥也称流化干燥，它是流化技术在干燥方面的应用，如图 3-82（a）所示，为一单层圆筒沸腾床干燥器。颗粒状物料由床侧加料器加入，热气流由底部进入，通过多孔分布板与物料接触，当气流速度达到一定时，就会将物料颗粒吹起，并且使颗粒在气流中做不规则跳动，互相混合和碰撞。此时的气流速度称为临界速度。如果气流速度再大，物料颗粒就会被气流带走，此时的速度称为带走速度。反之，若气流速度减小，物料/颗粒就会下落。因此，沸腾床干燥器的气流速度应控制在临界速度范围内。

在沸腾床干燥过程中，气体激烈地冲动着固体颗粒，这种冲动速度具有脉冲性质，其结果就大大强化了传热和传质的过程。在沸腾床内传热和传质是同时发

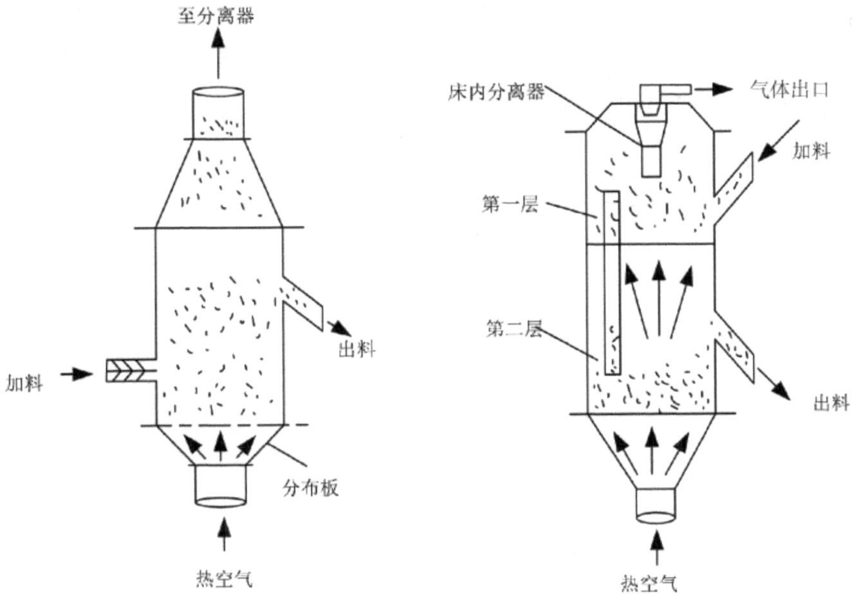

(a)单层沸腾床干燥器　(b)双层沸腾床干燥器

图 3-82　沸腾床干燥器

生的。图 3-82（b）为双层圆筒沸腾床干燥器的结构，湿物料由第一层上方加入，热气流由筒底送入，与物料颗粒逆向接触。物料颗粒在第一层被干燥后经溢流管降入第二层，干、湿物料颗粒在每一层内部都相互混合，但层与层则不相混合。由于第二层上的干物料是与温度较高、湿度较小的入口热气流接触，物料颗粒的最终含水量与单层沸腾床干燥器相比大为降低。热气通过第二层干物料层后，进入第一层与含水量较高的进口湿物料接触，因此，它在排出时的温度比单层的低，湿度比单层的高。这样便增大了热的利用率，节省了能源。目前国内对涤纶干燥采用了五层沸腾床干燥器。但这样的干燥器因气流通过的床层多，压力降大，动力消耗较大。

为了降低气流压力降，保证产品被均匀干燥，可以采用卧式多室沸腾床干燥器。其器身为一长方体，如图 3-83 所示。在长度方向用垂直挡板将器内分隔成多室（一般 4~8 室），挡板下缘与多孔分布板面之间留有几十毫米的间距（一般取物料静止时高度的 1/4~1/2），使颗粒能逐室通过，最后越过出口堰板而卸出。这种结构的特点是热空气被分别送入各室，各室的空气温度和气流速度可以调节，第一室的物料湿度大，可以使气流量大些，最后一室则可通入冷空气使物料颗粒降温，便于包装和贮藏。这种干燥器比多层圆筒干燥器的气流压力小，操作比较稳定。沸腾床干燥器适用于处理粉粒状物料，而且要求物料不会因水分多而结块。物料在沸腾床内的停留时间可以调节，因而适用于需要较长干燥时间的含结合水的物料。物料颗粒直径在 30 μm 至 6 mm 均可采用。沸腾床干燥器具有结构简单、造价低、运动部件少、维修费用低等优点，因此，已被广泛采用。

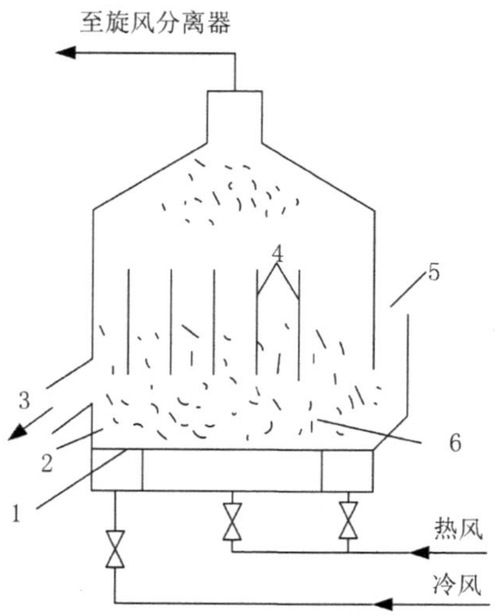

1—多孔分布板；2—加料堰板；3—出料口；4—挡板；5—加料口；6—物流通道

图 3-83 卧式多室沸腾床干燥器

（二）沸腾床干燥器的主要零部件

沸腾床干燥器的主要零部件包括干燥器壳体、气体分布板、预分布器等。与沸腾床干燥器相配套的设备则有鼓风机、空气预热器、旋风分离器等。

1. 干燥器的壳体

干燥器的壳体形状由干燥器类型而定。单层或多层圆筒形沸腾床干燥器壳体是由圆柱形筒体和圆锥形底组成。卧式多室沸腾干燥器一般采用长方体壳体。因为干燥室内压力不大，所以一般采用薄钢板制造即可，但要满足刚度要求。对于具有腐蚀性的物料，应采用不锈钢或碳钢加衬里以防止腐蚀。壳体的大小和结构由工艺计算来确定。

2. 气体分布板

气体分布板的作用主要是支承固体颗粒物料，使气体通过分布板时能得到均匀分布，另外分散气流，在分布板上方，产生较小的气泡。沸腾干燥器上常用的分布板有两种：直孔型分布板和侧流型分布板。直孔型分布板包括直孔筛板、凹型筛孔板等，如图 3-84（a）所示。这种型式的分布板因为气流向上直接吹起物料，所以容易使物料“沸腾”。但气体分布有时不均，造成沟流现象。

侧流型分布板的型式很多，沸腾干燥器常用的有锥形侧缝分布板、锥形侧孔分布板、泡帽侧缝分布板等，如图 3-84（b）所示。其中锥形侧缝分布板是目前用得最多的一种型式，现已被沸腾干燥广泛采用。风帽做成锥形，粒子不会在风帽顶部堆成死床，气体沿侧缝贴分布板面吹起床层，使气体在分布板上获得均匀分布，可消除沟流和死床现象。这种结构加工、制造较容易，且便于安装和检修。锥形帽在分布板上一般采用等边三角形均匀排列，锥形帽下缘与分布板面之间的缝隙越大，气流速度越大，物料颗粒被吹起越激烈，这样可以消除死角，防止分布板堵塞。但缝隙过小也会影响物料的沸腾干燥时间。

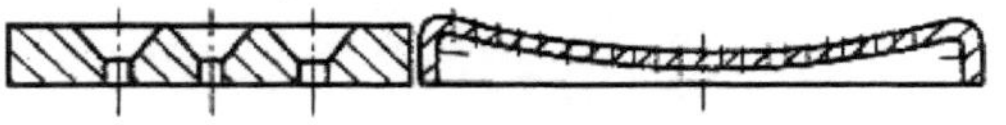

(a) 直孔型分布板

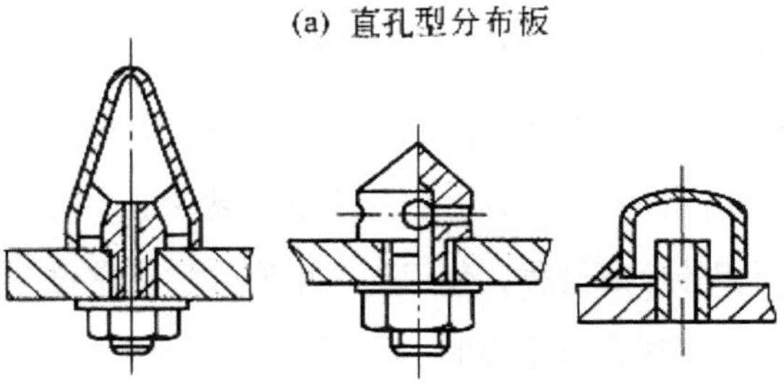

(b) 侧流型分布板

图 3-84　气体分布板

（三）预分布器

为了使气流速度均匀分布后才进入分布板，采用了一些不同结构的预分布器，将进入锥底的气体预先分布均匀。常用的预分布器有弯管式、同心圆锥壳式、帽式以及锥底填充式等，如图 3-85 所示。弯管式预分布器目前应用最多，主要因为它结构简单，操作可靠，不易堵塞。锥底填充式阻力大，一般很少采用。

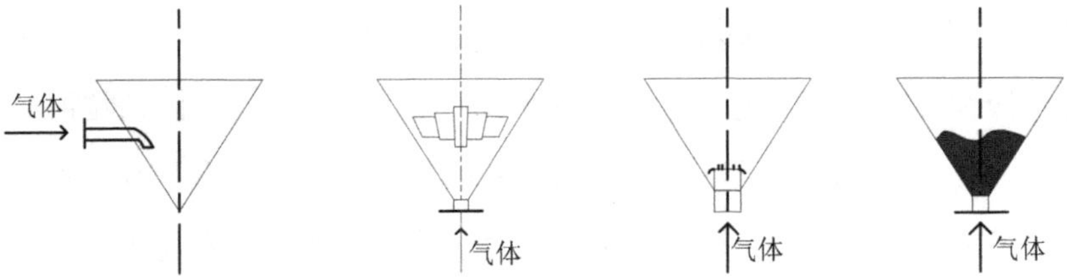

(a) 弯管式　(b) 同心圆锥壳式　(c) 帽式　(d) 锥底填充式

图 3-85　预分布器结构

第五节　物料分离设备

一、离心机

（一）概述

离心机是应用在化工生产过程中的分离机械，广泛用于化肥、制药、有机合成、塑料、染料等行业。离心机是借离心力场来实现分离过程的，用于分离悬浮液或乳浊液，将悬浮液中的固相和液相分离开来或将乳浊液中的轻重相液体组分分离开来。为了加速液固相的分离过程，化工生产中亦大量使用过滤离心机；过滤离心机是借重力场或压差来实现分离过程的，用于分离含有大量固相的悬浮液。在分离过程中，一般称未过滤的液-液物料或液-固物料为母液，被分离出来的固体物料为滤饼或滤渣，被分离出来的液体物料为滤液。按照分离的过程，通常将分离机械分为两大类——间歇式分离机械和连续式分离机械。随着现代技术的发展，为了满足生产过程的需要，越来越多地采用连续分离机械，有的间歇式分离机械（如三足式离心机）也采用了程序控制而自动连续地运行，强化了生产。

（二）离心过程的分类

离心过程一般可分为三种：离心过滤、离心沉降和离心分离。

离心过滤过程常用于分离含固体粒子较多而且粒子较大的悬浮液。如图3-86（a）所示，在高速旋转的转鼓鼓壁上开有许多小孔，鼓壁内衬金属丝编织网和滤布，悬浮液在转鼓内由于离心力的作用被甩到滤布上，其中固体颗粒被滤布截留形成滤渣层，液体（滤液）则穿过滤布孔隙和转鼓上的小孔被甩出。随着转鼓不停地转动，滤渣层在离心力作用下被逐步压紧，其孔隙中的液体则在离心力作用下被不断地甩出，最后得到较干燥的滤渣。

离心沉降过程常用于分离含固体颗粒较少而且粒子较微细的悬浮液。如图3-86（b）所示，转鼓壁上下开孔也不用滤布，当悬浮液随转鼓一同高速旋转时，其中固体粒子的质量较液体的大，其离心力也较液体大，所以粒度较大的粒子首先沉降在鼓壁上，粒度较小的粒子沉降在里层，澄清液则在最里层，用引流装置排出转鼓外，使悬浮液得到分离。

离心分离过程实际上也是一种离心沉降过程，不过它是专指对两种密度不同的液体混合而成的乳浊液的分离，转鼓也不开孔。在离心力的作用下，乳浊液按密度不同分为两层：密度大的，液体靠近鼓壁；密度小的液体在里层。也是通过引出装置分别引出，如图 3-86（c）所示。

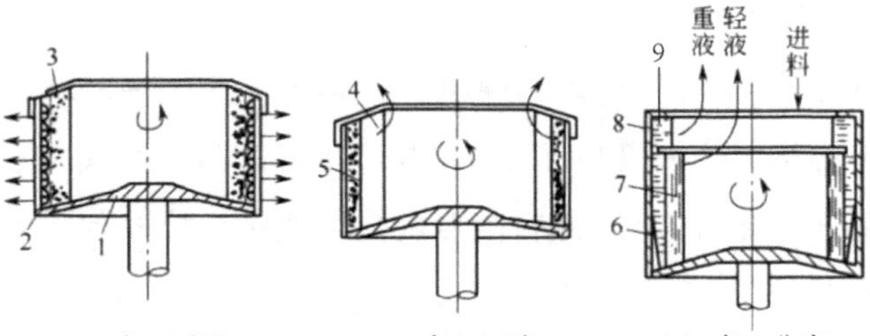

(a) 离心过滤　(b) 离心沉降　(c) 离心分离

1—鼓底；2—鼓壁；3—顶盖；4—液体；5—固体；6—固体颗粒成电；7—固体颗粒沉淀；8—轻液；9—重液

图 3-86 离心过程

(三) 各种类型离心机的结构

1. 三足式离心机

上部卸料三足式离心机的结构如图 3-87 所示。该离心机的转鼓 5 安装在主轴 9 的上端，主轴安装在轴承 10 的一对滚动轴承内，轴承座用螺栓固定在底盘 1 上，底盘 1 悬挂在三个支足 2 上。电动机通过三角皮带和皮带轮驱动主轴旋转。离心机的外壳、底盘、转子和电机均悬挂在三个支足 2 的三根摆杆 4 下面，摆杆的两端均用球面螺母及球面垫圈分别与底盘及支足连接，使整个机身可自由摆动，缓冲弹簧 3 产生的伸张力可使球面垫圈接触部分始终保持贴紧，不致因振动

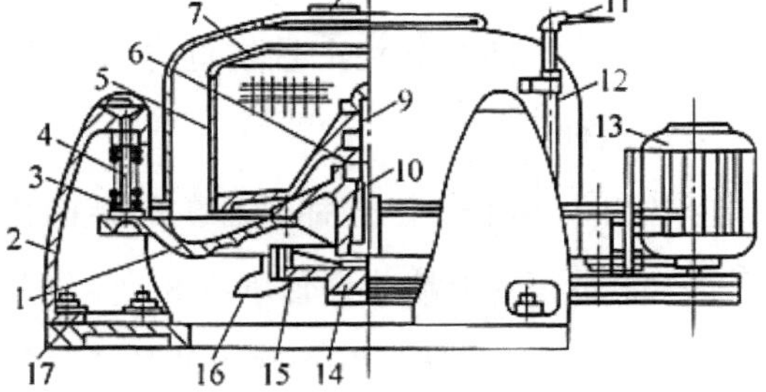

1—底盘；2—支足；3—缓冲弹簧；4—摆杆；5—转鼓；6—转鼓底；7—拦液板；

8—机盖；9—主轴；10—轴承座；11—制动手柄；12—外壳；

13—电机；14—皮带轮；15—制动轮；16—滤液出口；17—机座

图 3-87 上部卸料三足式离心机

而产生冲击。这种结构使整个离心机处于挠性悬吊状态，大大地隔离了由于转鼓内物料分布不均而引起的振动。

三足式离心机为间歇运转，开停车较为频繁，故在主轴上装有制动器以缩短停车时间。上部卸料三足离心机的卸料是停车后由人工从转鼓上方取出的，因此劳动强度较大。但它的主要优点是结构简单，易于制造，过滤时间可自由掌握。它适于分离悬浮液或纤维物料的脱水，对于小批量、多品种物料的分离尤为适用。我国生产的这种离心机的型号有 SS-300、SS-450、SS-600、SS-800、SS-1800 等。它们的有效容积 V 为 20~600 L，转速 n 为 12.2~35.8 s。图 3-88 为下部卸料三足式离心机。这种离心机转鼓结构与上部卸料三足式离心机的转鼓基本相同，转鼓底部开有卸料口 6。卸料刮刀机构由液压系统控制，主要由刮刀升降油缸 3、刮刀回转油缸 4 和刮刀 2 等组成。卸料时转鼓转速降低到 0.33~0.5 s。卸料刮刀机构由副电机带动卸料。

这种离心机的型号有 SX-800、SX-915、SX-1000、SX-1200 等几种。

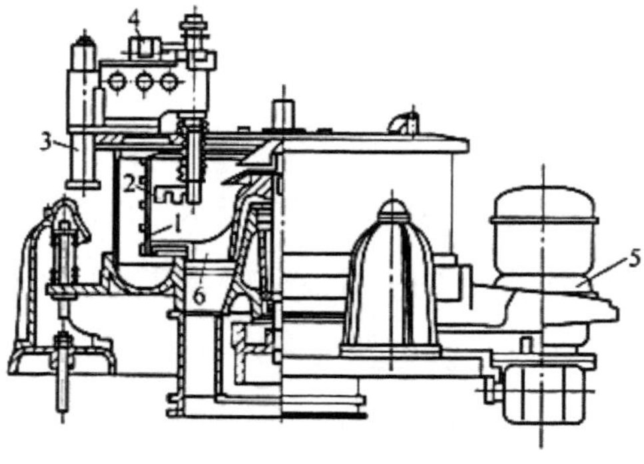

1—转鼓；2—刮刀；3—刮刀升降油缸；4—刮刀回转油缸；5—齿轮箱；6—卸料口

图 3-88 下部卸料三足式离心机

2. 上悬式离心机

这种离心机按其卸料方式不同可分为上悬式重力卸料离心机（XZ）和上悬式机械卸料离心机（XJ）两种。

图 3-89 为上悬式重力卸料离心机。这种离心机的结构特征是：转鼓 1 悬吊在电机和传动装置下面，主轴 5 的上端装设轴承座 8，主轴与电动机的连接采用了挠性联轴器 9，主轴下端用幅条与转鼓壁相联以便滤渣从下面排出。上悬式重力卸料离心机的鼓壁制成柱锥组合的形式。在运转分离阶段，出口用能够上下运动的喇叭罩 2 盖住，卸料时转鼓停车或减速，可通过人工或机械提起喇叭罩，滤渣在重力作用下自动卸出。重力卸料的优点是不破损滤渣的晶粒，不损伤滤布，

对黏度不大、比较疏散的滤渣是比较适用的，但对一些黏度较大、在离心力作用下被压得很结实的物料就不适用了。图 3-90 所示为上悬式机械卸料离心机。这种离心机的转鼓为圆筒形平底，以便刮刀沿转鼓壁刮取滤渣。整个刮刀机构固定在刀架 3 上，刮刀固定在螺杆 7 上，转动手轮 6 可使螺杆沿轴向运动，带动刮刀进行轴向进刀，转动手轮 5 可使活动刀架 4 和刮刀一起转动，从而进行径向进刀。卸料在低转速下进行。刮刀是一种强制性卸料，卸料比较迅速。但它使滤渣一部分晶粒遭到破碎，同时在刮料时容易引起转鼓振动，因此，需要控制进刀量和卸料时间。

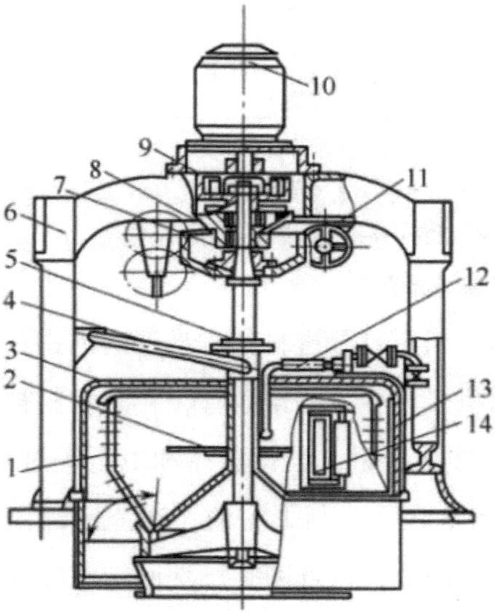

1—转鼓；2—分布盘及喇叭罩；3—外壳；4—喇叭罩提升装置；5—主轴；6—机架；7 —制动轮；8—轴承座；9—挠性连轴节；10—电机；11—制动器；12—洗涤管；13—冲洗管；14—视镜

图 3-89 上悬式重力卸料离心机

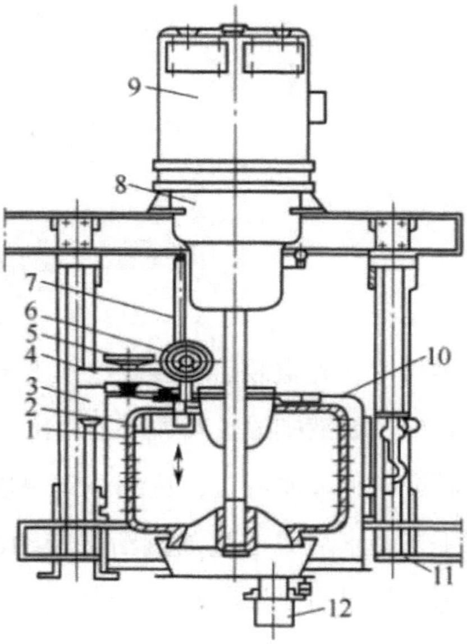

1—转鼓；2—刮刀；3—刮刀的固定架；4—刮刀的活动架；5—径向进刀手轮；6—轴向进刀手轮；7—轴向进刀螺杆；8—支承结构；9—电机；10—外壳；11—支架；12—分流器

图 3-90 上悬式机械卸料离心机

3. 卧式刮刀卸料离心机

卧式刮刀卸料离心机是一种连续运转，间歇操作，并用刮刀卸除物料的过滤式离心机。这种离心机是在转鼓全速连续运转的情况下，依次自动进行进料、洗料、分离、卸料、洗网等各个操作工序，每个工序的持续时间，可根据事先预定的要求，由电气、液压系统进行自动控制，它的结构如图 3-91 所示。离心机的主轴 1 水平地支承在一对滚动轴承上，转鼓 3 装在主轴的外伸端，转鼓由过滤式鼓壁、鼓底和拦液板三部分组成，鼓壁内衬有底网和滤网，有的转鼓内装有耙齿，作均布物料及控制料层厚度之用。主轴、轴承座及外壳 2 固定在机座 8 上，外壳前盖上装有刮刀机构 4、加料管 5、卸料斜槽 7 和洗涤管等。主轴由三角皮带驱动。

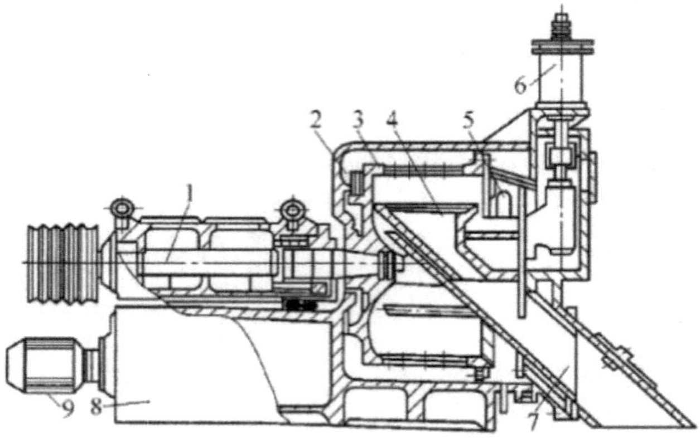

1—主轴；2—外壳；3—转鼓；4—刮刀机构；5—加料管；
6—提刀油缸；7—卸料斜槽；8—机座；9—油泵电机

图 3-91　卧式刮刀卸料离心机

操作时，先空载启动转鼓达到工作转速，然后打开进料阀，悬浮液沿进料管进入转鼓，滤液则通过转鼓壁被甩出，并沿机壳内壁流入排液管，粒状物料被拦截在转鼓内形成滤渣层，达到一定厚度，即停止进料，进行洗涤和甩干等过程。达到工艺要求后，通过油缸活塞带动刮刀向上运动，刮下滤渣，滤渣沿卸槽卸出。每次加料前要用洗液清洗滤网上所残留的滤渣，恢复网孔。洗网结束随即进行第二个循环。按照刮刀的刀刃长度不同，刮刀可分为宽刀和窄刀两种。宽刀刀刃较长，稍小于转鼓长度，能在转鼓长度范围内将物料一次刮下，而不需要做轴向送进运动。因此，宽刀控制机构简单，但因刀刃接触物料长度大，所以受力大，要求刀架刚性要好。宽刀适用于松软的滤渣。按照刮刀径向运动方向，宽刀机构又分为上提式宽刀机构和旋转式宽刀机构两种。如图 3-92 所示为上提式宽刀机构，在这种机构中，油缸内具有一定压力的油推动活塞上移，活塞连杆同刀架也同时上移，使刀刃切入料层刮取物料。图 3-93 为旋转式宽刀卸料机构，它是使油缸内活塞移动时，带动活塞杆上下移动，活塞杆带动连杆机构使刀转动，从而使刀刃切入料层。

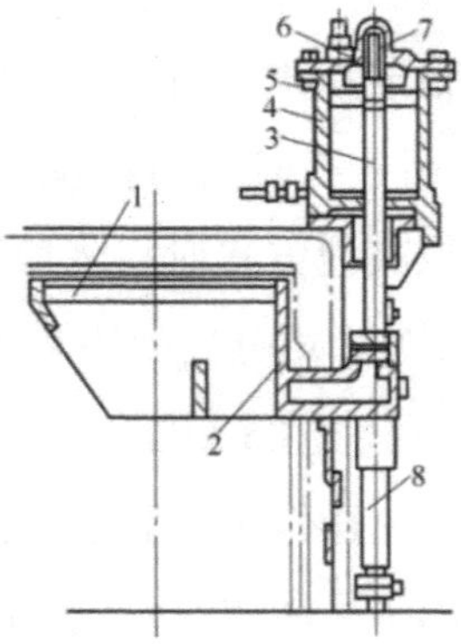

1—刀片；2—刀架；3—活塞杆；4—油缸；5—活塞；6—油缸盖；7—调节螺钉；8—导向杆

图 3-92 上提式宽刀机结构

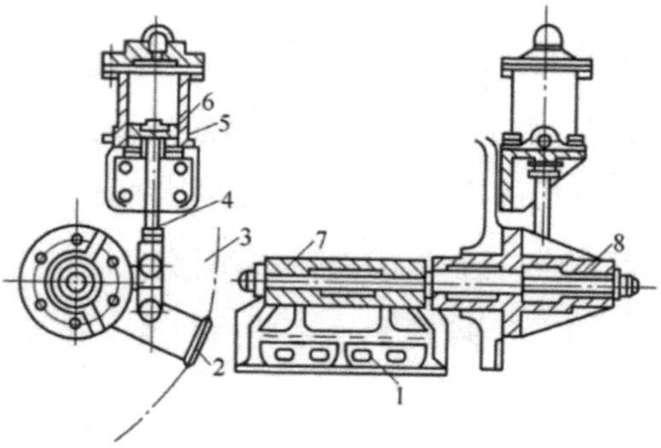

1—刀架；2—刀片；3—刀片旋转弧线；4—活塞杆；

5—油缸；6—活塞；7—旋转轴；8—支架

图 3-93 旋转式宽刀卸料机结构

卧式刮刀离心机可连续运转，能自动控制各工序的操作，生产能力大，劳动强度小，适用于多种物料的分离，在石油化工生产中被广泛采用。目前我国生产的卧式刮刀卸料离心机有 WG-450、WG-600、WG-800、WG-1200、WG-1500，它们的转速在 10~58.3 r/s 之间。除以上介绍的几种常用离心机外，还有卧式活塞推料离心机、螺旋卸料离心机、立式锥篮离心机等，这里就不一一介绍了。

二、过滤设备

过滤是使液固或气固混合物中的流体强制通过多孔性过滤介质，将其中的悬浮固体颗粒加以截留，从而实现混合物的分离，是一种属于流体动力过程的单元操作。液固混合物的过滤在压差（包括重力造成的压差）或离心力作用下进行。待过滤的混合物称为滤浆，穿过过滤介质的澄清液体称为滤液，被截留的固体颗粒层称为滤饼。气固混合物的过滤一般在压差作用下进行。过滤操作的目的有时是为得到澄清的流体，如润滑油或空气的过滤；有时是为得到悬浮的固体颗粒，如结晶时从母液中分离晶体产品；有时则两者兼有。过滤方法根据过程的推动力，可分为：加压过滤。用泵或其他方式对滤浆加压，可产生较高的操作压力，一般可达 500 kPa 以上，能有效处理难分离的滤浆。真空过滤。在过滤介质底侧抽真空，所产生的压力差通常不超过 85 kPa，适用于含有矿粒或晶体颗粒的滤浆，且便于洗涤滤饼。离心过滤。操作压力是滤浆层产生的离心力，便于洗涤滤饼，所得滤饼的含液量少，适用于品体物料和纤维物料的过滤。过滤设备的种类很多。通常将实施重力过滤、加压过滤和真空过滤的机器称为过滤机；将实施离心过滤的机器，称为离心过滤机。

（一）加压过滤设备

工作压力：0.3~0.8 MPa，最高可达 3.5 MPa，适用于固、液密度差较小而难于沉降的分离，或固体含量高和要求得到澄清的液体，或要求固相回收率高，滤饼含湿量低的场合，压滤机的过滤推动力大，过滤速率高，单位过滤面积占地面积小，对物料的适应能力强，过滤面积选择范围宽，应用十分广泛。

板框压滤机的结构。如图 3-94 所示，主要由机架、压紧机构和过滤机构三部分组成。

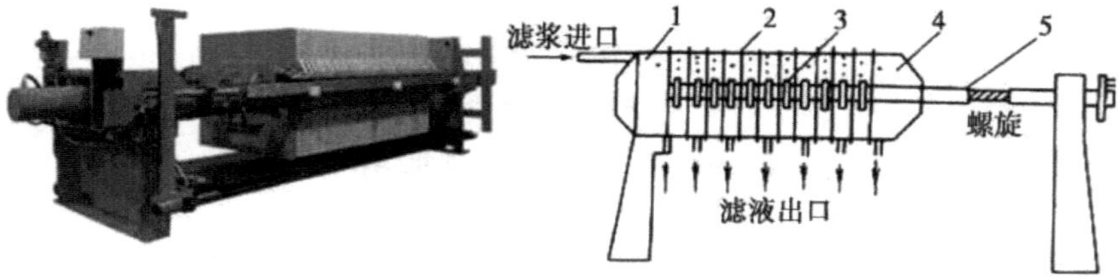

1—止推板；2—滤布；3—板框支座；4—压紧板；5—横梁

图 3-94　板框压滤机结构图

机架：机架是压滤机的基础部件，两端是止推板和压紧头，两侧的大梁将二者连接起来，大梁用以支撑滤板、滤框和压紧板。止推板：它与支座连接将压滤机的一端坐落在地基上，厢式压滤机的止推板中间是进料孔，四个角还有四个孔，上两角的孔是洗涤液或压榨气体进口，下两角为出口（暗流结构还是滤液出口）。压紧板：用以压紧滤板滤框，两侧的滚轮用以支撑压紧板在大梁的轨道上滚动。

压紧机构：手动压紧。是以螺旋式机械千斤顶推动压紧板将滤板压紧。机械压紧。压紧机构由电动机减速器、齿轮、丝杆和固定螺母组成。压紧时，电动机正转，带动减速器、齿轮，使丝杆在固定丝母中转动，推动压紧板将滤板、滤框压紧。液压压紧。液压压紧机构的组成由液压站、油缸、活塞、活塞杆以及活塞杆与压紧板连接的哈夫兰卡片。

过滤机构由许多块滤板和滤框交替排列而成，即按板→框→板→框……的顺序叠加，板和框的结构如图 3-93 所示，框中间空，四角各有一孔，其中有一个孔通向中间供滤液进入；板中间下凹，四角也各有一孔，其中一孔有凹槽与中部连通供滤出液流出。板框压滤机工作过程。板框压滤机的操作是间歇的，每个操作循环由装合、过滤、洗涤、卸渣、整理五个阶段组成。待过滤的料液通过输料泵在一定的压力下，从后顶板的进料孔进入各个滤室，通过滤布，固体物被截留在滤室中，并逐步形成滤饼，液体则通过板框上的出水孔排出机外。

板框压滤机的滤液流出方式。明流过滤：指每个滤板的下方出液孔上装有水嘴，滤液直观地从水嘴里流出，好处在于可以观测每一块滤板的出液情况，通过排出滤液的透明度直接发现问题。暗流过滤：指每个滤板的下方设有出液通道孔，若干块滤板的出液孔连成一个出液通道，由止推板下方的出液孔相连接的管道排出。适用于不宜暴露于空气中的滤液。

（二）真空过滤设备

是以真空负压为推动力实现固液分离的设备。真空转鼓过滤机为连续式过滤机的一种，是以负压作过滤推动力，过滤面在圆柱形转鼓表面的连续过滤机。这种过滤机最初用于制碱和采矿工业，后来应用扩展到化工、煤炭和污泥脱水等。

1. 真空转鼓过滤机的结构

如图 3-95 所示。主体是一水平转鼓，鼓壁开孔，鼓面上铺以支承板和滤布，构成过滤面。过滤面下的空间分成若干隔开的扇形滤室，各滤室有导管与分配阀相通。转鼓为圆筒形，安装在敞开口料池的上方，并在料池中有一定的浸没度。转鼓主轴两端设有支撑，可在驱动装置的带动下旋转。转鼓每旋转一周，各滤室通过分配阀轮流接通真空系统和压缩空气系统，顺序完成过滤、洗渣、吸干、卸渣和过滤介质（滤布）再生等操作。转鼓下部沉浸在悬浮液中，浸没角度 90°~130°，由机械传动装置带动其缓慢旋转。将整个转鼓分成以下三个工作区，如图 3-96 所示。

（1）过滤区：沉没在料液内的滤室与真空系统连通，料液中的固体粒子被吸附在滤布的表面形成滤渣层，滤液被吸入鼓内经导管和分配头排至滤液贮罐中。为了避免料液中固体物的沉降，常在料槽中装置搅拌机。

（2）洗涤吸干区：转鼓从料液槽中转出后，洗涤液喷嘴将洗涤水喷向滤渣层进行洗涤，在真空情况下残余水分被抽入鼓内，引入洗涤液贮罐。

（3）卸渣及再生区：经过洗涤和脱水的滤渣层在压缩空气或蒸汽的作用下与滤布脱离，随后由刮刀将其刮下。刮下滤渣的滤布继续吹以压缩空气或蒸汽，使上面的残余固体物吹落，滤布再生。

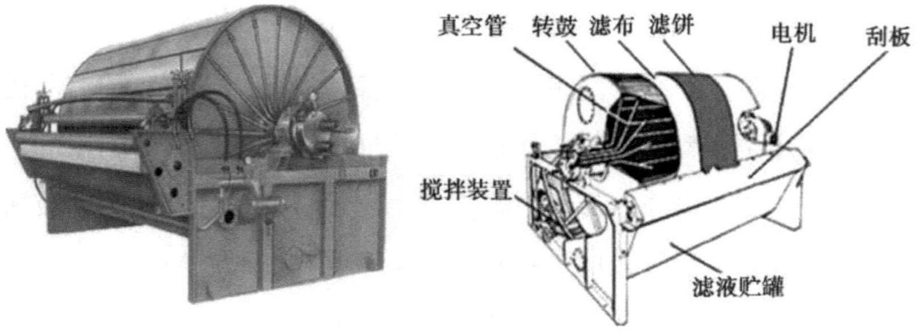

图 3-95 真空转鼓过滤机结构示意图

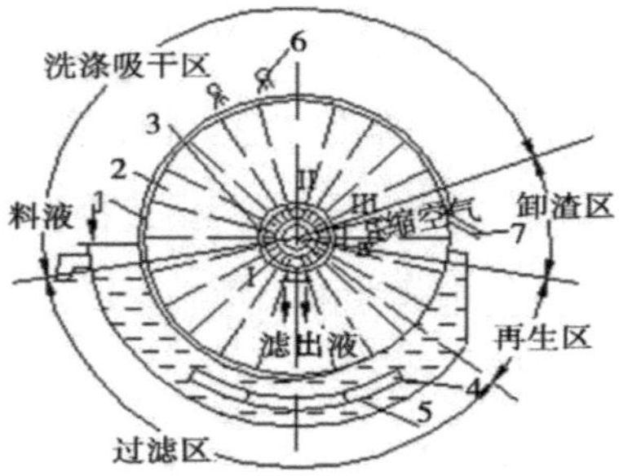

1—转鼓；2—过滤室；3—分配阀；4—料液槽；5—搅拌器；6—洗涤液喷嘴；7—刮刀

图 3-96 真空转鼓过滤机工作区域示意图

真空转鼓过滤机的工作原理。真空过滤机是用抽真空的方法抽取滤室内的气体，使滤室与大气之间产生压差，迫使滤液穿过过滤介质，固体颗粒被过滤介质截留，达到固液分离的目的。真空过滤机理和加压过滤机理基本相同，所不同的是由于滤室内过滤介质的一侧压力低于大气压，推动力较小。

2. 真空转鼓过滤机优缺点。

（1）优点：能连续操作；省人力；生产能力大；适用于处理含过滤颗粒的浓悬浮液。

（2）缺点：附属设备较多；投资费用高；过滤面积不大；过滤推动力有限；不宜过滤高温的悬浮液。

第四章

化工仪表与检测技术

第一节　仪表检测与概述

一、传感器的组成

传感器一般由敏感元件（Sensing Element）、转换元件（Transducing Element）、基本转换电路三部分组成，如图 4-1 所示。敏感元件指的是传感器中直接感受或响应被测量的部分，是输出与被测量成确定关系的某一物理量的元件。转换元件指的是传感器中能将敏感元件感受或相应的被测量转换成适于传输或测量的电信号部分，其输入就是敏感元件的输出。将上述电路参数接入基本转换电路（简称转换电路），便可转换成电量输出。传感器只完成被测参数至电量的基本转换，电量输入测控电路，进行放大、运算、处理等进一步转换，以获得被测值或进行过程控制。

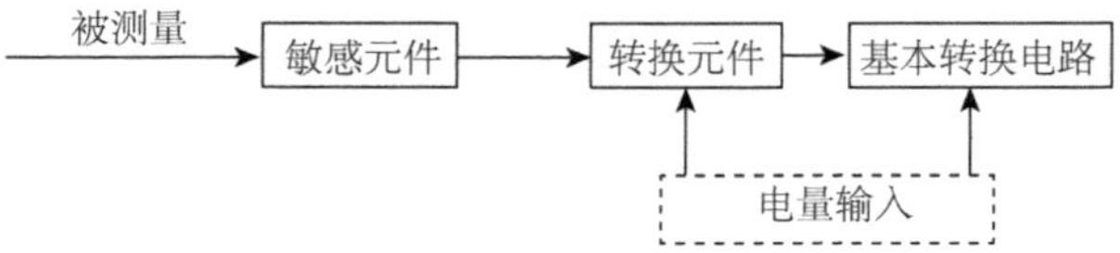

图 4-1　传感器的组成

传感器除了需要敏感元件和转换元件两部分，还需要转换电路的原因是进入传感器的信号幅度是很小的，而且混杂有干扰信号和噪声，需要相应的转换电路将其变换为易于传输、转换、处理和显示的物理量形式。另外，除一些能量转换型传感器外，大多数传感器还需外加辅助电源，以提供必要的能量，有内部供电和外部供电两种形式。为了方便随后的处理过程，要将信号整形成具有最佳特性的波形，有时还需要将信号线性化，该工作由放大器、滤波器以及其他一些模拟电路完成。在某些情况下，这些电路的一部分是和传感器部件直接相连的。成形后的信号随后转换成数字信号，并输入微处理器。同时，传感器承担将某个对象或过程的特定特性转换成数量的工作。其“对象”可以是固体、液体或气体，而它们的状态可以是静态的，也可以是动态（即过程）的。对象特性被转换量化后可以通过多种方式检测。对象的特性可以是物理性质，也可以是化学性质。按照传感器的工作原理，传感器将对象特性或状态参数转换成可测定的电学量，然后将此电信号分离出来，送入传感器系统加以评测或标示。

二、传感器的分类

（一）按传感器的工作原理分类

按传感器的工作原理可将传感器分为物理量传感器、化学量传感器、生物量传感器三大类。

物理量传感器应用的是物理效应，如压电、磁致伸缩、离化、极化、热电、光电、磁电等效应。被测信号量的微小变化都将转换成电信号。可以将传感器分为电阻式传感器（被测对象的变化引起了电阻的变化）、电感式传感器（被测对象的变化引起了电感的变化）、电容式传感器（被测对象的变化引起了电容的变化）、应变电阻式传感器（被测对象的变化引起了敏感元件的应变，从而引起电阻的变化）、压电式传感器（被测对象的变化引起了电荷的变化）、热电式传感器（被测对象温度的变化引起了输出电压的变化）等。

化学量传感器包括那些以化学吸附、电化学反应等现象为因果关系的传感器，被测信号量的微小变化将转换成电信号。将各种化学物质的特性（如气体、离子、电解质浓度、空气湿度等）的变化定性或定量地转换成电信号，如离子敏传感器、气敏传感器、湿敏传感器和电化学传感器。大多数传感器是以物理原理为基础运作的。化学量传感器技术问题较多，如可靠性问题、规模生产的可能性问题、价格问题等，解决了这类难题，化学量传感器的应用将会有巨大增长。而有些传感器既不能划分到物理类，也不能划分为化学类，即为生物类。常见传感器的品种和工作原理如表 4-1 所示。

表 4-1　传感器的品种及工作原理

传感器品种	工作原理	可被测定的非电学量
热敏电阻半导体传感器	阻值变化	力、重量、压力、加速度、温度、湿度、气体
电容传感器	电容量变化	力、重量、压力、加速度、液面、湿度
感应传感器	电感量变化	力、重量、压力、加速度、转矩、磁场
霍尔传感器	霍尔效应	角度、力、磁场
压电传感器、超声波传感器	压电效应	压力、加速度、距离
热电传感器	热电效应	烟雾、明火、热分布

续表

传感器品种	工作原理	可被测定的非电学量
光电传感器	光电效应	辐射、角度、位移、转矩

（二）按检测过程中对外界能源的需要与否分类

传感器系统的性能主要取决于传感器，传感器把某种形式的能量转换成另一种形式的能量。依据检测过程中是否需要外界能源，传感器可分为有源传感器和无源传感器。有源传感器也称为能量转换型传感器或换能器，能将一种能量形式直接转变成另一种，不需要外接的能源或激励源［见图 4-2（a）］，如超声波换能器、热电偶、光电池等。与有源传感器相反，无源传感器不能直接转换能量形式，但它能控制从另一输入端输入的能量或激励能［见图 4-2（b）］，故其也称为能量控制型传感器。大部分传感器（如湿敏电容传感器、热敏电阻传感器等）都属于这类。由于需要为敏感元件提供激励源，无源传感器通常比有源传感器有更多的引线，传感器的总体灵敏度受到激励信号幅度的影响。此外，激励源的存在可能增加在易燃易爆气体环境中引起爆炸的风险，在某些特殊场合应用的话需要引起足够的重视。

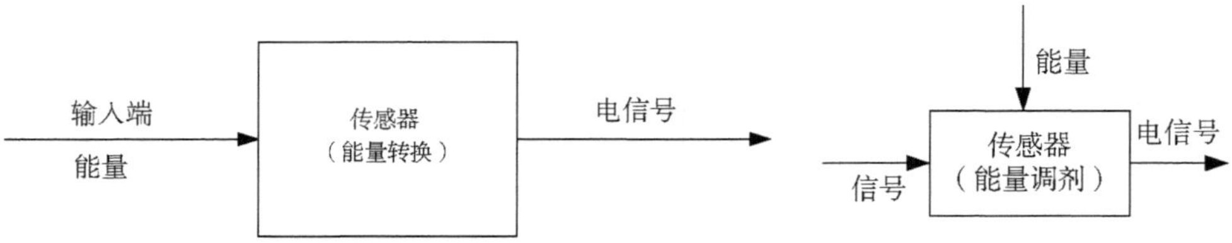

（a）有源传感器　　（b）无源传感器

图 4-2　传感器的信号流程

（三）按传感器输出信号的类型分类

按照传感器输出信号的类型，传感器可分为模拟式与数字式两类。

模拟式传感器，模拟传感器——将被测量的非电学量转换成模拟电信号，其输出信号中的信息一般以信号的幅度表达。

数字式传感器，数字传感器——将被测量的非电学量转换成数字输出信号（包括直接和间接转换）。数字传感器不仅重复性好，可靠性高，而且不需要模数转换器（ADC），比模拟信号更容易传输。由于敏感机理、研发历史等多方面的原因，目前真正的数字传感器种类非常少，许多所谓的数字传感器实际只是输出为频率或占空比的准数字传感器。

准数字传感器——将被测量的信号量转换成频率信号或短周期信号输出（包

括直接或间接转换)。准数字传感器输出为矩阵波信号，其频率或占空比随被测参量变化而变化。由于这类信号可以直接输入微处理器内，利用微处理器的计数器即可获得相应的测量值，因此，准数字传感器与数字集成电路具有很好的兼容性。

开关传感器——当一个被测量的信号达到某个特定的阈值时，传感器相应地输出一个设定的低电平或高电平信号。

（四）按材料分类

在外界因素的作用下，所有材料都会做出相应的、具有特征性的反应。它们中那些对外界作用最敏感的材料（即那些具有功能特性的材料）被用来制作传感器的敏感元件。从所应用的材料观点出发，可将传感器分成下列几类。

按照其所用材料的类别，传感器可分为金属传感器、聚合物传感器、陶瓷传感器和混合物传感器；按材料的物理性质，传感器可分为导体传感器、绝缘体传感器、半导体传感器和磁性材料传感器；按材料的晶体结构可分为单晶材料传感器、多晶材料传感器和非晶材料传感器。与采用新材料紧密相关的传感器开发工作可以归纳为下面三个方向：在已知的材料中探索新的现象、效应和反应，然后使它们能在传感器技术中得到实际使用；探索新的材料，应用那些已知的现象、效应和反应来改进传感器技术；在研究新型材料的基础上探索新现象、新效应和反应，并在传感器技术中加以具体实施。现代传感器制造业的进展取决于用于传感器的新材料和敏感元件的开发进度。传感器开发的基本趋势是和半导体以及介质材料的应用密切关联的。

（五）按传感器制造工艺分类

不同的传感器制造工艺不尽相同，按照制造工艺，可将传感器分类为 MEMS 集成传感器、薄膜传感器、厚膜传感器和陶瓷传感器等。MEMS 集成传感器是用标准的生产硅基半导体集成电路的工艺技术制造的，通常还将用于初步处理被测信号的部分电路都集成在同一芯片上。薄膜传感器是由沉积在介质衬底（基板）上相应敏感材料的薄膜形成的。使用混合工艺时，同样可将部分电路制造在此基板上。厚膜传感器是利用相应材料的浆料涂覆在陶瓷基片上制成的，基片通常是由氧化铝（Al_2O_3）制成的，需要进行热处理，使厚膜成形。陶瓷传感器采用标准的陶瓷工艺或其某种变种工艺（溶胶-凝胶等）生产。厚膜传感器和陶瓷传感器这两种工艺之间有许多共同特性，在某些方面，可以认为厚膜工艺是陶瓷工艺的一种变形。每种工艺技术都有优点和缺点。由于研究、开发和生产所需的资本不同等原因，可以根据实际情况选择不同类型的传感器。本书所罗列的只是一部分传感器的类型，随着我国工业化程度的提高，又出现了许多新型的传感器，在此本书不做更深的探讨。

第二节　温度检测

温度是表征物体冷热程度的物理量。是各种工业生产和科学实验中最普遍而重要的操作参数。除此之外，在现代化的农业和医学中也是不可缺少的。尤其在化工生产中，温度的测量与控制有着重要的作用。众所周知，任何一种化工生产过程都伴随着物质的物理和化学性质的改变，都必然有能量的交换和转化，其中最普遍的交换形式是热交换形式。因此，化工生产的各种工艺过程都是在一定的温度下进行的。例如精馏塔的进料过程中，对精馏塔的进料温度、塔顶温度和塔釜温度都必须按照工艺要求分别控制在一定数值上。又如用 N_2 和 H_2 生产合成 NH_3 的反应过程，在触媒存在的条件下，反应温度是 500 ℃，否则产品不合格，严重时还会发生事故。因此说，温度的测量与控制是保证化学反应过程正常进行与安全运行的重要环节。

一、温度检测方法及仪表

温度不能直接测量，只能借助于冷热程度不同物体之间的热交换，以及物体的某些物理性质随冷热程度不同而变化的特性来加以间接测量。任意两个冷热程度不同的物体相接触，必然要发生热交换现象，热量将由受热程度高的物体传到受热程度低的物体，直到两物体的冷热程度完全一致，即达到热平衡状态为止。利用这一原理，可以选择某一物体同被测物体相接触，并进行热交换，当两者达到热平衡状态时，选择物体与被测物体温度相等。于是，可以通过测量选择物体的某一物理量（如液体的体积、导体的电量等），便可以定量地给出被测物体的温度数值。以上就是接触测温法。也可以利用热辐射原理，来进行非接触测温。

（一）膨胀式温度计

膨胀式温度计是基于某些物体受热时体积膨胀的特性而制成的。玻璃管温度计属于液体膨胀式温度计，双金属温度计属于固体膨胀式温度计。双金属温度计中的感温元件是用两片线膨胀系数不同的金属片叠焊在一起而制成的。温度检测方法及仪表分类如表 4-2 所示。

表 4-2　温度检测方法及仪表分类

测量方式	温度计种类			测温范围/ ℃
接触式	膨胀式温度计	液体膨胀式	有机液体	-100~100
			水银	-50~600
		固体膨胀式	双金属片	-80~600
	压力式温度计	液体形	水银	0~650
			甲醛	150
			二甲苯	400
		气体型		500
		蒸汽型		150
	热电阻温度计	铂热电阻		-200~500
		铜热电阻		-50~100
		特殊热电阻		-200~700
		半导体热敏电阻		
	热电偶温度计	铂铑		1 600 以下
		镍铬		1 000 以下
		镍铬-考铜		600 以下
非接触式	光电高温计			800~6000
	辐射高温计			100~800 100~2 000
	比色高温计			800~2 000

双金属片受热后，由于两金属片的膨胀长度不同而产生弯曲，如图 4-3 所示。温度越高产生的线膨胀长度差就越大，因而引起弯曲的角度就越大，双金属温度计就是基于这一原理而制成的，它是用双金属片制成螺旋形感温元件，外加金属保护套管．当温度变化时，螺旋形感温元件的自由端便围绕着中心轴旋转，同时带动指针在刻度盘上指示出相应的温度数值。图 4-4 是一种双金属温度信号器的示意图。当温度变化时，双金属片 1 产生弯曲，且触点与调节螺钉相接触，使电路接通，信号灯 4 便发亮。如以继电器代替信号灯便可以用来控制热源（如电热丝）而成为两位式温度控制器。温度的控制范围可通过改变调节螺钉 2 与双

金属片1之间的距离来调整。若以电铃代替信号灯便可以作为一种双金属温度信号报警器。

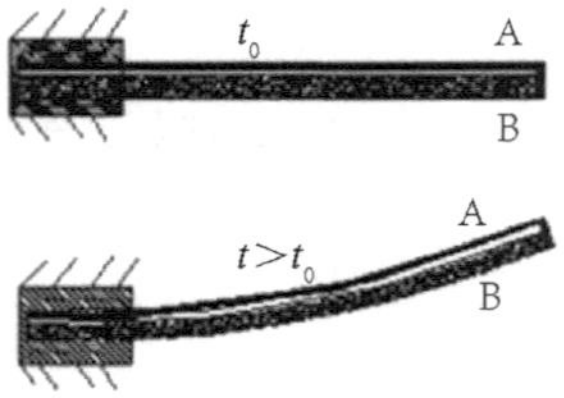

图 4-3 双金属片

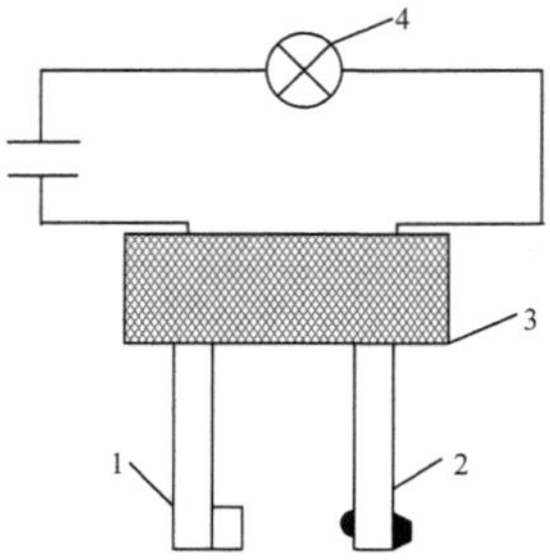

1—双金属片；2—调节螺钉；
3—绝缘子；4—信号灯杆

图 4-4 双金属温度信号器

（二）压力式温度计

应用压力随温度的变化来测温的仪表叫压力式温度计。它是根据在封闭系统中的液体、气体或低沸点液体的饱和蒸汽受热后体积膨胀或压力变化这一原理而制成的，并用压力表来测量这种变化，从而测得温度。压力式温度计的构造如图4-5所示。它主要由温包、毛细管、弹簧管等组成。温包是直接与被测介质相接触来感受温度变化的元件，因此，要求它具有高的强度、小的膨胀系数、高的热导率，以及抗腐蚀等性能。根据所充工作物质和被测介质的不同，温包可用铜合金、钢或不锈钢来制造。毛细管是用铜或钢等材料冷拉成的无缝圆管，用来传递压力的变化。其外径为1.2~5 mm，内径为0.15~0.5 mm。毛细管的直径越小，长度越长，则传递压力的滞后现象就愈严重。也就是说，温度计对被测温度的反应越迟钝。然而，在同样的长度下毛细管越细，仪表的精度就越高。毛细管容易被破坏、折断，因此，必须加以保护。对不经常弯曲的毛细管可用金属软管做保护套管。弹簧管（或盘簧管）是一种简单耐用的测压敏感元件，常用的还有膜盒，波纹管等。

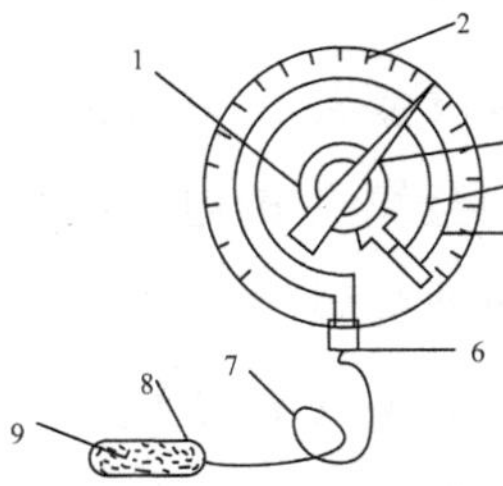

1—传动机构；2—二刻度盘；3—指针；4—弹簧管；

5—连杆；6—接头；7—毛细管；8—温包；9—工作物质

图 4-5　压力式温度计结构原理图

（三）辐射式高温计

辐射式高温计是基于物体热辐射作用来测量温度的仪表。目前，它已被广泛地用来测量高于 800 ℃的温度。在化工生产中，使用最多的是利用热电偶和热电阻这两种感温元件来测量温度。下面主要介绍热电偶温度计和热电阻温度计。

二、热电偶测温

热电偶温度计是以热电效应为基础的测温仪表。它的结构简单、测量范围宽、使用方便、测温准确可靠，信号便于远传、自动记录和集中控制，因而在工业生产中应用极为普遍。热电偶温度计由三部分组成：热电偶（感温元件）；测量仪表（动圈仪表或电位差计）；连接热电偶和测量仪表的导线（补偿导线）。

（一）热电偶

热电偶是工业上最常用的一种测温元件。它是由两种不同材料的导体 A 和 B 焊接而成，焊接的一端插入被测介质中，感受被测温度，称为热电偶的工作端或热端，另一端与导线连接，称为冷端或自由端（参比端）。导体 A、B 称为热电极。

热电现象及测温原理，先用一个简单的实验来建立对热电偶热电现象的感性认识。取两根不同材料的金属导线 A 和 B，将其两端焊在一起，这样就组成了一个闭合回路。如将其一端加热，就是使其接点 1 处的温度 t 高于接点 2 处的温度 t_0，那么在此闭合回路中就有热电势产生，如图 4-6（a）所示。如果在此回路中串接一只直流毫伏计（将金属 B 断开接入毫伏计，或者在两金属线的接头处断开接入毫伏计均可），如图 4-6（b）和（c）所示，就可见到毫伏计中有电势指示，这种现象就称为热电现象。下面分析产生热电势的原因。从物理学中知道，两种不同的金属，它们的自由电子密度是不同的。也就是说，两金属中每单位体积内的自由电子数是不同的。假设金属 A 中的自由电子密度大于金属 B 中的自由电子密度，按古典电子理论，金属 A 的电子密度大，其压强也大。正因为这样，当两种金属相接触时，在两种金属的交界处，电子从 A 扩散到 B 多于从 B 扩散到 A。而原来自由电子处于金属 A 这个统一体时，统一体是呈中性不带电的，当自由电子越过接触面迁移后，金属 A 就因失去电子而带正电，金属 B 则因得到电子而带负电。但这种扩散迁移是不会无限制地进行的。因为迁移的结果就在两金属的接触面两侧形成了一个偶电层，这一偶电层的电场方向由 A 指向 B，它的作用是阻碍自由电子的进一步扩散。这就是说，由于电子密度的不平衡而引起扩散运动，扩散的结果产生了静电场，这个静电场的存在又成为扩散运动的阻力，这两者是互相对立的。开始的时候，扩散运动占优势，随着扩散的进行，静电场的作用就加强，反而使电子沿反方向运动。结果当扩散进行到一定程度时，压强差的作用与静电场的作用相互抵消，扩散与反扩散建立了暂时的平衡。

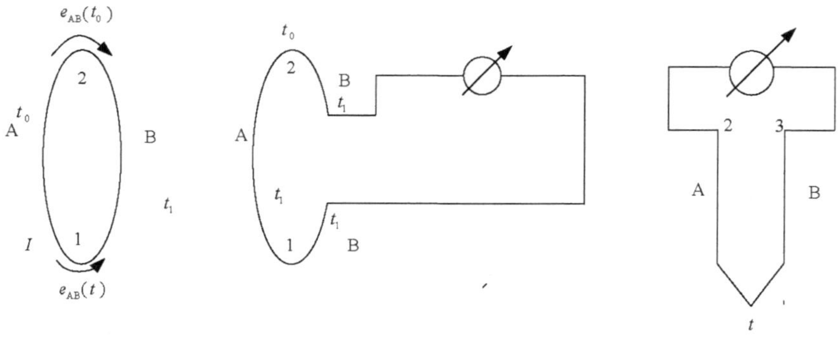

图 4-6 热电现象

图 4-7（a）表示两金属接触面上将发生方向相反，大小不等的电子流，使金属 B 中逐渐地积聚过剩电子，并引起逐渐增大的由 A 指向 B 的静电场及电势差 e_{AB} ，图 4-7（b）表示电子流达到动态平衡时的情况。这时的接触电势差，仅和两金属的材料及接触点的温度有关，温度越高，金属中的自由电子就越活跃，由 A 迁移到 B 的自由电子就越多，致使接触面处所产生的电场强度也增加，因而接触电动势也增高。由于这个电势的大小，在热电偶材料确定后只与温度有关，故称为热电势，记作 e_{AB}（t）。注脚 A 表示正极金属，注脚 B 表示负极金属，如果下标次序改为 BA，则 e 前面的符号亦应相应的改变，即 $e_{AB}(t)=-e_{BA}(t)$ 。

若把导体的另一端也闭合，形成闭合回路，则在两接点处就形成了两个方向

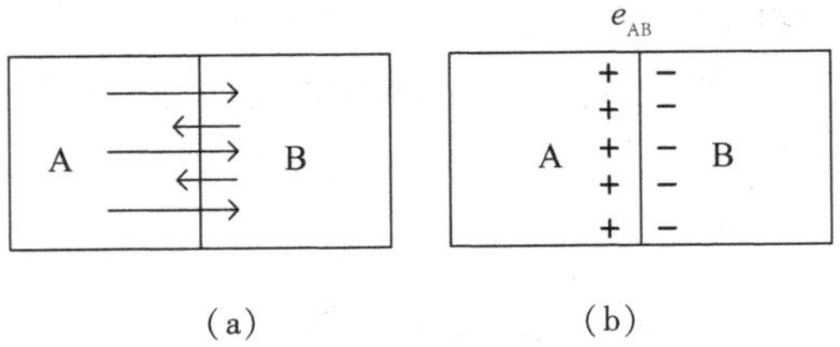

图 4-7　接触电势的形成过程

相反的热电势，如图 4-8 所示。图 4-8（a）表示两金属的接点温度不同，设 $t>t_0$，由于两金属的接点温度不同，就产生了两个大小不等、方向相反的热电势 $e_{AB}(t)$ 和 $e_{AB}(t_0)$ 。值得注意的是，对于同一金属 A（或 B），由于其两端温度不同，自由电子具有的动能不同，也会产生一个相应的电动势 $e_A(t,\ t_0)$ 和 $e_B(t,\ t_0)$，这个电动势称为温差电势。但由于温差电势远小于接触热电势，因此常常把它忽略不计。这样，就可以用图 4-8（b）作为图 4-8（a）的等效电路，R_1 和 R_2 为热偶丝的等效电阻，在此闭合回路中总的热电势 $E(t,\ t_0)$ 应为

$$E(t,\ t_0)=e_{AB}(t)-e_{AB}(t_0)$$
$$E(t,\ t_0)=e_{AB}(t)+e_{BA}(t_0) \tag{4-1}$$

也就是说，热电势 $E(t,\ t_0)$ 等于热电偶两接点热电势的代数和。在 A，B 材料固定后，热电势是接点温度 t 和 t_0 的函数之差。如果一端温度 t_0 保持不变，即 $e_{AB}(t_0)$ 为常数，则热电势 $E(t,\ t_0)$ 就成了温度 t 的单值函数，而和热电偶的长短及直径无关。这样，只要测出热电势的大小，就能判断测温点温度的高低，这就是利用热电现象来测温的原理。

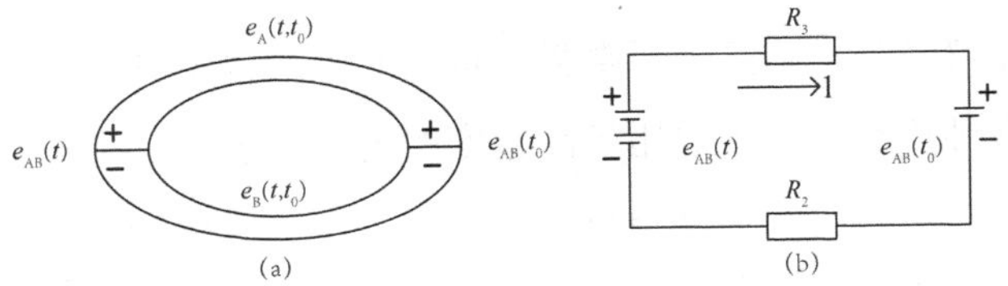

图 4-8　热电偶原理

由以上分析可见，如果组成热电偶回路的两种导体材料相同，则无论两接点温度如何，闭合回路的总热电势为零；如果热电偶两接点温度相同，即使两导体材料不同，闭合回路的总热电势也为零；热电偶产生的热电势除了与两接点处的温度有关外，还与热电极的材料有关。也就是说不同热电极材料制成的热电偶在相同温度下产生的热电势是不同的。

接入第三种导线的问题。利用热电偶测量温度时，必须要用某些仪表来测量热电势的数值，而测量仪表往往要远离测温点，这就要接入连接导线 C，这样就

在 AB 所组成的热电偶回路中加入了第三种导线，而第三种导线的接入又构成了新的接点，这样引入第三种导线会不会影响热电偶的热电势。

三、热电阻测温

由于热电偶一般适用于测量 500 ℃以上的较高温度。对于在 500 ℃以下的中、低温，利用热电偶进行测量就不一定合适。首先，在中、低温区热电偶输出的热电势很小（几十至几百微伏），这样小的热电势，对电位差计的放大器和抗干扰措施要求很高，否则就测量不准，仪表维修也困难；其次，在较低的温度区域，冷端温度的变化和环境温度的变化所引起的相对误差就显得非常突出。而不易得到完全补偿。所以在中、低温区，使用热电阻来进行温度的测量较为适宜。

热电阻温度计是由热电阻（感温元件），显示仪表（不平衡电桥或平衡电桥）以及连接导线所组成。值得注意的是，工业热电阻安装在测量现场，其引线电阻对测量结果有较大影响。热电阻的接线方式有二线制、三线制和四线制 3 种，如图 4-9 所示。二线制方式是在热电阻两端各连一根导线，这种接线方式简单、费用低，但是引线电阻随环境温度的变化会带来附加误差。只有含引线电阻值与元件电阻值 R 满足 $2r/R \leqslant 10^{-3}$ 时，引线电阻的影响才可以忽略。三线制方式是在热电阻的一端连接两根导线，另一端连接一根导线。当热电阻与测量电桥配用时，分别将引线接入两个桥臂，可以较好地消除引线电阻的影响，提高测量精度，工业热电阻测温多用此种接法。四线制方式是在热电阻两端各连两根导线，其中两根引线为热电阻提供恒流源，在热电阻上产生的压降通过另外两根引线接入电势测量仪表进行测量，当电势测量端的电流很小时，可以完全消除引线电阻的影响，这种接线方式主要用于高精度的温度测量。

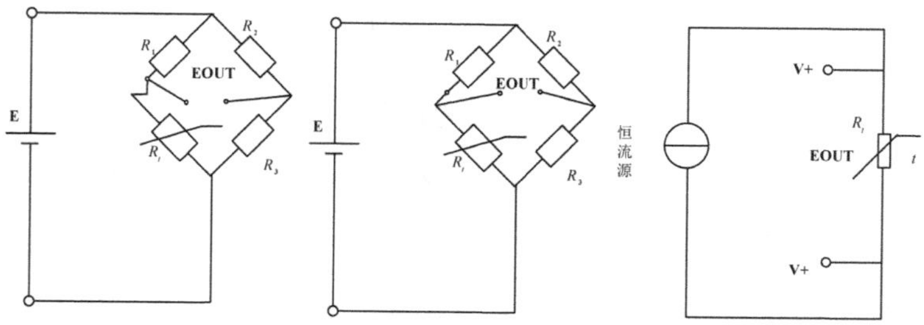

（a）二线制　（b）三线制　（c）四线制

图 4-9　热电阻接线方式

热电阻是热电阻温度计的感温（敏感）元件。是这种温度计的最主要部分，是金属体。

（一）热电阻测温原理

热电阻温度计是利用金属导体的电阻值随温度变化而变化的特性来进行温度测量的。其电阻值与温度的关系为

$$R_t = R_{t_0}\left[1+\alpha\left(t-t_0\right)\right] \tag{4-2}$$

$$\Delta R_t = \alpha R_{t_0}\Delta t \tag{4-3}$$

式中：R_t——温度为 t ℃时的电阻值；

R_{t_0}——温度为 t_0（通常为 0 ℃）时的电阻值；

α——电阻温度系数；

Δt——温度的变化值；

ΔR_t——电阻值的变化量。

可见，由于温度的变化，导致了金属导体电阻的变化。这样只要设法测出电阻值的变化，就可达到温度测量的目的。由以上可知，热电阻温度计与热电偶温度计的测量原理是不相同的。热电阻温度计是把温度的变化通过测温元件（热电阻）转换为电阻值的变化来测量温度的；而热电偶温度计则把温度的变化通过测温元件（热电偶）转化为热电势的变化来测量温度的。热电阻温度计适用于测量-200~500 ℃范围内液体、气体、蒸汽及固体表面的温度。它与热电偶温度计一样，也是有远传、自动记录和实现多点测量等优点。另外热电阻的输出信号大，测量准确。

（二）工业常用热电阻

虽然大多数金属导体的电阻值随温度的变化而变化，但是它们并不都能作为热电阻来使用。作为热电阻的材料一般要求是：电阻温度系数、电阻率要大；热容量要小；在整个测温范围内，应具有稳定的物理、化学性质和良好的复现性；电阻值随温度的变化关系，最好呈线性。但是，要完全符合上述要求的热电阻材料实际上是有困难的、根据具体情况，目前应用最广泛的热电阻材料是铂和铜。

1. 铂+电阻（WZP 型）金属铂易于提纯，在氧化性介质中，甚至在高温下其物理、化学性质都非常稳定。但在还原性介质中，特别是在高温下很容易被玷污，使铂丝变脆，并改变了其电阻与温度间的关系。因此，要特别注意保护。

在使用中，为消除环境温度的影响，铂热电阻至测量仪表（电桥）的连接导线往往采用三线制。要确定 $R-t$ 的关系时，首先要确定 R_0 的大小，不同的 R_0，则 $R-t$ 的关系也不同。这种 $R-t$ 的关系称为分度表，用分度号表示。铂的纯度常以 R_{100}/R_0（R_{100}，R_0 称为名义电阻）来表示，R_0 表示 0 ℃时的电阻值，R_{100} 代

表100 ℃时的电阻值，纯度越高，此比值也越大。作为基准仪器的钳电阻，其 R_{100}/R_0 的比值不得小于1.392。一般工业上用钳电阻温度计对钳丝纯度的要求是 R_{100}/R_0 不得小于1.385。工业上用的钳电阻有两种，一种是 $R_0=10\ \Omega$，对应的分度号为 $P_{t_{10}}$；另一种是 $R_0=100\ \Omega$，对应的分度号为 $P_{t_{100}}$

2. 铜电阻（WZC型）金属铜易加工提纯，价格便宜；它的电阻温度系数很大，且电阻与温度呈线性关系；在测温范围为-40~150 ℃，具有很好的稳定性。缺点是温度超过150 ℃后易被氧化，氧化后失去良好的线性特性；另外，由于铜的电阻率小（一般为 $1.7\times10^{-8}\ \Omega m$），为了绕得一定的电阻值，铜电阻丝必须较细，长度也要较长，这样就使得铜电阻体较大，机械强度也降低。在-40~150 ℃的范围内，铜电阻与温度的关系是线性的，即

$$R_t=R_0\ [1+a\ (t-t_0)\ ] \tag{4-4}$$

式中，a 为铜的电阻温度系数（$4.25\times10^{-3}\ \Omega/\ ℃$），其他符号同式（4-1）。

工业上用的铜电阻有两种，一种是 $R_0=50\ \Omega$，对应的分度号为Cu50。另一种是 $R_0=100\ \Omega$，对应的分度号为Cu100，它的电阻比 $R_{100}/R_0=1.428$。

（三）热电阻的结构

热电阻的结构形式有普通型热电阻、铠装热电阻和薄膜热电阻3种。

1. 普通型热电阻主要由电阻体、保护套管和接线盒等主要部件组成，如图4-10所示。其中保护套管和接线盒与热电偶的基本相同。下面就介绍一下电阻体的结构。

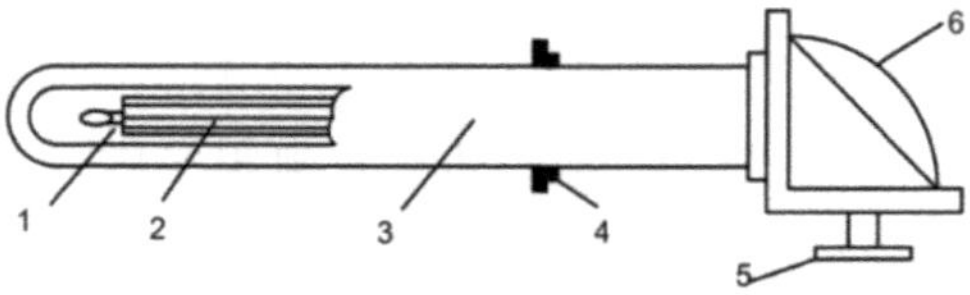

1—电阻体；2—瓷绝缘套管；3—不锈钢套管；4—安装固定件；5—牵引线口；6—接线盒

图4-10 热电阻的结构

将电阻丝绕制（采用双线无感绕法）在具有一定形状的支架上，这个整体便称为电阻体。电阻体要求做得体积小，而且受热膨胀时，电阻丝应该不产生附加应力。目前，用来绕制电阻丝的支架一般有3种构造形式：平板形（见图4-11）、圆柱形和螺旋形。一般地说，平板支架作为铂电阻体的支架，圆柱形支架作为铜电阻体的支架，而螺旋形支架是作为标准或实验室用的电阻体的支架。

2. 铠装热电阻将电阻体预先拉制成型并与绝缘材料和保护套管连成一体。这种热电阻体积小、抗震性强、可弯曲、热惯性小、使用寿命长。

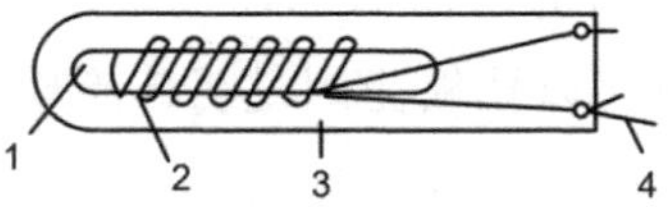

1—芯柱；2—电阻丝；3—保护膜；4—引线端

图 4-11　热电阻的绕线

3. 薄膜热电阻是将热电阻材料通过真空镀膜法，直接蒸镀到绝缘基底上。这种热电阻的体积很小、热惯性也小、灵敏度高。

第三节　流量检测

在石油、化工等生产过程中，为了正确、有效地进行生产操作和控制，经常需要测量生产过程中各种介质（液体、气体和蒸汽等）的流量，以便为生产操作和控制提供依据。同时，为了进行经济核算，经常需要知道在一段时间（一班、一天等）内流过的介质总量。所以，介质流量是控制生产过程达到优质高产和安全生产以及进行经济核算所必需的一个重要参数。随着自动化水平的不断提高，流量测量和控制已由原来的保证稳定运行朝着最优化控制过渡。这样流量仪表更是成为不可缺少的检测仪表之一。

一、差压式流量计

差压式（也称节流式）流量计是基于流体流动的节流原理，利用流体流经节流装置时产生的压力差而实现流量测量的。它是目前生产中测量流量最成熟，最常用的方法之一。通常是由能将被测流量转换成压差信号的节流装置和能将此压差转换成对应的流量值显示出来的差压计以及显示仪表所组成。在单元组合仪表中，由节流装置产生的压差信号，经常通过差压变送器转换成相应的标准信号（电的或气的），以供显示、记录或控制。

（一）节流现象与流量基本方程式

1. 节流现象。流体在有节流装置的管道中流动时，在节流装置前后的管壁处，流体的静压力产生差异的现象称为节流现象。节流装置包括节流件和取压装置，节流件是能使管道中的流体产生局部收缩的元件，应用最广泛的是孔板，其次是喷嘴、文丘里管等。下面以孔板为例说明节流现象。具有一定能量的流体，才可能在管道中形成流动状态。流动流体的能量有两种形式，即动能和静压能。由于流体有流动速度而具有动能，又由于流体有压力而具有静压能。这两种形式的能量在一定的条件下可以互相转化。但是，根据能量守恒定律，流体具有的静压能和动能，再加上克服流动阻力的能量损失，在没有外加能量的情况下，其总和是不变的。图 4-12 表示在孔板前后流体的速度与压力的分布情况。流体在管道截面Ⅰ前，以一定的流速 γ_1 流动，此时静压力为 p_1，在接近节流装置时，由

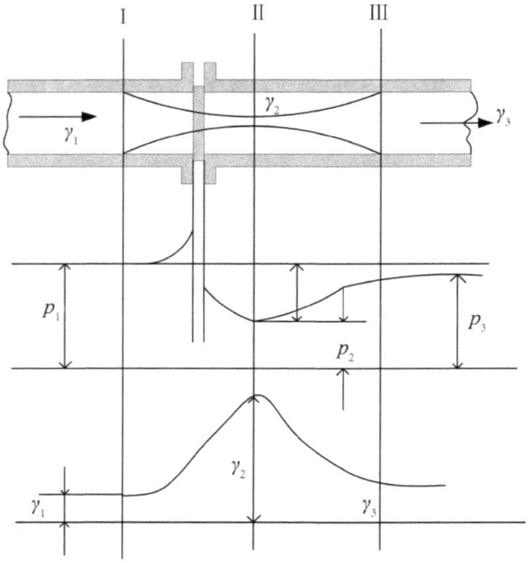

图 4-12　孔板装置及压力、流速分布图

于遇到节流装置的阻挡，使靠近管壁处的流体受到节流装置的阻挡作用最大，因而使一部分动能转换为静压能，同时节流装置入口端面靠近管壁处的流体静压力升高，并且比管道中心处的压力要大，即在节流装置入口端面处产生一径向压差。这一径向压差使流体产生径向附加速度，从而使靠近管壁处的流体质点的流向就与管道中心轴线相倾斜，形成了流束的收缩运动。由于惯性作用，流束的最小截面并不在孔板的孔处，而是经过孔板后仍继续收缩，到截面Ⅱ处达到最小，这时流速最大，达到 γ_2，随后流束又逐渐扩大，至截面Ⅲ后完全复原，流速便降低到原来的数值，即 $\gamma_3=\gamma_1$。由于节流装置造成流束的局部收缩，使流体的流速发生变化，即动能发生变化。与此同时，表征流体静压能的静压力也要变化。在Ⅰ截面，流体具有静压力 p_1，到达截面处Ⅱ，流速增加到最大值，静压力就降低

到最小值 p_2，而后又随着流束的恢复而逐渐恢复。由于在孔板端面处，流通截面突然缩小与扩大，使流体形成局部涡流，要消耗一部分能量，同时流体流经孔板时，要克服摩擦力，所以流体的静压力不能恢复到原来的数值 p_1，而产生了压力损失：

$$\delta_p = p'_1 - p'_3 \tag{4-5}$$

节流装置前流体压力较高，称为正压，常以“+”标志；节流装置后流体压力较低，称为负压（注意不要与真空混淆），常以“-”标志。节流装置前后压差的大小与流量有关。管道中流动的流体流量越大，在节流装置前后产生的压差也越大，我们只要测出孔板前后两侧压差的大小，即可表示流量的大小，这就是节流装置测量流量的基本原理。值得注意的是：要准确地测量出截面Ⅰ与截面Ⅱ处的压力 p_1，p_2 是有困难的，这是因为产生最低静压力 p_2 的截面Ⅱ的位置随着流速的不同会有改变，事先根本无法确定。因此，实际上是在孔板前后的管壁上选择两个固定的取压点，来测量流体在节流装置前后的压力变化的。因而所测得的压差与流量之间的关系，与测压点及测压方式的选择紧密相关。

2. 流量基本方程式。流量基本方程式是阐明流量与压差之间定量关系的基本流量公式。它是根据流体力学中的伯努利方程和流体连续性方程式推导而得的，即

$$Q = a\varepsilon F_0 \sqrt{\frac{2}{\rho_1}\Delta p} \tag{4-6}$$

$$M = a\varepsilon F_0 \sqrt{2\rho_1 \Delta p} \tag{4-7}$$

式中：a 为流量系数，它与节流装置的结构形式、取压方式、孔口截面积与管道截面积之比 m、雷诺数 Re、孔口边缘锐度、管壁粗糙度等因素有关；ε 为膨胀校正系数，它与孔板前后压力的相对变化量、介质的指数、孔口截面积与管道截面积之比等因素有关。应用时可查阅有关手册而得。但对不可压缩的液体来说，常取 $\varepsilon=1$；F_0 为节流装置的开孔截面积；Δp 为节流装置前后实际测得的压力差；ρ_1 为节流装置前的流体密度。

（二）标准节流装置

1. 标准节流元件差压式流量计，由于使用历史长久，已经积累了丰富的实践经验和完整的实验资料。因此，国内外已把最常用的节流装置孔板、喷嘴、文丘里管等标准化，并称为“标准节流装置”。标准化的具体内容包括节流装置的结构、尺寸、加工要求、取压方法、使用条件等。例如，标准孔板对尺寸和公差、光洁度等都有详细规定。如图 4-13 所示，其中 d/D 应在 0.2~0.8 之间；最

小孔应不小于 12.5 mm；直孔部分的厚度 h 为（0.005～0.020）D；总厚度 $H<0.05D$；锥面的斜角 α 为 30°～45°等，需要时可参阅设计手册。

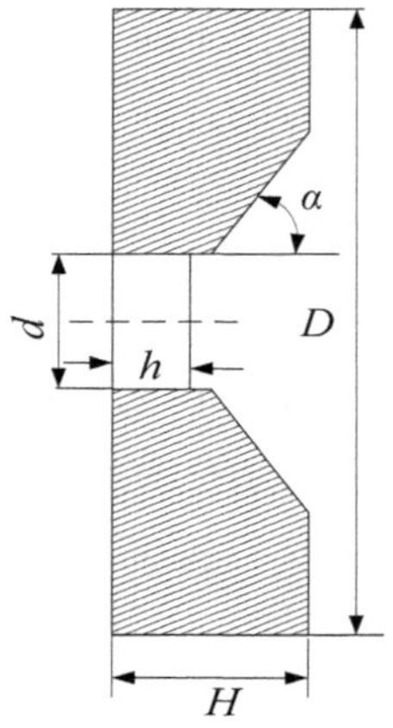

图 4-13　孔板断面示意图

2. 取压方式由流量基本方程式可知，节流元件前后的压差是计算流量的关键数据，因此取压方法相当重要。我国规定的标准节流装置取压方法有两种，即角接取压法和法兰取压法。标准孔板可以采用角接取压法和法兰取压法，而标准喷嘴只规定有角接取压方式。

所谓角接取压法，就是在孔板（或喷嘴）前后两端面与管壁的夹角处取压。角接取压方法可以通过环室或单独钻孔结构来实现。环室取压结构如图 4-14（a）所示，它是在管道 1 的直线段处，利用左右对称的环室 2 将孔板 3 夹在中间，环室与孔板端面间留有狭窄的缝隙，再由导压管将环室内的压力 p_1 和 p_2 引出。单独钻孔结构则是在前后夹紧环 4 上直接钻孔将压力引出，如图 4-14（b）所示。对于孔板，环室取压用于工作压力即管道中流体的压力在 6.4 MPa 以下，管道直径 D 在 50～520 mm 之间；而单独钻孔取压用于工作压力在 2.5 MPa 以下，D 在 50～1 000 mm 之间。

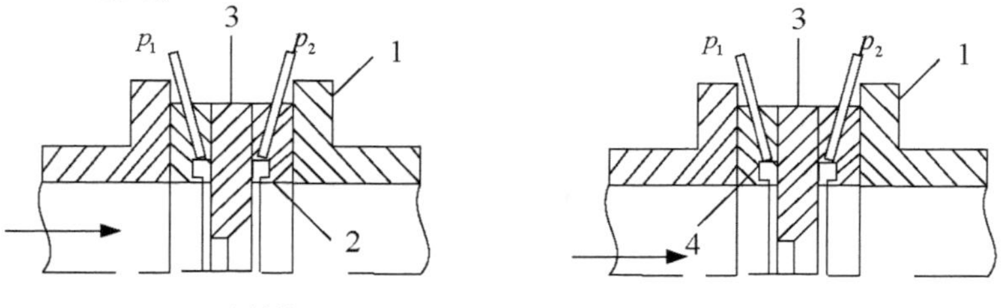

（a）环室结构　　（b）单独钻孔结构

1—管道法兰；2—环室；3—孔板；4—夹紧环

图 4-14 角接取压方式

采用环室取压法能得到较好的测量精度，但是加工制造和安装要求严格，如果由于加工和现场安装条件的限制，而达不到预定的要求时，其测量精度仍难保证。所以，在现场使用时，为了加工和安装方便，有时不用环室而用单独钻孔取压，特别是对大口径管道。标准孔板应用广泛，它具有结构简单、安装方便的特点，适用于大流量的测量。孔板最大的缺点是流体经过孔板后压力损失大，当工艺管道上不允许有较大的压力损失时，便不宜采用。标准喷嘴和标准文丘里管的压力损失较孔板为小，但结构比较复杂，不易加工。实际上，在一般场合下，仍多采用孔板。

标准节流装置仅适用于测量管道直径大于 50 mm，雷诺数在 104~105 以上的流体，而且流体应当清洁，完全充满管道，不发生相变。此外，为保证流体在节流装置前后为稳定的流动状态，在节流装置的上、下游必须配置一定长度的直管段。节流装置将管道中流体流量的大小转换为相应的差压大小，但这个差压信号还必须由导压管引出，并传递到相应的差压计，以便显示出流量的数值。差压计有多种型式，例如 U 型管差压计、双波纹管差压计、膜盒式差压计等，但这些仪表均为就地指示型仪表。事实上，工业生产过程中的流量测量及控制多半是采用差压变送器，将差压信号转换为统一的标准信号，以利于远传，并与单元组合仪表中的其他单元相连接，这样便于集中显示及控制。差压变送器的结构和工作原理与压力变送器基本上是一样的，在前边介绍的力矩平衡式、电容式差压变送器都能使用。

(三) 差压式流量计的测量误差

差压式流量计的应用非常广泛。但是，在实际应用现场，往往具有比较大的测量误差，有的甚至高达 10%~20%（应当指出，造成这么大的误差实际上完全是由于使用不当引起的，而不是仪表本身的测量误差）。特别是在采用差压式流量计作为工艺生产过程中物料的计量，进行经济核算和测取物料核算数据时，这一矛盾显得更为突出。然而在只要求流量相对值的场合下，对流量指示值与真实值之间的偏差往往不注意，但是事实上误差却是客观存在的。因此，必须引起注意的是：不仅需要合理的选型、准确的设计计算和加工制造，更要注意正确的安装、维护和符合使用条件等，才能保证差压式流量计有足够的测量精度。下面列举一些造成测量误差的原因，以便在应用中注意，并予以适当解决。

1. 被测流体工作状态的变动，如果实际使用时被测流体的工作状态（温度、压力、湿度等）以及相应的流体重度、黏度、雷诺数等参数数值，与设计计算时有所变动，则会造成原来由差压计算得到的流量值与实际的流量值之间有较大的误差。为了消除这种误差，必须按新的工艺条件重新进行设计计算，或者将所测的数值加以必要的修正。

2. 节流装置安装不正确，节流装置安装不正确也是引起差压式流量计测量误差的重要原因之一。在安装节流装置时，特别要注意节流装置的安装方向。一般地说，节流装置露出部分所标注的“+”号一侧，应当是流体的入口方向。当用孔板作为节流装置时，应使流体从孔板 90°锐口的一侧流入。

另外，节流装置除了必须按相应的规程正确安装外，在使用中，要保持节流装置的清洁。如在节流装置处有沉淀、结焦、堵塞等现象，也会引起较大的测量误差，必须及时清洗。

3. 孔板入口边缘的磨损，节流装置使用日久，特别是在被测介质夹杂有固体颗粒等机械物情况下，或者由于化学腐蚀，都会造成节流装置的几何形状和尺寸的变化。对于使用广泛的孔板来说，它的入口边缘的尖锐度会由于冲击、磨损和腐蚀而变钝。这样，在相等数量的流体经过时所产生的压差 Δp 将变小，从而引起仪表指示值偏低。故应注意检查、维修，必要时应换用新的孔板。

4. 导压管安装不正确，或有堵塞、渗漏现象，导压管要正确地安装，防止堵塞与渗漏，否则会引起较大的测量误差。对于不同的被测介质，导压管的安装亦有不同的要求，下面结合几类具体情况来讨论。

5. 测量液体的流量时，应该使两根导压管内都充满同样的液体而无气泡，以使两根导压管内的液体密度相等。这样，由两根导压管内液柱所附加在差压计正、负压室的压力可以互相抵消。为了使导压管内没有气泡，必须做到以下几点：取压点应该位于节流装置的下半部，与水平线夹角 α 应为 0°~45°，如图 4-15 所示（如果从底部引出，液体中夹带的固体杂质会沉积在引压管内，引起堵塞，亦属不宜）。引压导管最好垂直向下，如条件不许可，导压管亦应下倾一定的坡度（至少 1∶20~1∶10），使气泡易于排出。在引压导管的管路中，应有排

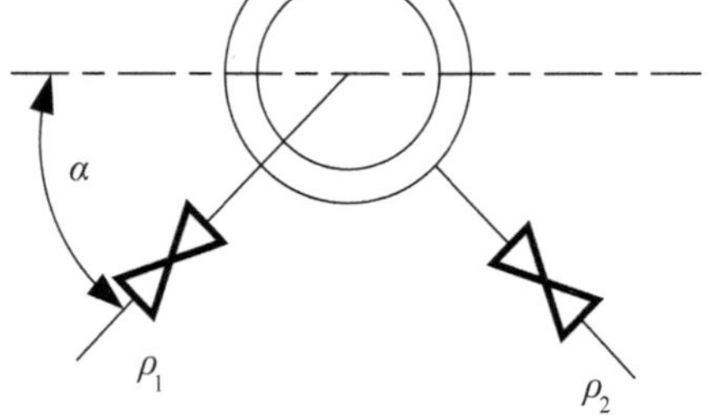

图 4-15　测量液体流量时的取压点位置

气的装置。如果差压计只能装在节流装置之上时，则须加装储气罐，如图 4-16 中的储气罐 6 与放空阀 3。这样，即使有少量气泡，对差压 Δp 的测量仍无影响。

6. 测量气体流量时，上述的这些基本原则仍然适用。尽管在引压导管的连接方式上有些不同，其目的仍是要保持两根导管内流体的密度相等。为此，必须使管内不积聚气体中可能夹带的液体，具体措施如下：取压点应在节流装置的上半部。引压导管最好垂直向上，至少亦应向上倾斜一定的坡度，以使引压导管中不滞留液体。如果差压计必须装在节流装置之下，则须加装储液罐和排放阀，如图 4-17（a）所示。

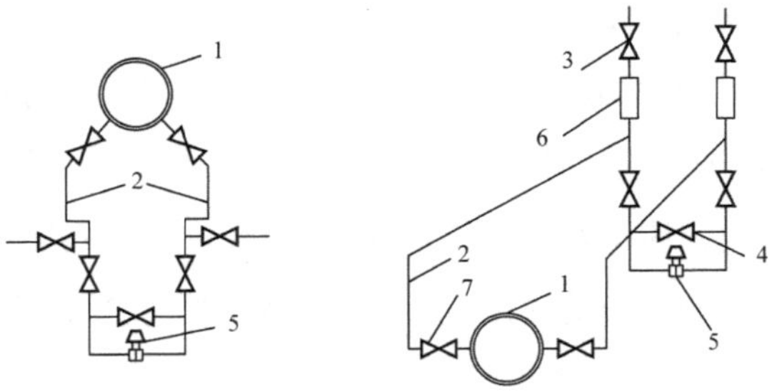

1—节流装 置 2—引压导管；3—放空阀；4—平衡阀；5—差压变送器；6—储气罐；7—切断阀

图 4-16　测量液体流量时的连接图

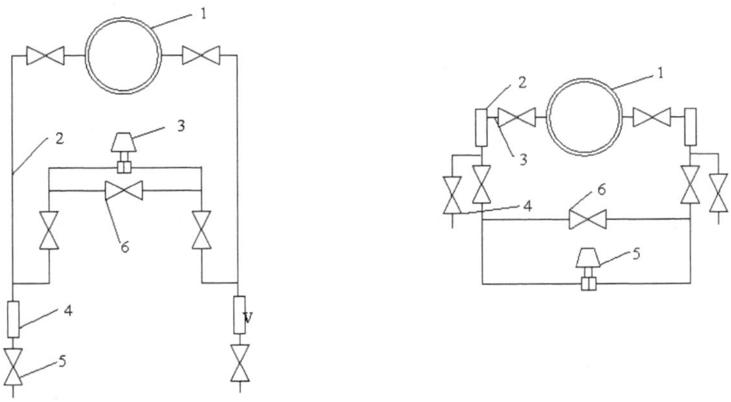

（a）测量气体流量时的连接图

1—节流装置；2—引压导管；3—变送器；4—储液罐；5—排放阀；6—平衡阀

（b）测量蒸汽流量时的连接图

1—节流装置；2—凝液罐；3—引压导管 4—排放阀；5—变送器；6—平衡阀

图 4-17

7. 测量蒸汽的流量时，要实现上述的基本原则，必须解决蒸汽冷凝液的等液位问题，以消除冷凝液液位的高低对测量精度的影响。最常用的接法如图 4-17（b）所示。取压点从节流装置的水平位置接出，并分别安装凝液罐 2。这样，两根导压管内都充满了冷凝液，而且液位一样高，从而实现了差压 Δp 的准确测量。

自凝液罐至差压计的接法与测量液体流量时相同。

8. 差压计安装或使用不正确差压计或差压变送器安装或使用不正确也会引起测量误差。由引压导管接至差压计或差压变送器前，必须安装切断阀 1，2 和平衡阀 3，构成三阀组，如图 4-18 所示。我们知道，差压计是用来测量差压 Δp 的，但如果两切断阀不能同时开闭时，就会造成差压计单向受很大的静压力，有时会使仪表产生附加误差，严重时会损坏仪表。为了防止差压计单向承受很大的静压力，必须正确使用平衡阀。即在启用差压计时，应先开平衡阀 3，使正、负压室连通，受压相同，然后再打开切断阀 1、2，最后再关闭平衡阀 3，差压计即可投入运行。差压计需要停用时，应先打开平衡阀，然后再关闭切断阀 1、2。当切断阀 1、2 关闭时，打开平衡阀 3，便可进行仪表的零点校验。测量腐蚀性（或因易凝固不适宜直接进入差压计）的介质流量时，必须采取隔离措施。最常用的方法是用某种与被测介质不互溶且不起化学变化的中性液体作为隔离液，同时起传递压力的作用。当隔离液的密度 ρ_1 大于或小于被测介质密度 ρ_1'时，隔离罐分别采用图 4-19 所示的两种形式。

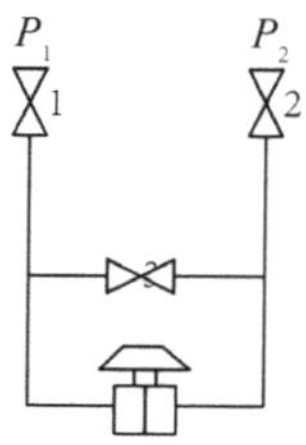

1、2—切断阀；3—平衡阀

图 4-18 差压计阀组安装示意图

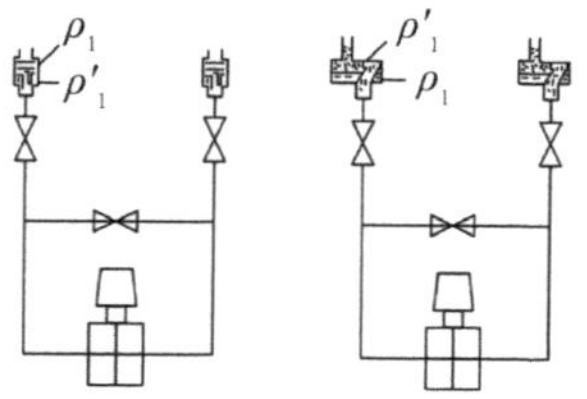

（a）$\rho_1 < \rho_1'$　（b）$\rho_1 > \rho_1'$

图 4-19 隔离罐的两种形式

二、浮子流量计

在工业生产中经常遇到小流量的测量，因其流体的流速低，这就要求测量仪表有较高的灵敏度，才能保证一定的精度。节流装置对管径小于 50 mm、雷诺数低的流体的测量精度是不高的。而浮子流量计则特别适宜于测量管径 50 mm 以下管道的流量，测量的流量可小到每小时几升。

（一）工作原理

浮子流量计（也称转子流量计）与前面所讲的差压式流量计在工作原理上是不相同的。差压式流量计，是在节流面积（如孔板流通面积）不变的条件下，以差压变化来反映流量的大小。而浮子流量计，却是以压降不变，利用节流面积的变化来测量流量的大小，即浮子流量计采用的是恒压降、变节流面积的流量测量方法。

指示式浮子流量计的原理如图 4-20 所示，它基本上由两个部分组成，一个是由下往上逐渐扩大的锥形管（通常用玻璃制成，锥度为 40′~3°）；另一个是放在锥形管内可自由运动的浮子。工作时，被测流体（气体或液体）由锥形管下端进入，沿着锥形管向上运动，流过浮子与锥形管之间的环隙，再从锥形管上端流出。当流体流过锥形管时，位于锥形管中的浮子受到向上的一个力，使浮子浮起。当这个力正好等于浸没在流体里的浮子重力（即等于浮字重量减去流体对浮子的浮力）时，则作用在浮子上的上下两个力达到平衡，此时浮子就停浮在一定的高度上。假如被测流体的流量突然由小变大，作用在浮子上的向上的力就加大。因为浮子在流体中受的重力是不变的，即作用在浮子上的向下的力是不变的，所以浮子就上升。由于浮子在锥形管中位置的升高，造成浮子与锥形管间的环隙增大，即流通面积增大。随着环隙的增大，流过此环隙的流体流速变慢。因而，流体作用在浮子上的向上的力也就变小。当流体作用在浮子上的力再次等于浮子在流体中的重力时，浮子又稳定在一个新的高度上。这样，浮子在锥形管中的平衡位置的高低与被测介质的流量大小相对应。如果在锥形管外沿其高度刻上对应的流量值，那么根据浮子平衡位置的高低就可以直接读出流量的大小。这就是浮子流量计测量流量的基本原理。

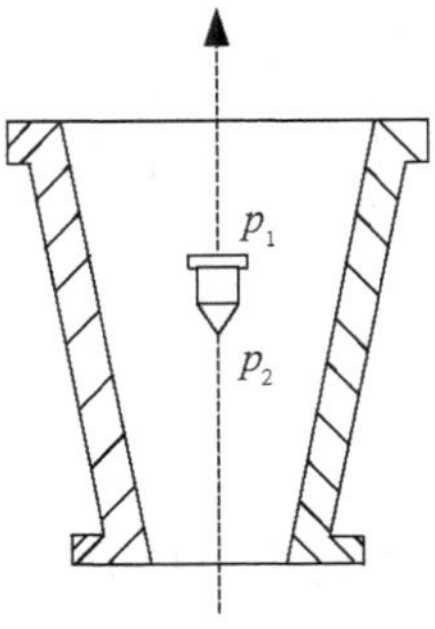

图 4-20　指示式浮子流量计的工作原理图

浮子流量计中浮子的平衡条件为

$$V(\rho_t - \rho_f)g = (p_1 - p_2)A \quad (4-8)$$

式中：V 为浮子的体积；

ρ_t 为浮子材料的密度；

ρ_f 为被测流体的密度；

p_1，p_2 为分别为浮子前后流体的压力；

A 为浮子的最大横截面积；

g 为重力加速度。

由于在测量过程中，V，ρ_t，ρ_f，A，g 均为常数，所以由式（4-21）可知，（p_1-p_2）也应为常数。这就是说，在浮子流量计中，流体的压降是固定不变的。所以，浮子流量计是以定压降、变节流面积法测量流量的。这正好与差压法测量流量的情况相反，差压法测量流量时，差压是变化的，而节流面积却是不变的。由式（4-8）可得

$$\Delta p = p_1 - p_2 = \frac{v(\rho_t - \rho_f)g}{A} \tag{4-9}$$

在一定的情况下，流过浮子流量计的流量和浮子与锥形管间环隙面积有关。由于锥形管由下往上逐渐扩大，所以是与浮子浮起的高度 h 有关的。这样，根据浮子浮起的高度就可以判断被测介质的流量大小，可用下式表示

$$M = \phi h\sqrt{2\rho_f \Delta p} \tag{4-10}$$

$$Q = \phi h\sqrt{\frac{2}{\rho_f}\Delta p} \tag{4-11}$$

式中：ϕ 为仪表常数；h 为浮子浮起的高度。

将式（4-9）代入以上两式，分别得到

$$M = \phi h\sqrt{\frac{2gv(\rho_t - \rho_f)\rho_f}{A}} \tag{4-12}$$

$$Q = \phi h\sqrt{\frac{2gv(\rho_t - \rho_f)}{\rho_f A}} \tag{4-13}$$

其他符号的意义同前所述。

（二）电远传式浮子流量计

以上所讲的指示式浮子流量计，只适用于就地指示。电远传式浮子流量计可以将反映流量大小的浮子高度 h 转换为电信号，适合于远传，进行显示或记录。LZD 系列电远传式浮子流量计主要由流量变送及电动显示两部分组成。

1. 流量变送部分 LZD 系列电远传式浮子流量计是用差动变压器进行流量变送的。

差动变压器的结构与原理如图 4-21 所示。它由铁心、线圈以及骨架组成。线圈骨架分成长度相等的两段，初级线圈均匀地密绕在骨架的内层，并使两个线圈同相串联相接；次级线圈分别均匀地密绕在两段骨架的外层，并将两个线圈反相串联相接。

当铁心处在差动变压器两段线圈的中间位置时，初级激磁线圈激励的磁力线

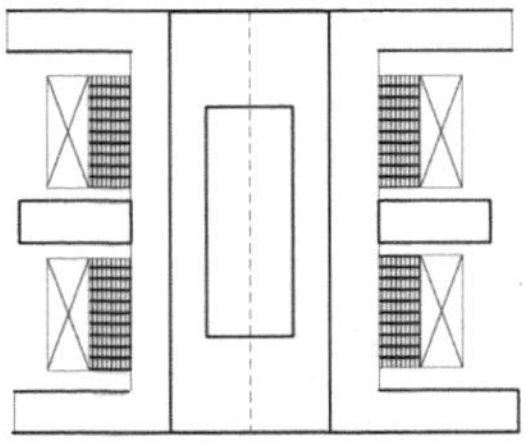

(a) 结构图

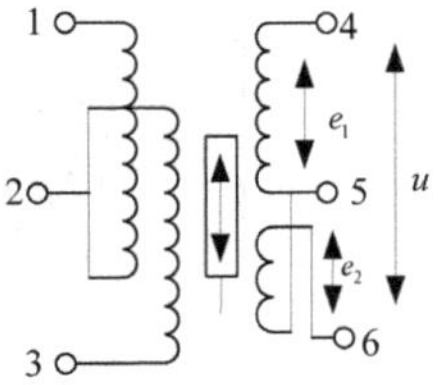

(b) 原理图

1—铁心；2—初级线圈；3—次级线圈；4—骨架

图 4-21　差动变压器结构

穿过上、下两个次级线圈的数目相同，因而两个匝数相等的次级线圈中产生的感应电势 e_1 和 e_2 相等。由于两个次级线圈系反相串接，所以 e_1 和 e_2 相互抵消，从而输出端 4，6 之间总电势为零，即

$$u = e_1 - e_2 = 0 \tag{4-14}$$

当铁心向上移动时，由于铁心改变了两段线圈中初、次级的耦合情况，使磁力线通过上段线圈的数目增加，通过下段线圈的数目减少，因而上段次级线圈产生的感应电势比下段次级线圈产生的感应电势大，即 $e_1>e_2$，于是 4 和 6 两端输出的总电势 $u=e_1-e_2>0$。当铁心向下移动时，情况与上移正好相反，即输出的总电势 $u=e_1-e_2<0$。无论哪种情况，都把这个输出的总电势称为不平衡电势，它的大小和相位由铁心相对于线圈中心移动的距离和方向来决定。若将浮子流量计的浮子与差动变压器的铁心联结起来，使浮子随流量变化的运动带动铁心一起运动，那么，就可以将流量的大小转换成输出感应电势的大小，这就是电远传浮子流量计的转换原理。

2. 电动显示部分 LZD 系列电远传浮子流量计的原理图如图 4-22 所示。当被测介质流量变化时，引起浮子停浮的高度发生变化，浮子通过连杆带动发送的差动变压器 T 中的铁心上下移动。当流量增加时，铁心向上移动，变压器 T_1 的次级绕组输出一不平衡电势，进入电子放大器。放大后的信号一方面通过可逆电机带动显示机构动作；另一方面通过凸轮带动接收的差动变压器 T_2 中的铁心也向上移动。使 T_2 的次级绕组也产生一个不平衡电势。由于 T_1，T_2 的次级绕组是反向串接的，因此，由 T_2 产生的不平衡电势去抵消 T_1 产生的不平衡电势，一直到进入放大器的电压为零后，T_2 中的铁心便停留在相应的位置，这时显示机构的指示值便可以表示被测流量的大小了。

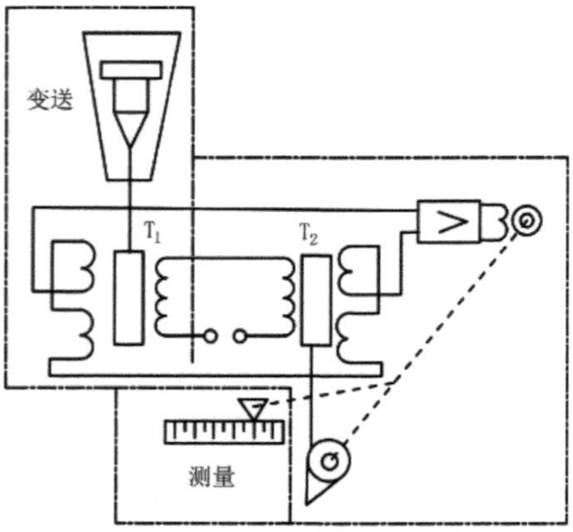

图 4-22 LZD 系列电远传浮子流量计

第四节 物位检测

一、概述

物位是指开口容器或密封容器中介质液面（液位）、两种液体介质的分界面（界面）和固体粉状或颗粒物在容器中堆积的高度（料面）。在石油、化工生产中一般以液位测量为主。物位测量的内容应包括液体介质的液位和相、界位，浆体介质的液位，以及固体颗粒、粉末介质的料位。其测量仪表称为液位仪（液体相对密度不同时，为相、界位）和料位仪（指固体介质颗粒或粉末）。20 世纪 50 年代以前，物位测量的方法主要有：目视法（玻璃管、玻璃板、窥镜等）、浮力式及压力式，以现场指示及报警控制为主。50 年代以后，开始发展利用电测技术的各种物位测量方法，如电容式、超声式、微波式、电导式、振动阻尼式等，都是利用被测物料的某种物理特性（介电率、电导率、声阻率、热导率、辐射吸收等）检测物位。80 年代末以来，由于微电子技术的发展，以及过程自动化发展的需求，促使液位测量技术进一步发展。到了 90 年代，过程自动化技术的发展及市场的增大，使得物位测量仪表市场需求旺盛，给物位测量技术的发展增加了动力。这一阶段不但技术得到发展，而且市场竞争促使规模化生产，大型自动化公司也开始重视物位仪表。原来专业性的物位仪表公司，或被跨国大公司收购，或向综合性物位仪表公司发展。由于测量过程与被测物料特性密切相关，而被测物料的特性又各不相同，因此除了浮力式仪表以外，物位仪表没有通用的产品。每类产品都有其适用范围。物位仪表种类很多，一般按测量方法分为直读式、浮力式、静压式（差压、压力）、电接触式、电容式、超声波、雷达式、称重式、辐射式、激光式、音叉式、磁致伸缩式及高频物位计等。物位检测的目的：确定物质的体积或质量，要求物位绝对值准确；保持物位一定高度，以及超限报警，监测物料平衡，只需物位相对值准确。

二、差压式液位变送器

差压式液位变送器，是利用容器内液位改变时，由液柱产生的静压也相应变化的原理来工作的，如将差压变送器的正压室接液相（底部），负压室接气相（顶部），设容器上部空间为干燥气体，其压力为 p_1，由图 4-23 知

$$p_1 = p_0 + \rho g h \text{ , } p_2 = p_0$$

由此可得

$$\Delta p = p_1 - p_2 = \rho g h \tag{4-15}$$

式中：h 为液位高度；ρ 为介质密度；g 为重力加速度；p_1，p_2 分别为差压式变送器正、负压室的压力。当 $h=0$ 时，$\Delta p=0$，无零点迁移。通常，被测介质的密度是已知的。差压式变送器测得的差压 Δp 与液位高度 h 成正比，这样就把测量液位高度转换为测量差压的问题了。对于敞口容器，气相压力为大气压时，只需将差压式变送器的负压室通大气即可。若不需要远传信号，也可以在容器底部安装压力表，如图 4-24 所示，根据压差 Δp 与液位 h 成正比的关系，可直接在压力表上按液位进行刻度。

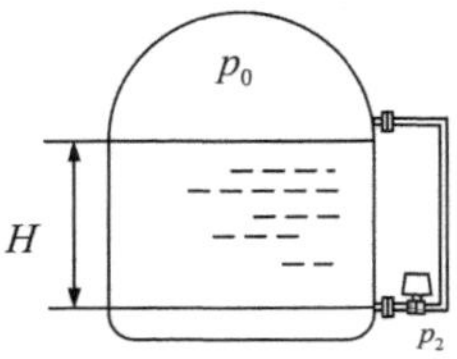

图 4-23　差压式液位变送器原理图

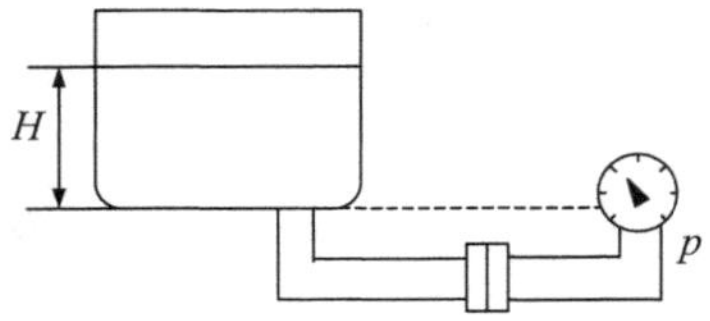

图 4-24　压力表式液位计

三、电容式物位计

（一）测量原理

在柱形电容器的极板之间，充以不同高度介质时，电容量的大小也有所不同。因此，可通过测量电容量的变化来检测液位、料位和两种不同液体的分界面。图 4-25（a）是由两个同轴圆筒极板组成的电容器，在两圆筒间充以介电系数为 ε_1 的介质时，两圆筒间的电容量表达式为

$$C=\frac{2\pi\varepsilon_1 L}{\ln\frac{D}{d}} \tag{4-16}$$

式中：L 为两极板相互遮盖部分的长度；d、D 分别为圆筒形内电极的外径和外电极的内径；ε_1 为中间介质的介电常数。所以，当 D 和 d 一定时，电容量 C 的大小与极板长度 L 和介质的介电常数 ε_1 的乘积成比例。这样，将电容传感器（探头）插入被测物料中，电极浸入物料中的深度随物位高低变化，必然引起其电容量的变化，从而可检测出物位。

（二）液位检测

对非导电介质液位测量的电容式液位传感器原理如图 4-25（b）所示。它由柱形内电极和一个与它绝缘的同轴金属套筒做的外电极所组成，外电极上开很多小孔，使介质能流进电极之间，内外电极用绝缘套绝缘。

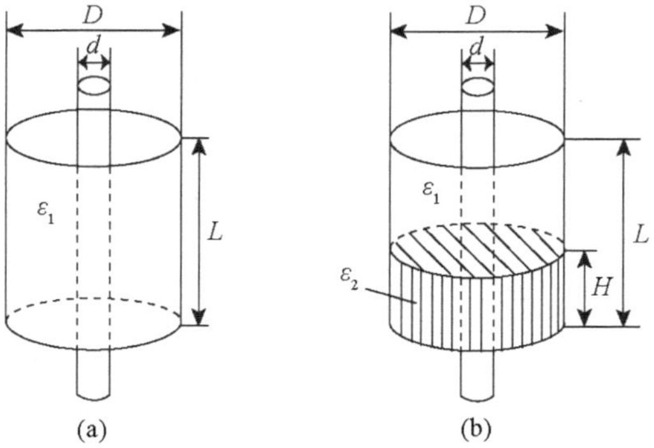

图 4-25

当被测液位 $H=0$ 时，电容器的电容量（零点电容）为

$$C_0=\frac{2\pi\varepsilon_1 L}{\ln\frac{D}{d}} \tag{4-17}$$

式中，ε_1 为空气介电常数。

当液位上升为 h 时，电容器可视为两部分电容的并联组合，即

$$C = \frac{2\pi\varepsilon_2 h}{\ln\frac{D}{d}} + \frac{2\pi\varepsilon_1(L-h)}{\ln\frac{D}{d}} \tag{4-18}$$

式中，ε_2 为被测介质的介电常数。

电容量的变化 ΔC 为

$$\Delta C = C - C_0 = \frac{2\pi(\varepsilon_2 - \varepsilon_1)}{\ln\frac{D}{d}}h = Kh \tag{4-19}$$

式中，K 为比例系数，$K = \frac{2\pi(\varepsilon_2 - \varepsilon_1)}{\ln\frac{D}{d}}$。

由此可见电容量的变化与 ΔC 高度 h 呈线性关系。式（4-19）中的 K 为比例系数。K 中包含（$\varepsilon_2 - \varepsilon_1$），也就是说，这个方法是利用被测介质的介电常数 ε_2 与空气介电系数 ε_1 不等的原理工作的，（$\varepsilon_2 - \varepsilon_1$）值越大，仪表越灵敏。$D/d$ 实际上与电容器两极间的距离有关，D 与 d 越接近，即两极间距离越小，仪表灵敏度越高。

上述电容式液位计在结构上稍加改变以后，也可以用来测量导电介质的液位。

（三）料位检测

用电容法可以测量固体块状颗粒体及粉料的料位。由于固体间磨损较大，容易“滞留”，所以一般不用双电极式电极。可用电极棒及金属容器壁组成电容器的两电极来测量非导电固体料位。图 4-26 所示为用金属电极棒插入容器来测量料位的示意图，它的电容量与料位高度 H 的关系为

$$C_x = \frac{2\pi(\varepsilon - \varepsilon_0)}{\ln\frac{D}{d}}H = KH$$

$$K = \frac{2\pi(\varepsilon - \varepsilon_0)}{\ln\frac{D}{d}}$$

式中：K 为比例系数；ε 为物料电介常数；ε_0 为空气电介常数，$\varepsilon_0 = 8.85\times10^{-12}$ F/m。

电容物位计的传感部分结构简单、使用方便。但由于电容变化量不大，要精

确测量，就需借助于较复杂的电子线路才能实现。此外，还应注意介质浓度、温度变化时，其介电常数也要发生变化这一情况，以便及时调整仪表，达到预想的测量目的。

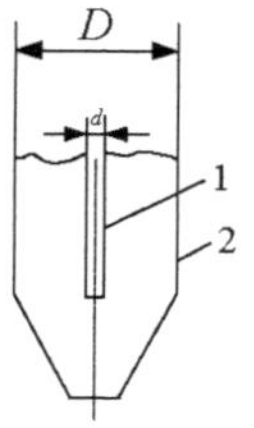

1—金属棒内电极图；2—金属容器外电板

图 4-26 料位检测

四、核辐射检测

放射性同位素的辐射线射入一定厚度的介质时，射线与介质相互作用，射线能量部分被介质吸收，部分透过介质。射线的透射强度随着通过介质层厚度的增加而减弱。入射强度为 I_0 的放射源，随介质厚度增加，其透射强度呈指数规律衰减，其衰减规律为

$$I = I_0 e^{-\mu H} \tag{4-19}$$

式中：μ ——介质对射线的吸收系数；

H——介质层的厚度；

I——穿过介质后的射线强度；

I_0——入射射线强度。

不同介质吸收射线的能力是不一样的。一般来说，固体吸收能力最强，液体次之，气体则最弱。当放射源已经选定，被测介质不变时，则 I_0 与 μ 都是常数，根据式（4-19）只要测出通过介质后的射线强度 I，介质的厚度 H 也就知道了，如图 4-27 所示。介质层的厚度，在这里指的是液位或料位高度，这就是射线检测物位法。核辐射射线检测属非接触测量，具有一系列独特的优点：适用于高温、高压容器、强腐蚀、剧毒、有爆炸性、黏滞性、易结晶或沸腾状态介质的物位测量；还可以测高温融熔金属的液位；由于核辐射射线的特性不受温度、压力、电磁场等因素的影响，所以可在高温、烟雾、尘埃、强光及强电磁场等环境下工作。当然，射线对人体有害，应注意实行安全防护措施。常用的放射源有 60Co（半衰期 5. 26 年）和）137Cs（半衰期 32. 2 年）。

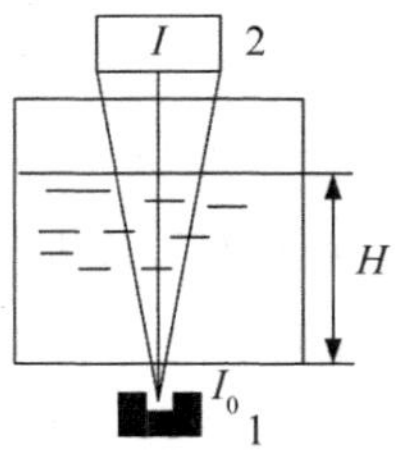

1—射线源；2—接收器

图 4-27 核辐射物位计示意图

五、超声波物位计

（一）基本原理

超声波物位计是利用超声波的各种特性来进行物位测量的。各种介质对声波的传播都呈现一定的阻抗，声阻抗与介质的密度及弹性有关，一般液体的声阻抗比空气大两千多倍，金属的声阻抗比水又大十几到几十倍。当声波作用到两种介质的分界面上时，如果两介质的声阻抗相差很大，则会从分界面上反射回来，仅有一小部分能透过分界面继续传播。只有在两种介质声阻抗相等的情况下，声波的传播才能完全透射。声阻抗还影响超声波在介质中传播时衰减量的大小，在气体中传播的衰减最大，在固体中的衰减最小。利用超声波的这些特性，可以构成两类物位测量方法，即透射式和反射式。无论透射式还是反射式，都需要超声波的产生和接收。产生（发射）超声波和接收超声波的器件称为超声探头（换能器），是利用压电元件构成的。发射超声波利用压电材料的逆压电效应，将电能转换为机械能（超声波）；接收超声波利用压电材料的正压电效应，将机械波能转换为电能（电信号）。发射和接收两探头的结构是相同的，只是工作方式不同。超声波物位检测仪表按照传声介质不同，可分为气介式、液介式和固介式三种，按探头的工作方式可分为自发自收的单探头方式和收发分开的双探头方式。相互组合可以得到 6 种超声波物位仪表。作为检测用超声波的频率一般为 40 kHz，超声波形主要有脉冲式和连续波式两种，单探头工作只能采用脉冲式超声波。

透射式在物位测量中，一般是利用液位高低的不同其声阻抗具有的显著差别作为超声液位开关，产生开关量信号，作为液位高、低限报警信号或联锁信号使用。反射式是检测发射波和反射波的时间差，从而计算出物位高度。反射式测量方法又分为气介式、液介式和固介式三种。气介式即超声波探头安装在液面以上的气体介质中，垂直向下发射和接收；液介式则是将超声波探头安装在液体的最低位置，探头发出的超声波在液体中传至液面再反射回来。探头到物位的高度 h

可用下式来表示

$$h = ct/2 \tag{4-20}$$

式中：c 为超声波在被测介质中的传播速度（即声速）；t 为超声波从探头到液面的往返时间。对于一定的介质，c 是已知的，因此，只要测得时间即可确定被测物位高度 h。

（二）反射式超声波液位计

1. 液介式液位计

液介式液位计的探头安装于容器底部，靠液体传递声波。由于声波在介质中的传播速度与介质密度有关，而密度又是温度压力的函数，因此，当温度压力变化时，声速 c 也要发生变化。所以在实际测量中，必须对声速进行校正，以保证测量精度。

校正的方法有多种，如图 4-28 所示为液介式超声液位测量原理框图，是一种活动校正具法。浮子随液位漂浮在液体表面上，它带动装有反射靶的摆杆，可以绕下端支点摆动。摆杆上还装有一个校正用的探头，它所发射的超声波经反射靶反射到校正探头，用来测定声速 c，因为距离 L_0 已知，根据声波在反射靶和探头之间往返一次所需时间，由式（4-20）可求得实际声速。由于摆杆随液位高低倾斜，所测声速是液体上、下层声速的平均值，避免了因上、下层温度不同，造成密度不等所引起的声速测量误差。利用校正方法测得平均声速后，探头 5 向上方发射超声脉冲，并接收液面反射回来的声波，根据所测出的往返时间 t 和平均声速 c，由式（4-20）可计算出液位高度 h。

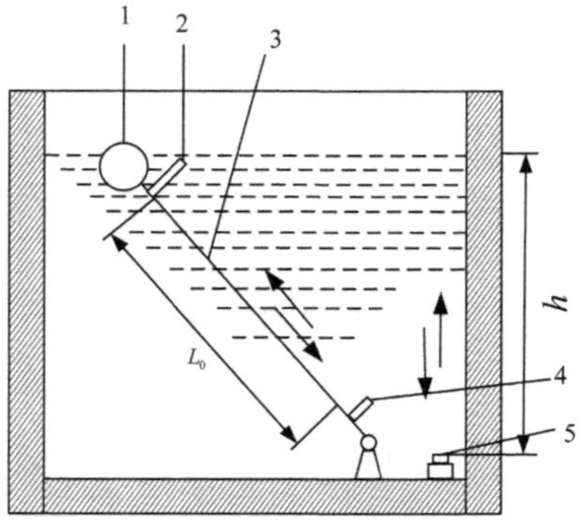

1—浮子；2—反射靶；3—摆杆；4—校正探头；5—测量探头

图 4-28　液介式超声液位测量原理框图

2. 气介式液位计

气介式液位计的探头安装在液面以上的气体介质中，是一种非接触的测量方法。比较适用腐蚀性介质、高黏度及含有颗粒杂质介质的液位测量。它可以是单探头结构（发射和接收用同一个换能器），也可以是双探头结构。

图 4-29 所示为双探头结构的液位计原理框图，分别采用了发射换能器和接收换能器，时钟电路定时触发振荡输出电路，向发射换能器输出超声电脉冲，同时触发计时电路开始计时。当发射换能器发出的超声波经液面反射回来时，被接收换能器收到并变成电信号，经放大整形后，去再次触发控制计时电路。计时电路测得的时差，经运算得到换能器到液面之间的距离仪即空高 $h=ct/2$，c 为气体中的声速。已知换能器的安装高度 L（从液位的零基准面算起），便可求得被测液位的高度 H，即 $H=L-h$，最后在指示仪表上显示出来。

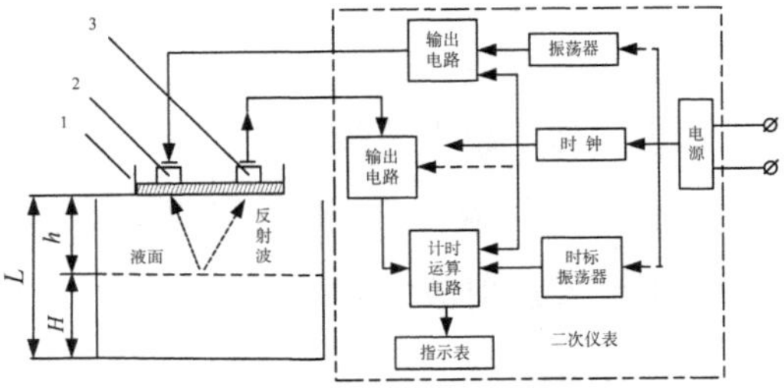

1—超声探头固定装置；2—发射探头；3—接收探头

图 4-29　双探头结构的液位计原理框图

这种气介式液位测量，声速受温度压力的影响较大，因此需要采取相应的修正补偿措施，以避免声速变化所引起的误差。气介式液位计也可用于料位测量，但颗粒尺寸和安息角（粉粒体在堆积状态下不滑坡的最大倾角）应尽量小，否则表面不平整，使得超声波散射严重，不能有效接收回波。

（三）透射式超声液位开关

如图 4-30 所示，探头部分有一缝隙，剖视内部如图 4-30（b）所示。窄缝的两面内侧有发射换能器 2 和接收换能器 1，放大电路 3 可形成闭环振荡，功率放大电路 4 提供输出信号。

当窄缝被液体浸没时，两介质（固体与液体）的声阻抗差别较小，透射能力增强，超声波的能量足以透过窄缝被接收换能器检测，经过放大后供给发射换能器，其输入与输出形成一个正反馈的振荡回路，持续振荡。同时功率放大电路输出使继电器释放（或吸合），输出一个信号；当液位下降后，窄缝中是气体，由于气体的声阻抗较小，两介质（固体与气体）声阻抗差别较大，则反射能力增强，大部分声波被反射，接收到的声能太少，放大电路的正反馈就不存在，不能维持连续振荡，功放的输出使继电器吸合（或释放），产生报警信号。

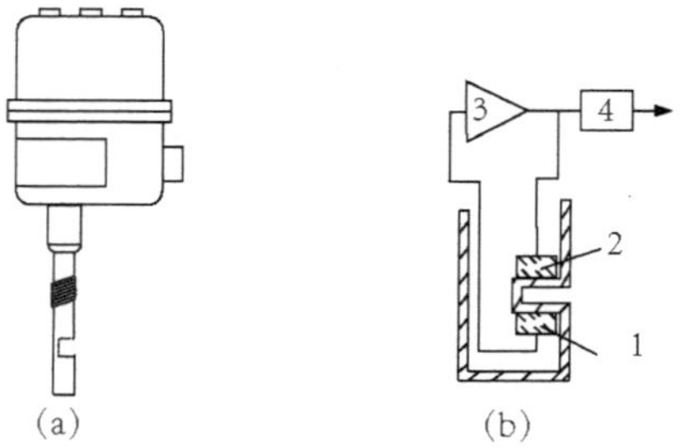

1—接收换能器；2—发射换能器；3—放大电路；4—功率放大电路

图 4-30 窄缝式超声波

六、雷达液位计

（一）工作原理

雷达液位计的工作原理类似于超声波气介式的测量方法。以光速 c 传播的超高频电磁波经天线向被探测容器的液面发射，当电磁波碰到液面后会反射回来。雷达液位计是通过测量发射波及反射波之间的延时 $A_3 = 2h/c$）来确定天线与反射面之间的高度 h，如图 4-31 所示。光速 c 不受介质环境的影响，传播速度稳定。测得延迟时间，则可获得高度 $h = c\Delta t/2$。

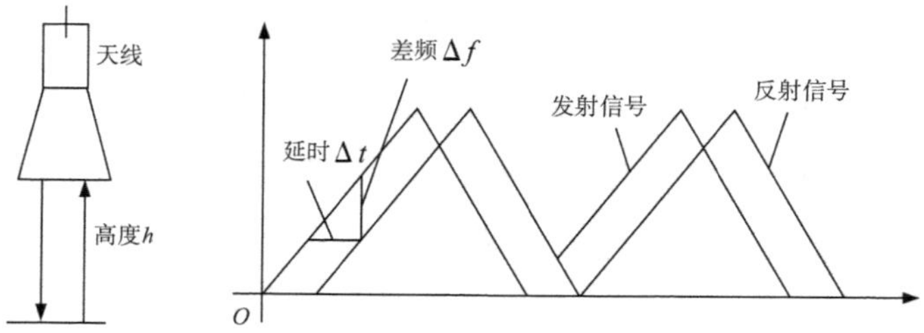

图 4-31

雷达系统不断地发射线性调频（频率与时间呈线性关系）信号，可以得到发射信号频率与反射信号频率之间的差频 Δf，差频正比于延迟时间 t，即正比于空高 h，差频信号经过数据处理，可获得空高值如罐高值与空高值之差即为液位高度值。

（二）雷达液位计的组成

雷达液位计由探测器和显示器组成，如图 4-32 所示（以 BL-30 为例）。

探测器安装在设备顶部，由电子部件、波导连接器、安装法兰及喇叭形天线组成。电子部件包括振荡器、调频器、混频电路、差频放大器、A/D 转换器等。

显示器为盘装型，由计算单元、显示单元及电源部分组成。探测器与显示器之间用一根多芯屏蔽专用电缆连接，其作用是向探测器提供 24VDC 电源，并将

A/D 转换信号送至显示器。由振荡器产生 10 GHz 的高频振荡，经 U_m 线性调制电压调制后，以等幅振荡的形式，通过耦合器及定向通路器，由喇叭形天线向被测液面发射电磁波，经液面反射回来又被天线接收。回波通过定向通路器送入混频电路，混频电路接收到发射波回波信号后产生差频信号。差频信号通过差频放大器放大，经 A/D 转换后送到计算单元进行频谱分析，即通过频差和时差计算出液位高度，并由显示单元显示出来。

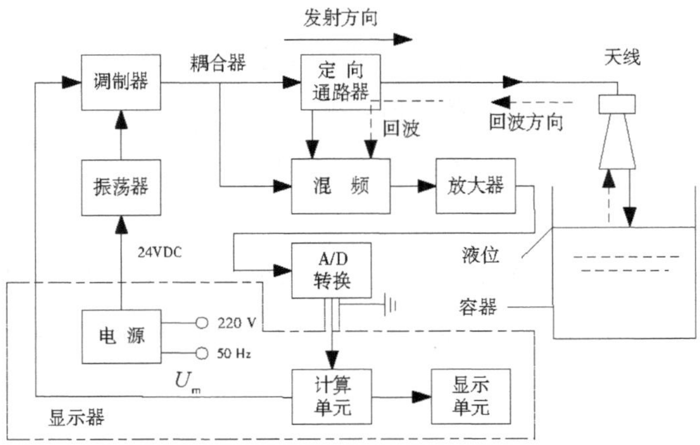

图 4-32 雷达液位计原理框图

雷达液位计是通过计算电磁波到达液体表面并反射回接收天线的时间来进行液位测量的。与超声波液位计相比，由于超声波液位计声波传送的局限性，雷达液位计的性能大大优于超声波液位计。超声波液位计探头发出的声波是一种通过大气传播的机械波，大气成分的构成会引起声速的变化，例如液体的蒸发汽化会改变声波的传播速度，从而引起超声波液位测量的误差。而电磁波的传送则没有这些局限性，它可以在缺少空气（真空）或具有汽化介质的条件下传播，并且气体的波动变化不影响电磁波的传播速度。雷达液位计采用非接触测量的方式，没有活动部件，可靠性高，平均无故障时间长达 10 年，不污染环境，安装方便。适用于高黏度、易结晶、强腐蚀及易爆易燃介质，特别适用于大型立罐和球罐等液位的测量。

雷达液位计按天线形状（天线的外形决定微波的聚焦和灵敏度）分为喇叭口形和导波形两类，由于天线发射的是一种辐射能微弱的信号（约 1 mV），在传播过程中会有能量衰减，自液面反射的信号强度（振幅）与液体的介电常数有关，介电常数低的非导电类介质反射回来的信号非常小；这种被削弱的信号在返回安装于储罐顶部的接收天线途中，能量会被进一步削弱；当液面出现波动和泡沫时，信号散射脱离传播途径或吸收部分能量，从而使返回到接收天线的信号更加弱小。另外当储罐中有混合搅拌器、管道、梯子等障碍物时，也会反射电磁波信号，从而会产生虚假液位，因此喇叭口形主要用于波动小、介质泡沫少、介电常数高的液位测量；导波形是在喇叭口形的基础上增加了一根导波管，安装如图 4-33 所示，可使电磁波沿导波管传播，减少障碍物及液位波动或泡沫对电磁波的散射影响，用于波动较大、介电常数低的非导电介质（如烃类液体）的液位测量。

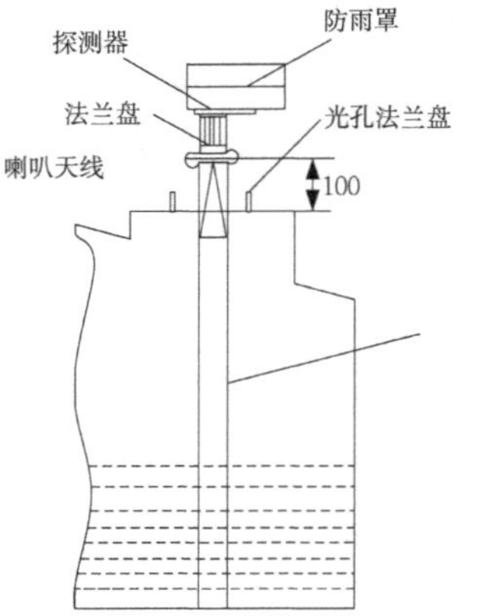

图 4-33　导波管安装示意图

精度可达 0.25 级，工作温度范围为 -200～230 ℃，工作压力≤40 MPa，测量范围为 0～40 m，采用不同的安装方式可以满足不同形式储罐的测量要求。

第五节　成分检测

一、概述

在化工生产过程中，特别是存在化学反应的生产过程中，仅根据温度、压力、流量、液位等变量进行检测与控制，以稳定工艺条件是不够的。例如，在合成氨生产中，仅控制合成塔的温度、压力、流量，并不能保证最高合成效率，还必须同时分析进气的化学成分，控制其中的氢气和氨气的最佳比例，才能获得较高生产率。又如在锅炉燃烧控制中，固定不变地控制燃料与空气的比例，不能得到最好的燃烧效果。由于燃料成分变化，甚至发生因空气太少，燃烧不充分而浪费燃料的情况，就是因空气过剩，白白地带走大量热量。因此，必须不断地对烟道气中的某些组分进行分析，从而对燃烧过程进行控制，实现燃烧优化，以节省燃料。自动成分分析仪表不仅对保证生产的高质量、高效率是必要的，对保证人民的健康和生产安全也是必需的。例如，在化工厂中，当空气中某些气体成分比例高到一定限度时，便会污染环境，危害人的身体健康或引起爆炸，因此，对这些环境必须使用自动成分分析仪表，对某些成分进行连续的监测和报警。

在化工生产过程中，成分是最直接的控制指标，因此，近年来得到较快的应用和发展。它广泛地用于化工、轻工、炼油、冶金等部门。对于各种物质成分和含量及其某些物理性质进行测量的仪器称为分析仪器。由于分析仪器所涉及的物理原理、化学原理广泛而复杂，其分类方法也各不相同。现按使用场合不同，将用于实验室的称为实验室分析仪器；用于生产流程的称为自动成分分析仪器，或称为流程分析仪器、在线分析仪器等。按分析组分不同，有单组分和多组分分析仪器之分。目前用得较广的是按其作用原理分类，可分为：电化学式分析仪器（包括电导式、电量式、电位式）、热学式分析仪器（包括热导式、热化学式、热谱式）、磁分析仪器（如磁氧分析器、磁共振波谱仪）、光学式分析仪器（包括吸收式、发射式等）、射线分析仪器（包括 X 射线、放射性同位素分析仪）、色谱仪（包括气相谱、液相色谱）、电子光学和离子光学式分析仪器（如电子探针、质谱计和离子探针等）、物性测定仪（如 pH 计、水分计、密度计、黏度计、闪点仪）及其他等九类。

几种常用自动成分分析仪器的基本原理及主要用途见表 4-3。

表 4-3 几种常用自动成分分析仪器基本原理及主要用途

分析仪器名称	测量原理	主要用途
热导式气体分析器	气体导热系数不同	混合气体中 H_2、CO、CO_2、NH_3
磁氧分析器	气体磁化率不同	混合气体中 O_2
氧化锆氧分析器	高温下氧离子导电性能	烟道气中含氧量
红外线气体分析器	各种气体对红外线吸收的差异	分析气体中 CO、CO_2、CH_4、C_2H_2
工业光电比色计	有色物质对可见光的吸收	有色物质的浓度、Cu^{2+}浓度
紫外线气体分析器	各种气体对紫外线吸收的差异	空气中 Hg、Cl_2、O_3、苯等
工业气相色谱仪	各种气体分配系数的不同	各种气体中多组分
电导式分析器	溶液电导随浓度变化的性质	酸、碱、盐浓度、水中含盐量、CO_2 等
工业 pH 计	电极电热随 pH 值变化的性质	酸、碱、盐水溶液的 pH 值

自动成分分析仪器虽然种类繁多，结构复杂，但它们都是由一些基本环节组成，如图 4-34 所示。

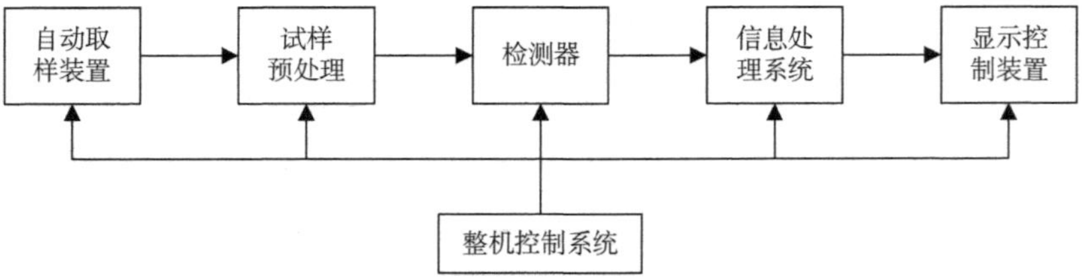

图 4-34　自动成分分析仪器组成框图

自动取样装置的任务是将被测试样自动、快速地取到仪器主机处。试样预处理装置的主要任务是对气体或液体试样进行过滤、分离、干燥、稳压等操作，为检测器提供有代表性的、干净的、符合技术要求的样品。检测器（又称发送器、传感器）是自动成分分析仪器的核心，其主要任务是根据某种物理或化学原理把被测组转换成电信号。信息处理系统的任务是对检测器输出的微弱信号进行放大模数转、各种数学运算、非线性补偿等信息处理，然后将结果送至显示控制装置。显示控制装置的任务是用模拟表头、数字显示器或屏幕显示器显示出被测成分量的数值。若被测成分量超过或低于工艺要求的数值时，装置将发出报警或控制信号，以保证该系统的安全和正常运行。整机控制系统的任务是控制各个部分自动而协调地工作，自身能自动调零、校准，有故障时能显示、报警或自动处理。以上 6 个部分是就较大型的自动成分分析仪器而言，有些自动成分分析仪器就不一定都包括以上 6 个部分，如工业酸度计，它的检测器直接放入试样中，不需要自动取样和预处理装置。也有些自动成分分析仪器根据工作原理和使用场合不同，还需要一定的辅助装置，如恒温控制器、电源稳定装置，以及防震、防爆装置等。

二、热导式气体分析器

热导式气体分析器是使用最早的物理式气体分析器之一。它常用于分析混合气体中 H_2、CO_2、NH_3、SO_2 等组分的百分比含量。这种分析仪器具有结构简单、工作稳定、体积小等优点，是目前化工生产过程中使用较多的气体分析器之一。它的基本原理已用于气相色谱仪，用作多组分通用检测器。

（一）工作原理

任何一个发热物体的热量都是通过传导、对流和辐射三种方式进行热量传递。当两种物体接触时，热量就会从温度高的物体传向温度低的物体，这种现象称为热传导。在热传导过程中，气体和固体一样，不同的气体由于其导热系数不同，热传导的速率也不同。导热系数大的传热快，导热系数小的传热慢。经实验测定，气体中氢气的导热能力最强，其导热系数约为空气的 7 倍，而二氧化碳气体的导热系数只有空气的 60%左右。气体的导热系数除与气体的性质有关外，还与温度有关，导热系数与温度的关系可近似地表示为

$$\lambda = \lambda_0(1 + \beta t) \tag{4-21}$$

式中：λ_0——0 ℃时气体的导热系数；

β——0 ℃时导热系数的温度系数；

t——摄氏温度；

λ——t ℃时气体的导热系数。

（二）热导检测器

由于气体的导热系数很小，直接用物理学的方法进行测量较困难。在工程上，通常用热导池来检测混合气体的导热系数。

热导池。其腔体一般是由金属制成的长圆柱体的小室。室内装有一根很细的铂或钨电阻丝，电阻丝与腔体之间有良好的绝缘。被测的混合气体从热导池的下端进入，上端流出。当电阻丝有恒定电流流过时，电阻丝发热，其温度 t_n 将大于室壁的温度 t_c，电阻丝上的热量将通过混合气体向室壁传递。若室壁温度 t_n 是恒定的（一般热导池是放在恒温装置中）。那么电阻丝热平衡时的温度 t_n 就由气体的导热系数决定。当混合气体的导热系数越大，散热条件越好，电阻丝平衡温度 t_n 越低，电阻丝的电阻值 R_n 变化也就越大。反之，混合气体的导热系数越小，电阻丝的电阻值变化就越小。这样，通过对电阻丝电阻变化的测量就间接地测量到混合气体的导热系数的变化，也就测出了被测气体组分的变化。为了突出气体热传导作用，减少测量误差，热导池在结构上采取如下措施。使电阻丝的温度 t_n 不超过 150 ℃，以减小辐射方式的热损失。小室直径做得很小，气流方向与对流方向一致，大大减小对流传热损失。运至热导池的被测气体的流量尽量小而恒定，气体的温度应控制在一定范围内，以减少由气体直接带入或带出的热量。电阻丝的长度远远大于它的直径，这样，从电阻丝两端传导带走的热量很小。

三、红外线气体分析器

红外线气体分析器属光学式分析仪器的一种，它也是一种物理式分析仪器，是根据不同的组分对不同波长的红外线具有选择性吸收的特性工作的。它与其他仪器相比较具有的优点：测量范围宽，不仅可以分析气体，也可以分析溶液；灵敏度高，能分析的气体浓度可达 ppm 级（百万分之一）；反应速度快、选择性

好。在化工生产过程中，常用来连续自动分析混合物中 CO、CO_2、CH_4、NH_3 等气体浓度。

（一）基本原理

红外线是一种电磁波，其波长范围大致在 0.75~420 μm。红外线气体分析器主要利用 2~10 μm 的一段光谱。红外线和电磁波一样具有反射、折射、吸收和直线传播等特点。当它通过介质时，能被某些分子吸收，吸收的波带取决于分子的结构。由于各种物质的分子本身都有一个特定的振动和转运频率，只有红外线光谱的频率与分子本身的特定频率一致时，这种分子才能吸收红外光谱的辐射能。这种分子吸收辐射能后，可部分转化为热能，使介质温度升高。某种分子只能选择性地吸收与其固有频率相当波长范围的红外辐射能，该波长称为特征吸收波长。从红外光源射出强度为 I_0 的平行红外线，被测组分连续通过气样室时，被测组分就会选择性地吸收其特征波长的辐射能，从容器中射出的红外线的强度减弱为 7（透过光强度）。因此，红外线通过物质前后强度的变化和被测组分浓度的关系服从朗伯贝尔定律。

$$I = I_0 e^{-KCL} \tag{4-22}$$

式中：K——被测组分的吸收系数；

C——被测组分的浓度；

L——光线通过被测组分的吸收层厚度。

由上式可见，当红外光辐射强度 I_0 一定，被分析气样的吸收层厚度 L 一定，对某种确定气体的吸收系数 K 也为常数，则通过被测组分后的透过光强度 I 与待测组分的浓度 C 成单值函数关系。光的强度随被测组分的浓度、吸收层厚度的增加呈指数规律衰减。当浓度很低或吸收层很薄时，即 $KCL \ll 1$ 时，可近似表示为

$$I \approx I_0(1 - KCL) \tag{4-23}$$

就是说只有当 C 和 L 的乘积很小时，透过光强度 I 才和被测组分浓度 C 呈近似线性关系。在一般红外线气体分析器中，为了保证仪表的刻度与浓度之间呈线性关系，必须保证 $KCL \ll 1$ 时，在被测气体固定后，K 为定值，这时只能使 CL 值取得比较小。所以当被测气体的浓度较大时，就要选比较短的测量气室；当被测气体的浓度较小时，就选比较长的测量气室。任何波长的热辐射能被物质吸收后部分地转化为热能，使温度升高，而红外线的热辐射特征特别显著。正因为这个特点，可以利用某种介质将透过光的能量全部吸收，介质温度升高，这样就能将光强转换为温度。温度可以通过热敏电阻、热电堆等元件进行检测。由于温度变化

很小，目前广泛应用的检测器为薄膜电容检测器，它的原理是将温度的变化转化为气体压力的变化，再转换为薄膜电容量的变化，经过放大后将信号指示记录。

综上所述，红外线气体分析法的基本原理是基于某些气体对红外线辐射能具有特定的吸收波长，且吸收能力与该气体的浓度有关。通过对透射能的吸收、转换、测量，便可测被测组分的浓度。

（二）直读式红外线气体分析器的结构原理

红外线分析器有色散（分光）型和非色散（不分光）型两种。色散型的分析能力较强，大多用于实验室做较复杂的气体成分分析。非色散型，即光源发出的连续光谱辐射全部射到被测组分上进行吸收。其结构简单，工业上大多数采用这种形式。工业上红外线分析器可按所测量的光束分为单光束和双光束系统；也可按信号检测系统不同分为直读式和补偿式。我国生产的工业型红外线分析器大多数为非分光直读式，双光束结构。

直读式红外线分析器包括红外辐射源、测量室、参比室、检测器、放大器及记录仪等部分。以被分析的气体为 CO_2，背景气中含有 CO 和 CH_4 为例，来证明一般红外线分析器的结构原理。两个结构性能完全对称的红外灯 1，接通电源后能发射出 2～10 μm 波长的红外线，红外线分别由两抛物面反射镜反射成两束强度相同的平行光。由同步电机 3 带动切光片 2 旋转，它将反射过来的两束红外线按一定周期切断和接通，使两束平行的红外线变成脉冲红外线辐射。其光强为 I。进入检测器两边光强就产生了一个差值。其大小由被测组分浓度决定，与混合气体中的扰动组分无关。检测器内密封有足量的被测 CO_2 气体，中间被一金属薄膜分成左、右两室。另有一固定的金属极板与薄膜形成了一个电容器，当两束红外线分别射入检测器的左、右两室时，参比边的光强大于工作边的光强。检测器中的 CO_2 吸收红外辐射能后，将产生热膨胀，在定容状态下，使左、右两室压力增加。由于左、右两室吸收能量不一样，两室的压力不等，形成压差，压差使弹性薄膜与金属极板距离改变，电容量发生相应变化。由于切光片对光束的调制，该薄膜电容器的电容量将随切光片频率同步变化。

测量电容变化量，这里采用薄膜电容器 C 与电阻 R 和直流电源 E 串联的电路，如图 4-35 所示。当电容处于某平衡位置（静态）时，电容器两端电压 $V_c=E$，电荷量为 Q，即 $V_c=Q/C$。当电容 C 增大时将导致 V_c 减小，这样使 $V_c<E$，于是出现电源电压 E 通过 R 向电容器 C 充电，充电电流 I 在电阻 R 上形成电压降，$V_R=i_1R=E-V_c$。当薄膜反向动作时，电容器减小导致 V_c 增大，这时 $V_c>E$，电容

通过 R 放电，放电电流 i_2 的方向与原充电电流 i_1 的方向相反。

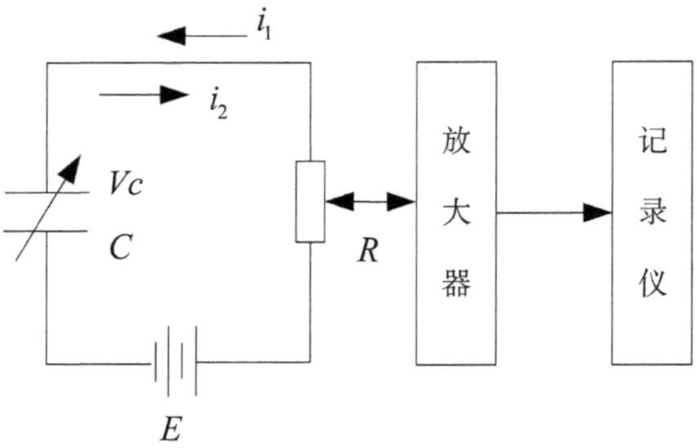

图 4-35 薄膜电容器测量电路

上述分析说明，在薄膜电容器测量电路中，在一定直流电压作用下，由于膜片振动引起的电容量变化，能在回路中产生充电和放电电流，该电流经电阻 R 在其上产生交变电压降，此交变电压降与电容器变化量成正比，变化频率与切光频率一致。交变电压经放大器放大后，记录仪指示记录。

综上所述，两束强度一样经调制后的红外线，经选择吸收后，剩余的能量进入检测器，检测器将被测组分浓度变为成比例的能量差。吸收后转换为热能、温度、压力和电容的变化，变化的电容通过充放电转换成变电压，经放大器放大后输出给记录仪，记录则指示或记录该被测组分的浓度。这就是常用工业红外线气体分析器的工作原理。

四、工业 pH 计

工业酸度计属于电化学分析器，是直接用于生产过程自动测量溶液酸碱度的工业仪表。在生产过程及污水处理中，水溶液的酸碱性对氧化还原反应、结晶、吸附、沉淀等过程都具有很重要的影响。在生产过程中，严格地监视和控制溶液的酸碱性，就可以提高产品质量，降低消耗定额，减少设备腐蚀。

溶液的酸碱性可用氢离子浓度［H^+］的大小来表示。由于弱酸、弱碱溶液中［H^+］浓度很小，计算不方便，因此，化学上常采用［H^+］浓度的负对数来表示溶液的酸碱性，并把它叫作溶液的 pH 值，即 pH=−lg［H^+］，因此，pH 计就是检测溶液中［H^+］浓度（酸碱性）的仪器。

（一）pH 值测量原理

通过化学课程学习我们都知道，任何一种金属插入导电溶液中，在金属与溶液间会产生电极电势，此电极电势与金属的性质，溶液的温度、性质及浓度有关。它们之间的关系用涅恩斯特公式表示为：

$$E = E_0 + \frac{RT}{nF}\ln\frac{\alpha_{氧化态}}{\alpha_{还原态}}$$

式中：E——平衡电极电势，V；

E_0——标准电极电势，V；

R——气体常数，$R=8.314$ J/（mol · K）；

T——力学温度，K；

F——法拉第常数，$F=96\ 485$ C/mol；

N——反应中得失电子数（离子价）；

$\alpha_{氧化态}$——氧化态物质的活度，mol/L；

$\alpha_{还原态}$——还原态物质的活度，mol/L；纯固体的活度为 1，气体用大气表示。

电极电势是一个相对值，一般规定标准氢电极的电热为零，作为比较基准。如果将参比电极和工作电极插入被测溶液中，根据涅恩斯特公式可推导出组成原电池的电势为：

$$E = 2.303\frac{RT}{F}\lg[H^+] = -2.303\frac{RT}{F}pH_x \tag{4-24}$$

式中，pH_x——被测溶液的 pH 值。

将 $T=25$ ℃（298 K）、$R=8.314$ J/（mol · K）、$F=96\ 485$ C/mol 代入式（4-24），则得

$$E = \frac{-2.303\times 8.314\times 298}{96485}pH_x = -0.059\ 1pH_x \tag{4-25}$$

式中，E 为原电池电动势。

由以上讨论可知，测量 pH 值必须用两个电极组成原电池。其中一个电极的电势随被测溶液中的氢离子浓度的改变而变化，称为工作电极或测量电极，另一个电极具有固定的电位，称为参电极。测量原电池的电动势即可测出溶液的 pH 值。工业 pH 计由发送器和测量仪器两部分组成。

（二）测量仪器原理

在现实测量中，由于发送器的内阻很高（玻璃电极内阻为几十 MΩ 到 150 MΩ），在 pH 在 0～14 的全范围所产生的电势只有数百毫伏。如果要达到 0.02pH 的精度，测量仪器就必须准确到 1.2 mV 才能满足需要。如果测量仪器的输入阻抗不能远远大于发送器的内阻，就很难保证测量的精度和灵敏度。这点可

用图 4-36 来说明。图中 E_x、R_i 分别是发送器产生的电动势及内阻，R 是测量仪器的输入阻抗。I 为回路电流，由欧姆定律可知：

$$I=\frac{E_X}{R_i+R} \tag{4-26}$$

在测仪器的输入端，实际测得的电势；

$$E_x{'}=RI=\frac{R}{R_i+R}E_x \tag{4-27}$$

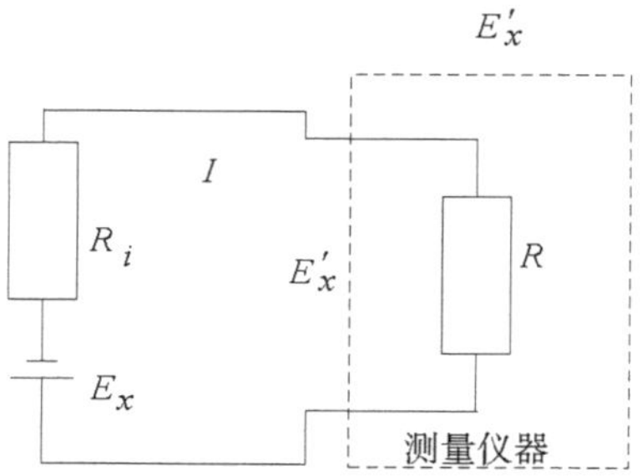

图 4-36　电动势测量原理

可见，只有 $R \gg R_i$ 时，测量仪器的测量值 E_x，才接近发送器产生的电动势 E_x。若要使测量误差为 0.1%，则测量仪器的输入阻抗 R 必须为 R_i 的 1 000 倍，如 $R_i=100\ \text{m}\Omega$，则 $R=1\ 011\ \Omega$。通过分析可知，工业 pH 计的测量部分实质上是一个具有很高输入阻抗的直流放大器，它将发送器产生的高内阻的直流电动势，经过调制放大和解调后，送至指示或记录设备，对 pH 值进行指示或记录。

第六节　气相色谱检测

一、气相色谱分析法

前面介绍的成分分析法，每种只能分析或检测混合物中的一种组分。而在工业生产中，常常需要对某种混合物中的多种组分进行分析和检测。为达此目的，通常采用色谱分析法。该方法是基于各种组分吸附和脱离某种介质的差异情况，得出一系列色谱峰，以反映混合物中各组分的含量。它能分析的组分极广，可以分析各种无机及有机化合物的多种组分混合物样品，是一种高效、快速的分析方法。它的分析过程大致分为三步：

①让被分析样品（气态或液态）在流动载体带动下通过色谱柱，进行多组分混合物的逐一分离；

②由检测器逐一检测通过的各组分物质含量，并将其转换成电信号送到记录装置，得到反映各组分含量的色谱峰谱图；

③对电信号或谱图进行处理并转换成统一标准信号。

在色谱分析中，通常将处于运动状态的物质称为流动相，而将相对静止的物质称为固定相。由于流动相有气相和液相，固定相有固相和液相，所以色谱分析法又分为气-固分析、气-液分析、液-固分析、液-液分析等四种。但由于流动相中的液相可以通过汽化变成气相，所以通常将上述四种分析方法又简称为气相色谱分析法。

二、气相色谱仪的构成及工作流程

气相色谱仪（以气-液为例）的基本构成及工作流程如图 4-37 所示。图中，与待分析气样无物理、化学反应的载气由高压气瓶供给，经减压阀提供恒定的载气流量，再经汽化室将汽化后的待分析气样带入色谱柱进行分离。色谱柱内装有惰性多孔性固体颗粒（称为担体），在其表面涂以高沸点有机化合物的固定液膜，起分离各组分的作用，由此构成液相固定色谱柱。待分析气样在载气带动下流进色谱柱，与固定液膜接触后脱离，使待分析气样中的各组分按时间顺序分离并流过检测器后最终排入大气。检测器将按时间先后分离出的组分信息转换为电信号，经放大后再由记录仪记录为色谱峰，每个峰形的面积即可反映相应组分的含量。

图 4-38 所示为我国自行研制生产的大型精密、安全防爆和在线检测的工业气相色谱仪的系统框图。图中，分析器由汽化室、色谱柱、检测器、温度控制器和加热器等部分组成。程序控制器控制自动取样、多流路切换、多组分识别等操作并变换信号给出标准化电流输出。该色谱仪的测量范围为 0.1%～100%，常规的有机物和无机物均可检测，它由微机控制和数据处理，可分析几十种组分，其输出为 4～20 mADC 和 1～5 VDC 标准统一信号。

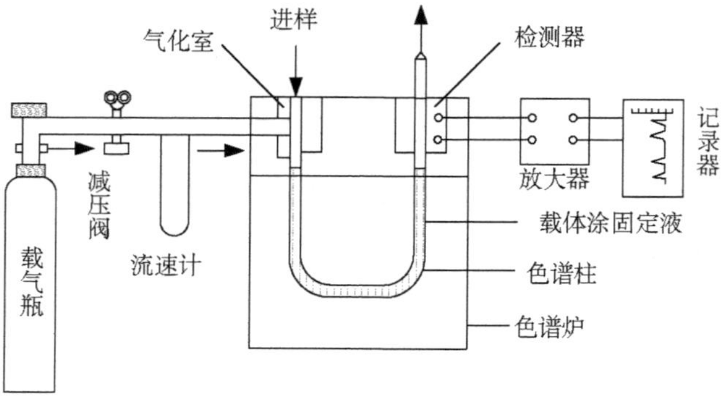

图 4-37 气相色谱仪的基本构成及工作流程

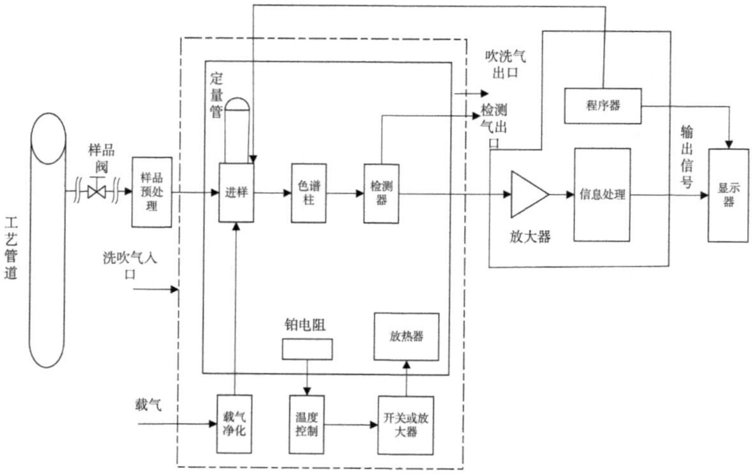

图 4-38 工业气相色谱仪系统框图

第五章

化工过程及自动控制技术

第一节　过程控制概述

一、过程控制介绍

自动控制：在没有人直接参与的情况下，利用控制装置操纵生产机器、设备或生产过程，使表征其工作状态的物理变量（状态变量）尽可能接近人们的期望值（即设定值）的过程，称为自动控制。过程控制：对上述物理变量温度、压力、流量、液位、pH（氢离子浓度）、成分、湿度、厚度等的自动控制，称为过程控制。过程控制系统：为了实现过程控制，以控制理论和生产要求为依据，采用模拟仪表、数字仪表或计算机构成的总体，称为过程控制系统。过程控制的任务和要求：过程控制中的基本问题就是使表征生产设备或过程工作状态的关键变量（过程变量即过程的输出，如图 5-1 所示）能在尽可能长的时间内维持其在期望值附近。所谓关键的过程变量是指那些决定着生产的原始目标的变量。这些目标是：希望的产量和质量；能接受的产品价格；能接受的原材料消耗。

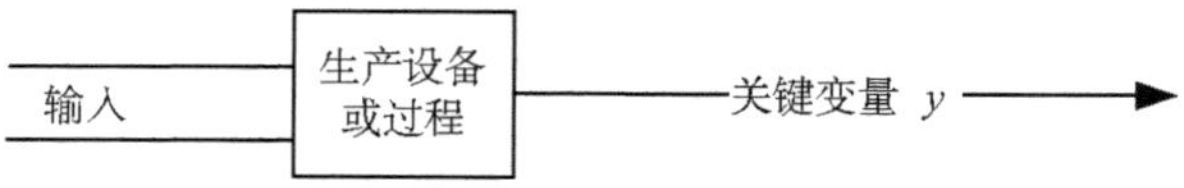

图 5-1　典型生产过程框图

在以安全的方式生产，给环境造成最小危害的条件下达到上述目标就是过程控制的任务和要求。关键变量是不断变化的。为了完成上述任务，当其偏离期望值后必须能让它尽快回复，为此应寻找一个能引起关键变量变化的量（即过程的输入，如图 5-1 所示）。然后再配以合适的控制器，通过对它的操纵使关键变量保持在期望值附近，就可实现上述目的。下面通过图 5-2 所示的锅炉锅筒水位控制系统对上述问题做进一步说明。

锅炉是冶金、机械、石油、化工等许多工业生产过程中不可缺少的动力设备，其产品是蒸汽。为了保证产品的质量，使蒸汽含水量不至于过高，必须使锅筒水位不高于某一值；为了锅筒的安全运行，其水位又不能低于某一值，以防锅筒中的水被烧干而发生严重事故，所以维持锅炉锅筒水位为规定数值是十分重要的。显然锅筒水位就是锅炉设备的关键变量之一，而给水量的变化可以引起锅筒水位的变化，构成的过程控制系统如图 5-2（a）所示。在生产过程中，当蒸汽用量与给水量相等，其水位在规定数值上时，系统处于于稳定状态，控制器输出保持不变，控制阀开度保持不变，当蒸汽用量或给水量发生变化时，其锅筒水位也将发生变化，液位测量变送器将其变化信号传送给控制器，控制器将把该信号与预先设定的期望水位信号进行比较，按其偏差的大小和方向经一定规律运算后向控制阀（执行器）发出控制命令，去改变控制阀的开度，从而改变给水量以使水可见，图 5-2（a）所示过程控制系统是有可能使水位长期维持在期望值附近的。根据上述工作过程，可由控制系统示意图画出控制系统框图，如图 5-2（b）所示。

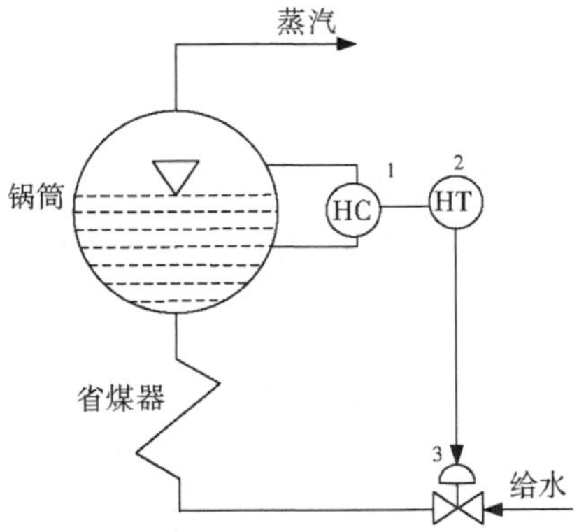

（a）过程控制系统流程图

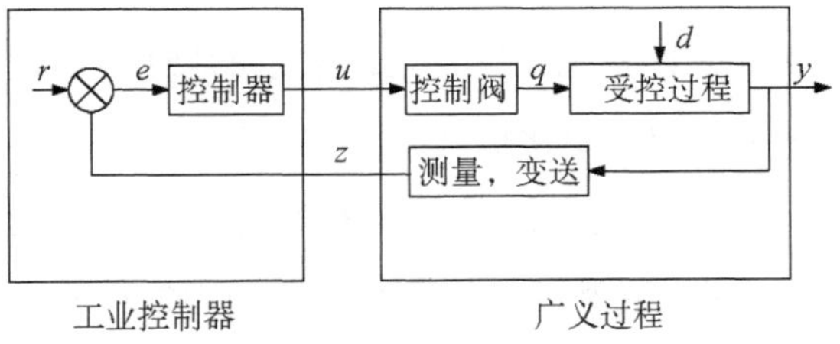

（b）控制系统框图

1—侧位测量变送器；2—液位控制器；3—控制阀（执行器）；

r—设定值；z—测量值；e—偏差；u—控制变量；q—操控变量；y—受控变量；d—干扰

图 5-2　锅炉锅筒水位控制系统

二、过程控制系统的组成及其分类

（一）过程控制系统的组成

由图 5-2 所示系统可见，一个过程控制系统是由工业自动化仪表和受控过程两部分组成的。下面结合图 5-2（b）就有关名词术语进行讨论。系统输出：当要保持在期望的关键变量被实施控制时，该过程变量就为该系统的输出，即受控变量，如图 5-2 所示系统中的锅筒液位。受控过程的输入：凡是能引起系统输出变化的变量均称为该受控过程的输入。如图 5-2 所示系统中的给水量压力的变化、给水流量的变化、蒸汽流量的变化等：这些输入又可进一步分为控制输入和扰动输入，即操纵变量和干扰变量。操纵变量：由控制器发出控制信号通过执行器改变的变量，也常称为内部扰动或基本扰动。该变量的改变将使受控变量趋向并维持在设定值附近，如图 5-2 所示系统中的给水流量。

外部扰动：外部扰动简称扰动或干扰。相对于操纵量而言，所有以其他任何形式影响受控变量的变量均称为干扰。如图 5-2 系统中的给水压力的变化，蒸汽流量的变化等。干扰将使受控变量偏离期望值。可见过程控制的基本任务也可描述为：在控制器控制下，通过操纵变量的改变，克服干扰的影响，使受控变量能在尽可能长的时间内维持在期望值附近。受控过程：受控过程也叫受控对象或被控对象，简称过程或对象。笼统地讲，受控过程即受控制的生产设备或机器。例如热工过程中的加热炉、换热器、锅炉，化工过程中的精馏塔、化学反应器，冶金过程中的高炉、回转炉，机械工业中的热处理炉，等。但是，一个生产设备可能有若干套控制系统，而各自的受控过程并不相同，各个过程既含有该生产设备或机器的不同部分，也可能含有相同部分，就某个系统的过程而言，也许这样定义会更好些，即所谓受控过程就是指影响操纵变量、干扰（即对象输入）与受控变量（即系统输出）之间关系的硬件和软件的集合（这里的软件是指影响这种关系的内在变化机理）。

广义过程：按照受控过程的定义，广义过程可定义为影响控制变量与测量值之间关系的硬件和软件的集合。在图 5-2 所示的系统中就是执行器、受控过程、测量、变送四个环节的串联。这样，过程控制系统又可描述为由控制器和广义过程两部分组成。控制器：图 5-2（b）所示的点画线框内表示的是一个实际的工业控制器，给定值与测量值的比较是在其输入电路中完成的，因此，比较环节是控制器的一部分。在画框图时，控制器是为了使系统结构更加明确而单独画出的。

（二）过程控制系统的分类

过程控制系统的分类方法很多，若按被控参数的名称来分，有温度、压力、流量、液位、成分、pH 值等控制系统；按控制系统完成的功能来分，有比值、均匀、分程和选择性控制系统；按控制器的控制规律来分，有比例、比例积分、比例微分、比例积分微分控制系统；按被控量的多少来分，有单变量和多变量控制系统；按采用常规仪表和计算机来分，有仪表过程控制系统和计算机过程控制系统等。但是最基本的分类方法有以下几种。

1）反馈控制系统。它是过程控制系统中的一种最基本的控制结构形式。反馈控制系统是根据系统被控量的偏差进行工作的，偏差值是控制的依据，最后达到消除或减小偏差的目的。图 5-3 所示的过热蒸汽温度控制系统就是一个反馈控制系统。另外，反馈信号也可能有多个，从而可以构成多个闭合回路，称为多回路控制系统。

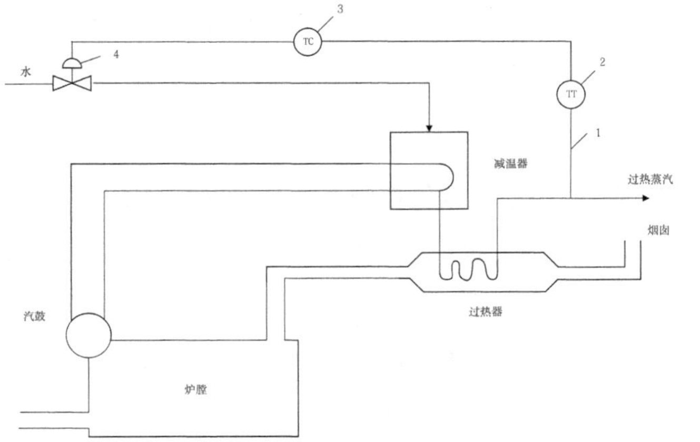

(a)控制流程图

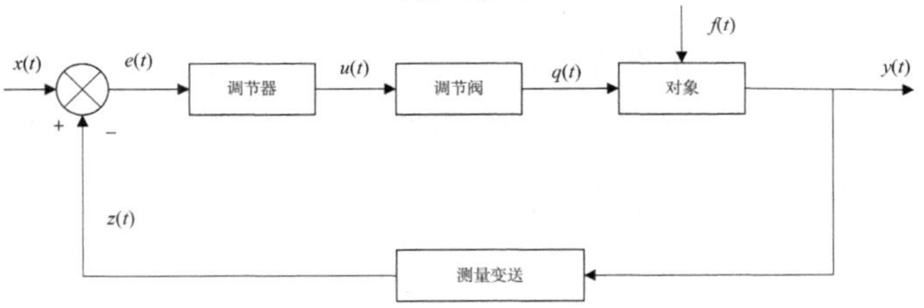

(b)框图

1—热电阻；2—温度变送器；3—温度控制器；4—调节阀

图 5-3 过热蒸汽温度控制系统

2）前馈控制系统。它在原理上完全不同于反馈控制系统。前馈控制是以不变性原理为理论基础的。前馈控制系统直接根据扰动量的大小进行工作，扰动是控制的依据。由于它没有被控量的反馈，所以也称为开环控制系统。

图 5-4 所示为前馈控制系统框图。扰动 $f(t)$ 是引起被控量 $y(t)$ 变化的原因，前馈控制器（FFC）是根据扰动 $f(t)$ 进行工作的，能及时克服扰动对被控量 $y(t)$ 的影响。但是，由于前馈控制是一种开环控制，最终不能检查控制的精度，因此，在实际工业自动化生产过程中是不能单独应用的。在工业生产过程中，前馈-反馈控制系统（复合控制系统）引起被控参数变化的扰动是多种多样的。开环前馈控制的最主要的优点是能针对主要扰动及时、迅速地克服其对被控参数的影响；对于其余次要扰动，则利用反馈控制予以克服，使控制系统在稳态时能准确地使被控量控制在给定值上。在实际生产过程中，将两者结合起来使用，充分利用开环前馈与反馈控制两者的优点，在反馈控制系统中引入前馈控制，从而构成

前馈-反馈控制系统，它可以大大提高控制质量。

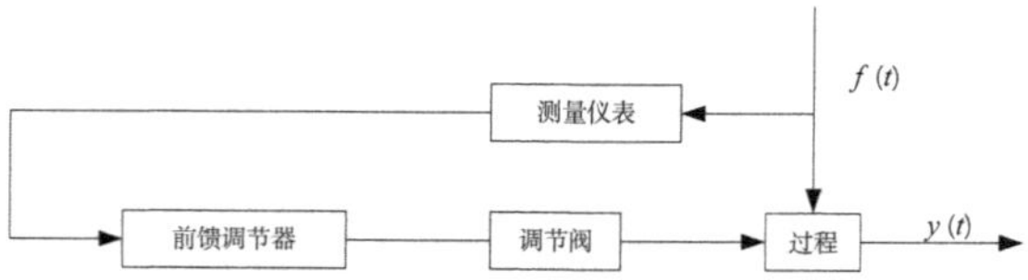

图 5-4 前馈控制系统框图

3）定值控制系统。所谓定值控制系统就是系统被控量的给定值保持在规定值不变，或在小范围附近不变。定值控制系统是过程控制中应用最多的一种控制系统，这是因为在工业生产过程中大多要求系统被控量的给定值保持在某一定值，或在某很小范围内不变。例如过热蒸汽温度控制系统、转炉供氧量控制系统均为一个定值控制系统。对于定值控制系统来说，由于 $\Delta x=0$，引起被控量给定值变化的是扰动信号，所以定值系统的输入信号是扰动信号。

4）程序控制系统。它是被控量的给定值按预定的时间程序变化工作的控制系统。控制的目的就是使系统被控量按工艺要求规定的程序自动变化。例如同期作业的加热设备（机械、冶金工业中的热处理炉），一般工艺要求加热升温、保温和逐次降温等程序，给定值就按此程序自动地变化，控制系统按此给定程序自动工作，达到程序控制的目的。

5）随动控制系统。它是一种被控量的给定值随时间任意变化的控制系统。其主要作用是克服一切扰动，使被控量快速跟随给定值而变化。例如在加热炉燃烧过程的自动控制中，生产工艺要求空气量跟随燃料量的变化而成比例地变化，而燃料量是随生产负荷而变化的，其变化规律是任意的。随动控制系统就要使空气量跟随燃料量的变化而变化，自动控制空气量的大小，达到加热炉的最佳燃烧。

三、过程控制系统的性能指标

对于每一个定值控制系统而言，当设定值发生变化或受到外界干扰时，要求被控量能平稳、迅速和准确地趋近或回复到设定值。因此，通常在稳定性、快速性和准确性三个方面提出各种单项性能指标和综合性能指标。

（一）单项性能指标

过程控制系统的单项性能指标又有时域和频域之分，现以时域为例说明其确定方法。系统的单项时域性能指标通常根据设定值做阶跃变化时的过渡过程特性确定。其单项时域指标包括衰减比（或衰减率）、超调量、最大动态偏差、残余偏差

(也称稳态误差或静差)、调节时间和振荡频率等，现结合图 5-5 加以说明。

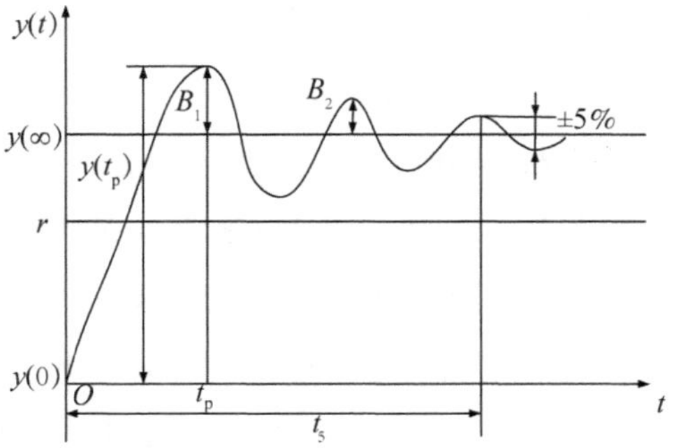

图 5-5 设定值做阶跃变化时的过渡过程特性

1. 衰减比

衰减比 n 是衡量系统振荡过程衰减程度的指标，它定义为两个相邻的同向波峰值之比，即

$$n=\frac{B_1}{B} \tag{5-1}$$

衡量衰减程度的另一指标是衰减率，它定义为一个周期后波动幅度衰减的程度，即

$$\varphi=\frac{B_1-B_2}{B} \tag{5-2}$$

理论计算表明，衰减比与衰减率有单值对应关系，如衰减比为 4 : 1 时，则衰减率为 0.75。为了保证过程控制系统有一定的稳定裕度，一般要求衰减比为 4 : 10 到 10 : 1，则对应的衰减率为 0.75~0.9。具有这种衰减过程的系统，其过渡过程大约经过两个周期以后即接近稳态值。

2. 最大动态偏差和超调量

最大动态偏差是指在设定值阶跃响应中，系统过渡过程的第一个峰值超出稳态值的幅度，最大动态偏差占被控量稳态值的百分比称为超调量，即

$$\sigma=\frac{y(t_p)-y(\infty)}{y(\infty)} \tag{5-3a}$$

$$\sigma=\frac{1}{\sqrt{n}}\times 100\% \tag{5-3b}$$

对于二阶振荡系统，控制理论已经证明，超调量 σ 与衰减比 n 有单值对应关系，即残余偏差残余偏差，是指过渡过程结束后，被控量新的稳态值 $y(\infty)$ 与设定值 r 之间的差值，它是控制系统的稳态指标，即

$$e(\infty)=r-y(\infty)$$

在定值控制系统中，由于 $r=0$，从而有 $e(\infty)=-y(\infty)$。

3. 调节时间、峰值时间和振荡频率

调节时间是指系统从干扰开始到被控量进入新稳态值的±5%（或±2%）范围内所需的时间，通常以 t_s 表示。峰值时间是指系统从干扰开始到被控量达到最大值时所需的时间，通常用 t_p 表示。调节时间与峰值时间均是衡量控制系统快速性的重要指标，通常要求它们越短越好。在相同衰减比下，振荡频率越高，调节时间与峰值时间越短。因此，振荡频率在一定程度上也可以作为衡量控制系统快速性的指标之一。

（二）综合性能指标

系统的综合性能指标是在基于偏差积分最小的原则下制定，用以衡量控制系统性能“优良度”的一些指标。这些指标只适用于衰减、无静差系统，常用的有以下几种：

偏差绝对值积分 *IAE*，*IAE* 可表示为

$$IAE=\int_0^{\infty}|e(t)|\mathrm{d}t\rightarrow\min \tag{5-4}$$

该性能指标使用广泛，但用计算机实现时不太简便。

偏差二次方积分 *ISE*，*ISE* 可表示为

$$ISE=\int_0^{\infty}e^2(t)\mathrm{d}t\rightarrow\min \tag{5-5}$$

该性能指标着重抑制过渡过程中大的偏差和过渡过程时间过长。以上各式中，$e(t)=y(t)-y(\infty)$。不同的积分公式意味着评价过渡过程优良程度的侧重点不同。误差积分指标存在的缺点是不能保证控制系统具有合适的衰减率。因此，通常先确定衰减率，然后再考虑使某种误差积分为最小。

第二节　自动控制原理基础

一、概述

现今，反馈一词已经是大众传媒广泛使用的普通词汇，不再是电子、无线电

和控制系统的一个专业词汇。但是按照狭义的定义，反馈就是把系统的输出信号回送到系统的输入端，与其他输入信号一起再作用于自身系统。系统是局部单元、部件、组合，或者是再组合和再集合，于是系统就有子系统，孙系统……，系统有大小之分，犹如“文件夹”，是可以一层套一层的。反馈的目的是观察系统的输出是否得到预期的希望或精度，以便系统内置的调节功能采取与之相适应的动作。显然，若系统合理且动作恰当，系统的输出会得到预期的希望；若系统有问题或者动作不恰当，可能得不到预期的希望，甚至事与愿违。即便系统输出得到了预期的希望，如果代价太大或稳定性不够，也不能算是成功的。反馈系统设计和组合合理与否的一个重要判断就是看整个闭环控制系统形成了负反馈还是正反馈。

1. 负反馈

负反馈是使系统输出信号稳定地趋于预期的希望值，或者使系统的被控变量与给定值之差减小的反馈。一个典型的负反馈例子已经在第 1 章的水槽液位控制系统中阐述了。无论是大大小小的社会系统、经济系统，还是工业控制系统等，大多采用负反馈系统。因此，自动控制原理也称为反馈控制原理。

2. 正反馈

正反馈与负反馈恰恰相反，它不是使系统输出信号稳定地趋于预期的希望值，或者使系统的被控变量与给定值之差减小的反馈。也就是说，正反馈可能使系统输出达到极限值，甚至使系统崩溃。显然，控制系统和大多数系统都应避免出现这种正反馈现象。但是正反馈并不是一无是处的，如人体的某些生理反应、电子振荡器的振荡产生和炸弹的爆炸等都是正反馈的使用实例。

二、系统数学描述

（一）传递函数

如果要定量分析和设计一个控制系统，必须具有高等数学的基本知识。常用的数学概念是传递函数，常用的数学方法是微分方程、拉普拉斯变换和矩阵。传递函数是描述某个单元的输入-输出或者整个控制系统的输入-输出之间的数学关系。先考虑某个环节或单元，并且只有一个输入和输出之间的关系，其方块图如图 5-6 所示。

如果已知描述该系统输入-输出关系 $y=f(x)$ 的微分方程为

$$a_2\frac{d^2y}{dx^2}+a_1\frac{dy}{dx}+a_0=b_1x \tag{5-6}$$

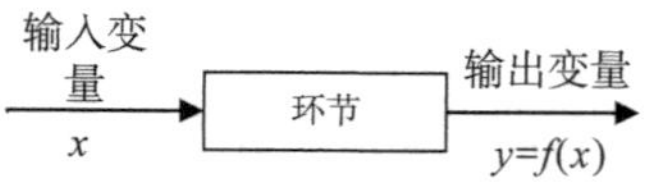

图 5-6 单输入-单输出系统

对式（5-6）进行拉普拉斯变换（假设初始条件为零），得

$$a_2s^2Y(s)+a_1s^2Y(s)+a_1sY(s)+a_0Y(s)=b_1sX(s)+b_0X(s) \quad (5-7)$$

把式（5-7）表示为输入-输出的比值，得

$$\frac{Y(s)}{X(s)}=\frac{b_1s+b_0}{a_2s^2+a_1s+a_0} \quad (5-8)$$

方程（5-8）中的 $Y(s)/X(s)$ 就称为环节或系统的传递函数。

图 5-6 所示的传递函数又被称作开环传递函数。

（二）拉普拉斯变换

从本质上来说，控制系统是一个动态过程，即是时间 t 的函数。一个环节，例如两个水槽串联起来，流量液位环节的动态特性，即数学模型，就是一个二阶常微分方程，如方程（5-6）所示。如果其他环节的数学模型也用微分方程来表示，那么，整个控制系统的数学模型将会是一个更高阶的微分方程。显然，这将给整个控制系统的求解、定量分析和设计带来困难。拉普拉斯变换是一个很有用的工具，它将时域（t 域）的函数变换为复域（s 域）的函数，例如可把微分方程变换为相对简单的代数方程，以带来运算和分析的方便。本书不做严格的数学定义、证明和推导，完全从实用的角度介绍一些常用的拉普拉斯变换和数学公式。

1. 拉普拉斯变换的定义

设 $f(t)$ 为时域函数，且当 $t<0$ 时，$f(t)=0$；s 为复变量，$F(s)$ 也称为拉普拉斯算子，$F(s)$ 为复域函数；£ 为拉普拉斯变换的运算符号。$f(t)$ 的拉普拉斯变换定义为

$$£\ [f(t)]=F(s)=\int_0^{\infty}f(t)\mathrm{e}^{-st}\mathrm{d}t$$

2. 常用函数的拉普拉斯变换

（1）阶跃函数（见图 5-7）

阶跃函数定义为

$$\begin{cases} f(t)=0(t<0) \\ f(t)=A=\text{常数}(t\geqslant 0) \end{cases}$$

把式（5-8）代入式（5-7），可得阶跃函数的拉普拉斯变换为

$$£\ [f(t)] = F(s) = \frac{A}{s} \tag{5-9}$$

$A=1$ 时的阶跃函数称为单位阶跃函数，此时的拉普拉斯变换为

$$£\ [f(t)] = F(s) = \frac{1}{s}$$

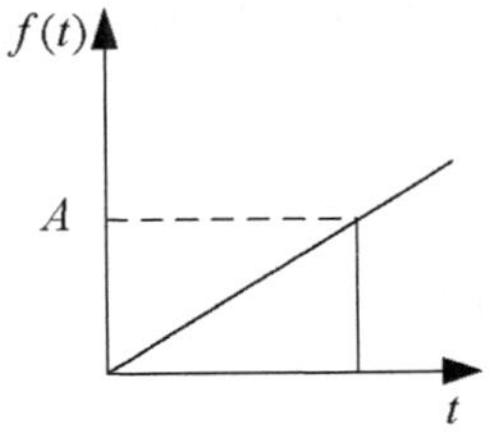

图 5-7　阶跃函数

（2）斜坡函数（见图 5-8）

$$\begin{cases} f(t) = 0(t < 0) \\ f(t) = A(t \geqslant 0) \end{cases} \tag{5-10}$$

$$£\ [f(t)] = F(s) = \frac{A}{s^2}$$

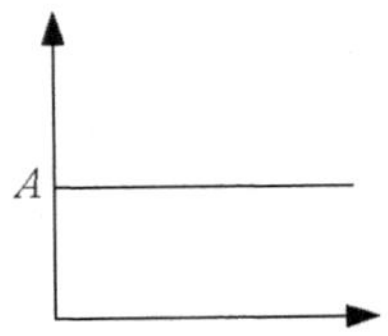

图 5-8　斜坡函数

（3）脉冲函数（见图 5-9）定义为

$$\begin{cases} f(t) = \lim\limits_{t_0 \to 0} \dfrac{A}{t_0}(0 < t < t_0) \\ f(t) = 0(t < 0,\ t > t_0) \end{cases} \tag{5-11}$$

脉冲函数的拉普拉斯变换为

$$£\ [f(t)] = F(s) = A \tag{5-12}$$

$A=1$ 时的脉冲函数称为单位脉冲函数，此时的拉普拉斯变为

$$£\ [\delta(t)] = F(s) = 1 \tag{5-13}$$

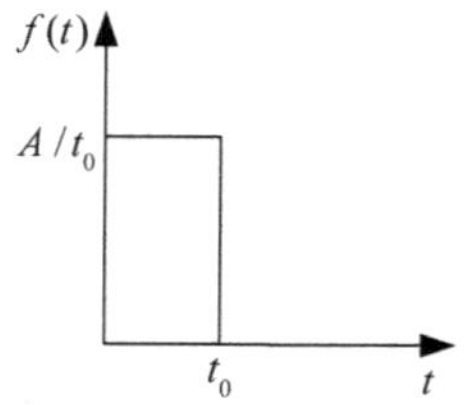

图 5-9 脉冲函数

3. 微分定理

$$£\left[\frac{\mathrm{d}}{\mathrm{d}t}f(t)\right]=sF(s)-f(0) \tag{5-14}$$

如果 $f(0)=0$，则

$$£\left[\frac{\mathrm{d}}{\mathrm{d}t}f(t)\right]=sF(s) \tag{5-15}$$

如果 $f(0)$ 及其各阶导数的所有初值都为 0，则

4. 积分定理

$$£\left[\int f(t)\mathrm{d}t\right]=\frac{1}{s}F(s)-\frac{1}{s}f^{-1}(0) \tag{5-16}$$

$f^{-1}(0)$ 是 $\int f(t)\mathrm{d}t$ 在 $t=0$ 时的值，如果 $f^{-1}(0)=0$，则

$$£\left[\int f(t)\mathrm{d}t\right]=\frac{1}{s}F(s) \tag{5-17}$$

5. 线性定理

$$£\ [Af(t)]=AF(s) \tag{5-18}$$

$$£\ [f_1(t)\ \pm f_2(t)f(t)]=F_1(s)\ \pm F_2(s) \tag{5-19}$$

6. 终值定理

$$f(\infty)=\lim f(t)=\lim sF(s) \tag{5-20}$$

7. 初值定理

$$f(\infty)=\lim sF(s) \tag{5-21}$$

三、线性系统的时域分析

（一）控制系统的过渡过程

1. 过渡过程的类型

为了便于分析比较，一般采用单位阶跃函数作为输入信号。采用单位阶跃函数的原因是这个信号简单，便于计算与生成；另外，该信号作用强，危险程度

高，控制系统如能承受这种信号的输入和干扰，也就不怕其他比较缓和的输入和干扰了。在单位阶跃信号的作用下，控制系统输出变量的过渡过程有可能出现如下几种形式，如图 5-10 所示。

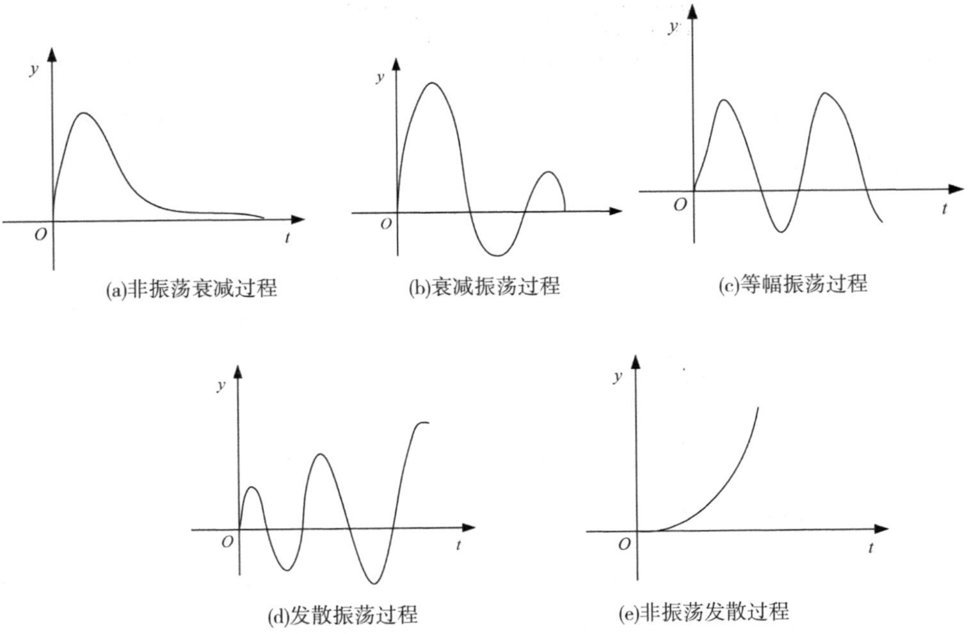

图 5-10　过渡过程的基本形式

（1）非振荡衰减过程

如图 5-10（a）所示，被控变量达到最大之后，缓慢地到达某一稳定状态。系统是稳定的，但该过程由于变化缓慢，一般较少采用。

（2）衰减振荡过程

如图 5-10（b）所示，被控变量较快地达到最大值，然后衰减振荡，最终输出也达到某一稳定状态。系统是稳定的，一般希望系统的被控变量呈现这样的过渡过程。

（3）等幅振荡过程

如图 5-10（c）所示，被控变量在某稳态值附近以恒定的幅度来回振荡。该系统处于临界稳定，一般认为也是不稳定的，不予采用。但在位式控制中，可以采用。

（4）发散振荡过程

如图 5-10（d）所示，被控变量振幅越来越大，是不稳定系统，不能采用。

（5）非振荡发散过程

如图 5-10（e）所示，被控变量单调地增加（或减小），越来越偏离给定值，最终达到系统的物理极限状态，是不稳定过程，不能采用。

2. 过渡过程的品质指标

除了一些不允许产生振荡的系统之外，通常都希望系统既有充分的快速性，又有足够的稳定性和准确性。这需要合理设计控制系统，使其具有衰减振荡过程，为了合理地评价衰减振荡型过渡过程的性能，人们设计并提出了如下一系列控制系统过渡过程的性能指标。设控制系统最初处于平衡状态，且被控变量等于给定值。此时，施加一个单位阶跃干扰，系统的被控变量开始衰减振荡过渡过程，如图 5-11 所示。

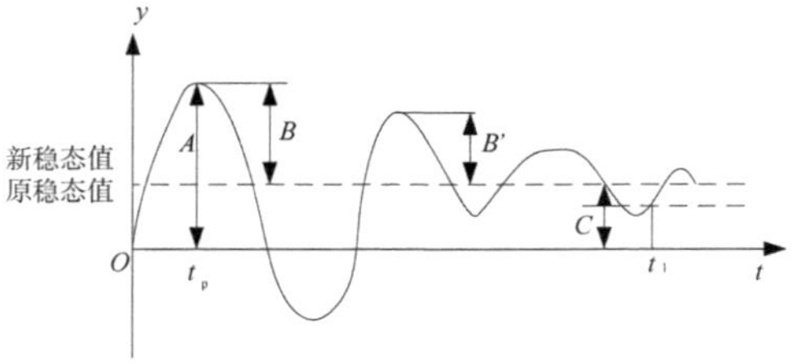

图 5-11　过渡过程性能指标示意图

（1）最大偏差 A

如图 5-11 所示，最大偏差 A 是指在整个过渡过程中，被控变量偏离给定值的最大量，是第一个波的峰值。由于系统受到干扰后，被控变量以较快的速度偏离给定值，达到最大偏差峰值点，因此，达到第一个峰值的时间（称为峰值时间 t_p，上升时间）和高度 A 是衡量系统性能的重要指标。显然，最大偏差小些更好，但它还要受到其他指标的制约。

（2）最大超调量 B

超调量等于每一个波峰值减去新稳态值，有一个波峰就有一个超调量。最大超调量 B 与最大偏差 A 相似。如果新稳态值等于原稳态值，则最大超调量 B 就等于最大偏差 A。

（3）衰减比 n

如图 5-11 所示，第一个超调量与第二个超调量的比值体现了过渡过程的衰减程度。$n=B/B'$，称为衰减比。显然，衰减振荡过渡过程的衰减比总是大于 1 的。n 接近于 1，过渡过程的衰减速度就慢，n 越接近 1，过渡过程就越接近于等幅振荡过程。由于这样的系统振荡频繁，难以稳定，不应该采用。另一方面，n 越大，过渡过程衰减越快，当 n 很大时，接近非振荡衰减过程时，有利也有弊。

控制过程实践表明，通常 n 的取值在 4~10 较好。这时，系统具有较好的快速性，第一个波峰出现较快；同时又有较好的稳定性，第二个波峰显著低于第一个波峰。由此，控制室操作人员就比较放心，不至于像 n 过小时，担心系统会不断地振荡，从而演变为等幅甚至发散振荡；也不至于像 n 过大时，被控变量长时间地单调变化，担心被控变量不回头。

（4）余差 C

如图 5-11 所示，余差是过渡过程最终的新稳态值与过渡过程开始之前的原稳态值之差。它表明了系统克服干扰回到原来给定值的能力大小，是反映系统准确性的重要指标。显然，人们希望余差越小越好。有余差的系统叫作有差系统，反之称为无差系统。余差的幅值与系统的放大倍数及输入信号的幅值有关，也与调节器的调节功能有关。实际工程中，有些被控变量的控制精度要求较高，应尽量减小余差。由于时间的限制，实际上，余差不可能为零；当余差<2%时，可以认为过渡过程已经进入稳态。有些被控变量，如液位控制，可以允许有一定的余差。

（5）过渡时间 t_s

如图 5-11 所示，过渡时间 t_s 定义为当过渡过程曲线进入最终稳态值附近的一定范围内，并且以后不再超出这个范围的时刻。一般可以认为到了这个时刻，过渡过程就基本结束了。这个一定的范围一般定为新稳态值的 5%或 2%。过渡时间 t_s 是衡量过渡过程快速性的重要指标。t_s 越小，快速性越好，能够适应干扰频繁出现的场合；如 t_s 较大，有可能第一个过渡过程尚未结束，第二个干扰又出现了，多个干扰的作用叠加，有可能使系统的控制不能满足生产的要求。

（6）其他指标

衡量控制系统过渡过程性能还有其他一些指标。如振荡周期，它是同方向两个波峰或波谷之间的时间间隔；振荡周期的倒数就是振荡频率。前面所述都是单项考核评价指标，还有一些综合评价指标，如对偏差的平方进行积分的 ISE 指标，等等，但工程上很少采用。上述各种控制系统过渡过程的性能指标，其重要程度各有不同，且相互之间既有矛盾又有联系。在实际使用中，要综合考虑过程的快速性、稳定性和准确性。这主要取决于被控对象工艺上的要求，要一切从实际出发，不要过分追求高性能指标。对于一个控制系统而言，被控对象通常是难以改变的，被控变量也是固定的。可以改变或加以调整，从而改善过渡过程性能指标的是控制系统中对象以外的其他部分。对于采用常规自动化仪表并且已经合理设计的控制系统而言，检测点、测量仪表、执行器和调节器都已选定，可以用来改善过渡过程性能指标的就只有调节器的比例度、积分时间和微分时间等参数了。

（二）二阶系统的时域分析

这里的二阶系统时域分析就是求二阶系统的解析解，目的是通过对二阶系统的充分理解，引出一些基本概念和方法，延伸到高阶系统，从而避免求解高阶系统。

1．特征方程和特征根

为了方便起见，设有如图 5-12 所示的二阶系统。

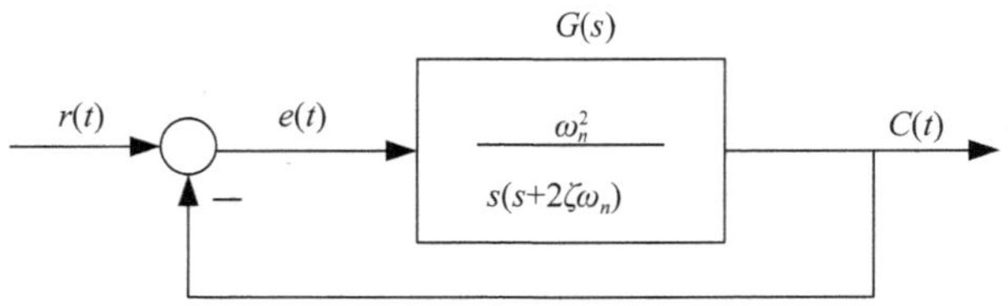

图 5-12　二阶系统方块图

其中开环传递函数

$$G(s)=\frac{\omega_n^2}{s^2+2\zeta\omega_n s} \tag{5-22}$$

开环极点有两个：$s_1=0$，$s_2=-2\zeta\omega n$；不存在有限值开环零点。按照方块图运算法则 7，可立即写出闭环传递函数

$$\frac{C(s)}{R(s)}=W(s)=\frac{G(s)}{1+G(s)}=\frac{\omega_n^2}{s^2+2\zeta\omega_n s+\omega_n^2} \tag{5-23}$$

2．高阶系统

对于高阶系统，如果也像二阶系统一样进行求解分析，一是太烦琐，二是可能根本没有解析解。解决办法是抓住关键问题，即闭环传递函数的特征方程和特征根（闭环极点）。

对于闭环系统的稳定性而言，高阶系统的每一个闭环极点，都会影响闭环系统的稳定性。只要有一个闭环极点落在 s 复平面的右半部分，整个系统就是不稳定的，所以如何获取闭环极点或者获取闭环极点的某些信息，来研判闭环系统的稳定性就是经典控制理论中一个极其重要的内容。

即便对于一个稳定的闭环系统，闭环极点距 s 复平面虚轴越近，对系统的影响也越大；闭环极点距虚轴越远，对系统的影响也越小，且随着时间的推移，迅速衰减（指的是位于 s 复平面左半部分的特征根）。因此，常常把高阶系统最靠近虚轴的特征根作为闭环系统的主导极点，而忽略其他次要极点，即把一个高阶系统简化近似为二阶系统进行分析。

四、线性系统的稳定性分析

（一）稳定性的概念

自动控制系统能在实际中应用，其首要条件是控制系统必须稳定。因此，对自动控制系统稳定性的研究，一直是控制理论研究的重要课题。其中最著名的理论是李雅普诺夫稳定性定义和李雅普诺夫稳定性理论。可以证明，对于线性反馈系统稳定的充分必要条件是系统传递函数的所有极点均有负的实部。如果系统满足这个充分必要条件，该系统也是渐近稳定的（渐近稳定，指的是系统在扰动信号消失后最终能恢复到原平衡状态）。也可表述为：线性系统的特征根全部分布在 s 平面的左半部（有负实部），则系统对初始条件的响应最终将衰减到零，系统是在李雅普诺夫意义上稳定的，且具有渐近稳定性。反之，若特征根中只要有一个具有正实部，也就是在系统的全部特征根中哪怕只有一个分布在 s 平面的右半部，则系统对初始条件的响应将随时间的推移而发散。基于线性系统的稳定充分必要条件，不难得出下列推论

1. 线性系统的稳定性仅与其闭环极点在 s 平面上的分布模式有关，而这种分布模式又仅取决于系统的结构参数，所以线性系统的稳定性是其自身的固有特性，与外界输入信号无关。

2. 渐近稳定系统的响应必将随时间推移而趋于零。

3. 稳定系统对幅值有界的输入信号的响应必为幅值有界。

4. 在控制系统的闭环极点中，有部分极点位于 s 平面的虚轴，而其余极点分布在 s 平面的左半部时，出现所谓临界稳定。临界稳定虽然从李雅普诺夫意义上看是稳定的，但从工程实践的角度看，一般认为这种临界稳定属于实际上的不稳定，因此，以后提到稳定均指渐近稳定。

5. 开环有不稳定的极点，闭环有可能是稳定的，也有可能是不稳定的。同样，开环有稳定的极点，闭环有可能是稳定的，也有可能是不稳定的。

（二）劳斯稳定判据

线性系统稳定的充要条件是其闭环特征根均需具有负实部。因此，判别线性系统是否稳定就变成求解其特征方程的根，并检验这些特征根是否都具有负实部的问题。但当系统阶次较高时，在一般情况下，求解其特征方程会遇到较大困难。因此，通过直接求解特征方程，并根据其特征根分析线性系统稳定性的方法是很不方便的。于是便提出这样一个问题，能否不用直接求取特征根的方法，而

根据特征方程的根与系数的关系去判别线性系统的特征根是否全部具有负实部的间接方法来分析线性系统的稳定性。劳斯及赫尔维茨稳定判据就是这样一种无须求解特征方程，而通过其特征方程的系数分析线性系统稳定性的间接方法。本节主要介绍如何应用劳斯稳定判据判断线性系统的稳定性。

1. 必要条件

设线性系统的特征方程为

$$D(s)=a_n s^n+a_{n-1}s^{n-1}+\cdots+a_1 s+a_0=0 \tag{5-24}$$

从式（5-24）可得线性系统的特征根具有负实部的必要条件如下：

（1）特征方程（5-24）的各项系数 a_i（$i=0,1,2,\cdots,n$）都不等于零；

（2）特征方程（5-24）的各项系数（1，2，…，n）都必须具有相同的符号。

当特征方程满足上述必要条件时，尚不能完全确定系统是否稳定，还需检验其是否满足稳定的充分条件。劳斯稳定判据就是检验该充分条件的方法之一。

2. 劳斯稳定判据

应用劳斯稳定判据分析线性系统稳定性的步骤是：

（1）将给定线性系统的特征方程（5-24）的系数按下列形式排成两行

$$\begin{matrix} a_n & a_{n-2} & a_{n-3} & a_{n-6} & \cdots \\ a_{n-1} & a_{n-3} & a_{n-5} & a_{n-7} & \cdots \end{matrix}$$

（2）根据上面的系数排列，通过规定的运算求取如下所示劳斯阵列表：

$$\begin{matrix} s^n & a_n & a_{n-2} & a_{n-4} & \vdots \\ s^{n-1} & a_{n-1} & a_{n-3} & a_{n-3} & \vdots \\ s^{n-2} & b_1 & b_2 & b_3 & \vdots \\ s^{n-3} & c_1 & c_2 & c_3 & \vdots \end{matrix}$$

式中，

$$b_1=\frac{a_{n-1}a_{n-2}-a_n a_{n-3}}{a_{n-1}},\quad b_2=\frac{a_{n-1}a_{n-4}-a_n a_{n-5}}{a_{n-1}} \tag{5-25}$$

$$b_3=\frac{a_{n-1}a_{n-6}-a_n a_{n-7}}{a_{n-1}},\ \cdots \tag{5-26}$$

$$\begin{aligned} c_1&=\frac{b_1 a_{n-3}-a_{n-1}b_2}{b_1},\quad c_2=\frac{b_1 a_{n-5}-a_{n-1}b_3}{b_1} \\ c_3&=\frac{b_1 a_{n-7}-a_{n-1}b_4}{b_1},\ \cdots \end{aligned} \tag{5-27}$$

注意：在排列特征方程的系数时，空位（缺少某个指数的系数，即该系数为

0）需用一个很小的正数 ε 来填补。凡在运算过程中出现的空位，也必须用一个很小的正数 ε 来代替，从而构成一个完整形式的阵列表。

根据劳斯阵列表第一列各元素符号的改变次数来确定特征根中具有正实部根的个数。它们之间的关系是，特征根中具有正实部根的个数与第一列各元素符号的改变次数相等。线性系统稳定的充分必要条件是，劳斯阵列表中第一列所有项系数均大于零，即所有项都具有正号。系数变号次数为极点在 s 平面右半部的个数。下面举例说明应用劳斯稳定判据分析线性系统的稳定性。

五、其他控制系统分析、综合方法简介

（一）根轨迹法简介

在时域分析中已经看到，闭环系统瞬态响应的基本特性与闭环极点的位置紧密相关。因此，首先确定反馈系统的闭环极点在 s 平面的分布。其次，是研究某个参数变化对反馈系统的闭环极点在 s 平面分布的影响。反馈系统的闭环极点就是该系统特征方程 $1+G(s)H(s)=0$ 的根，这实际上就是解决系统特征方程的求根问题。一般来说，当特征方程的阶次较高时，求根过程是很复杂的。虽然上节介绍过应用劳斯稳定判据来判别系统稳定性和个别参数的取值范围，但是在系统结构和参数每次变化的情况下都要重新判别，需要进行大量的运算，而且还不容易直观地看出参数变化对系统闭环极点分布的影响。可见，这种直接从闭环传递函数和闭环特征方程式来判别系统稳定性的方法是很不方便的。于是有人就想到，控制系统的各个环节一般是低阶的，也较容易写成零极点形式，即它的分子和分母容易写成 K、（$s+a$）或（$s+b$）之类的形式，事实上也是如此，这从前面的例子中也可看出。问题是从 $1+G(s)H(s)=0$ 变得复杂起来的。现在想直接从已知的开环传递函数 $G(s)H(s)$ 的开环极点与开环零点的分布确定相应的闭环极点的分布，从而进行反馈系统稳定性和性能分析。对此，Evans W. R. 提出了一种图解反馈系统特征方程的简单工程方法，该法称为根轨迹法。根轨迹法是在已知反馈系统的开环极点与开环零点分布的基础上，通过系统参数变化图解特征方程，即根据参数变化研究系统闭环极点分布的一种图解法。应用根轨迹法通过简单计算便可确定系统的闭环极点分布，并同时可以看出参数变化对闭环极点分布的影响。这种图解分析法在分析与设计反馈系统等方面都具有重要的意义，在控制工程中获得了广泛的应用。

所谓根轨迹，是指当系统开环传递函数某个可变参数（如放大倍数 K）由零

变化到无穷大时，其对应的系统闭环极点在 s 平面上移动的轨迹。有 8 条画根轨迹的基本规则：根轨迹的分支数、根轨迹的连续性和对称性、根轨迹的起点和终点、根轨迹的渐近线、实轴上的根轨迹、根轨迹与实轴的交点、出射角与入射角、根轨迹与虚轴的交点。当然，作为一种图解方法，还需要一些经验和技巧。

（二）频率响应法简介

时域分析法可以直观、直接、准确地描述线性系统的运动过程。但是用时域法分析控制系统时，需要建立和求解微分方程，如果系统参数发生变化，这个过程还要重新进行。此外，在控制系统设计中，时域分析法难以确定如何调整系统的结构和参数以改善系统性能。

频域分析法是通过研究系统对正弦信号的稳态响应特征来分析控制系统的性能。系统的输入信号是正弦信号，输出信号也是正弦信号，这些信号的频率相同，但是幅值和相角却不同。系统的频域模型可以通过时域模型求取，也可以通过实验方法确定，这一点是其他各种方法不具备的。频域法不仅能判断系统的稳定性，而且给出相对稳定性的概念；通过建立频域性能指标与时域性能指标的关系，频域法也能分析系统的动态和稳态性能；频域法也可以通过开环系统的频率特性来研究闭环系统的性能，并能给出改善系统性能的方法。著名的奈奎斯特稳定判据就是频域分析法中的一种重要而实用的稳定性判据。

频域分析法也是一种图解方法，涉及幅值和相角两者与频率的关系。主要有伯德图（对数坐标图）、奈奎斯特图（极坐标图）、对数幅相图等。虽然画图有点烦琐，而且存在精度不够的问题，但是它可以在不知道模型的情况下用实验方法来获取这些图像，所以首先在电子、无线电、通信等领域得到了广泛的应用。

第三节　过程对象与建模

一、过程建模的基本概念

（一）被控过程的数学模型及其作用

被控过程的数学模型是指过程的输入变量与输出变量之间定量关系的描述，这种关系既可以用各种参数模型（如微分方程、差分方程、状态方程、传递函数等）表示，也可以用非参数模型（如曲线、表格等）表示。过程的输出变量也称被控变量，而作用于过程的干扰作用和控制作用统称为过程的输入变量，它们都是引起被控变量变化的因素。过程的输入变量至输出变量的信号联系称为通道，控制作用至输出变量的信号联系称为控制通道；干扰作用至输出变量的信号联系称为干扰通道，过程的输出为控制通道与干扰通道的输出之和，如图 5-13 所示。

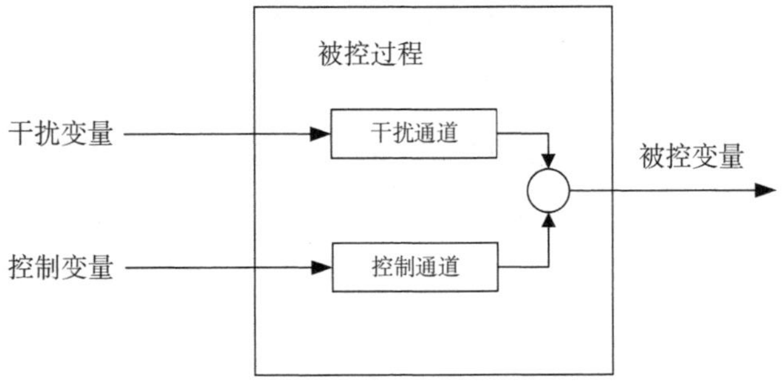

图 5-13　干扰输入、控制输入与输出的关系

过程的数学模型又可分为静态数学模型和动态数学模型。静态数学模型描述的是过程在稳态时的输入变量与输出变量之间的关系；动态数学模型描述的是过程在输入量改变以后输出量的变化情况。静态数学模型是动态数学模型在过程达到平衡时的特例。有些被控过程还存在多个输入控制变量与多个输出变量，且每个输入控制变量除了影响“自己的”输出变量之外，还会影响其他的输出变量，这种被控过程通常称为多变量耦合过程。此外，被控过程还有线性与非线性、集中参数与分布参数之分。为简单起见，本章仅讨论单输入/单输出、集中参数、线性过程的数学模型及其建模的基本方法。被控过程的数学模型在过程控制中具有极其重要的作用，归纳起来主要有以下几点：

1. 控制系统设计的基础

全面、深入地掌握被控过程的数学模型是控制系统设计的基础。如在确定控制方案时，被控变量及检测点的选择、控制（操作）变量的确定、控制规律的确定等都离不开被控过程的数学模型。

2. 控制器参数确定的重要依据

过程控制系统一旦投入运行后，如何整定调节器的参数，必须以被控过程的数学模型为重要依据。尤其是对生产过程进行最优控制时，如果没有充分掌握被控过程的数学模型，就无法实现最优化设计。

3. 仿真或研究、开发新型控制策略的必要条件

在用计算机仿真或研究、开发新型控制策略时，其前提条件是必须知道被控过程的数学模型，如补偿控制、推理控制、最优控制、自适应控制等都是在已知被控过程数学模型的基础上进行的。

4. 设计与操作生产工艺及设备时的指导

通过对生产工艺过程及相关设备数学模型的分析或仿真，可以事先确定或预测有关因素对整个被控过程特性的影响，从而为生产工艺及设备的设计与操作提供指导，以便提出正确的解决办法等。

5. 工业过程故障检测与诊断系统的设计指导

利用数学模型可以及时发现工业过程中控制系统的故障及其原因，并提供正确的解决途径。

（二）被控过程的特性

被控过程的数学模型，依据过程特性的不同而有所不同，一般可分为有自衡特性与无自衡特性、单容特性与多容特性、振荡特性与非振荡特性等。此外，一般的被控过程，都伴随不同程度的非线性特性和时变特性等，当过程输出在平衡状态附近小范围内变化时，可以将其线性化；在一个特定的时刻，当过程的参数变化很慢时，可以近似认为是不变的。这样，其输入/输出关系既可以用常系数微分方程或传递函数表示，也可以用差分方程或脉冲传递函数表示。

1. 有自衡特性和无自衡特性

当原来处于平衡状态的过程出现干扰时，其输出量在无人或无控制装置的干预下，能够自动恢复到原来或新的平衡状态，则称该过程具有自衡特性，否则，该过程则被认为无自衡特性。具有自衡特性的过程及其响应曲线如图 5-14 所示。

在图 5-14（a）所示的水箱水位系统中，最初的进水量等于出水量，过程处于平衡状态。当进水量阶跃增加后，进水量大于出水量，平衡状态被打破，水位上升。随着水位的不断升高，出水阀前的静压也随之增加，使出水量也不断增加，最终导致出水量等于进水量，水位趋于新的稳态值。这种无须外加任何控制作用、能够自发地趋于新的平衡状态的过程，称为有自衡特性过程，其阶跃响应曲线如图 5-14（b）所示。如果将出水阀改成如图 5-15（a）所示的抽水泵，由于抽水泵的出水量不随水位的变化而变化，因此，水箱水位要么一直上升（进水量大于出水量时），要么一直下降（进水量小于出水量时），最终导致溢出或抽干，无法达到新的平衡状态，此时的水位过程就称为无自衡特性过程。其阶跃响

应曲线如图 5-15（b）所示。

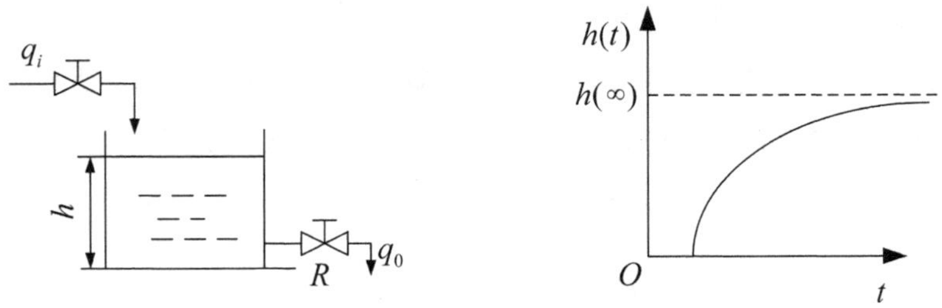

(a)具有自衡特性的水位过程　　(b)自衡过程的阶跃响应曲线

图 5-14　具有自衡特性的水位过程及其响应曲线

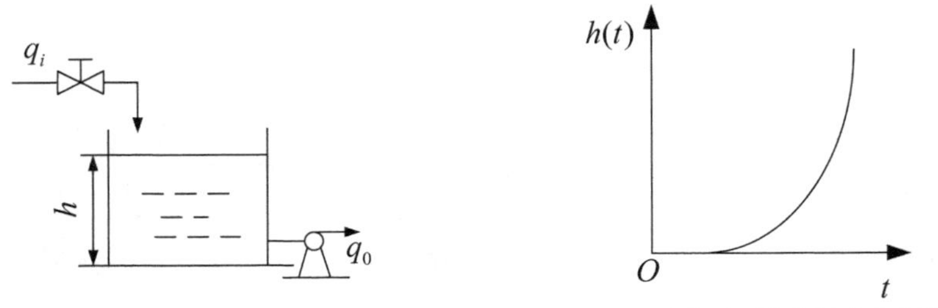

(a)无自衡水位过程　　(b)无自衡过程的阶跃响应曲线

图 5-15　无自衡水位过程及其阶跃响应曲线

工业生产过程一般都具有储存物料或能量的能力，其储存能力的大小称为容量。所谓单容过程是指只有一个储存容积的过程。当被控过程由多个容积组成时，则称为多容过程。

单容或多容过程若具有自衡特性时，其传递函数的典型形式有：

一阶惯性环节为

$$G(s)=\frac{K}{(Ts+1)} \tag{5-28}$$

二阶惯性环节为

$$G(s)=\frac{K}{(T_1s+1)(T_2s+1)} \tag{5-29}$$

一阶惯性+纯滞后环节为

$$G(s)=\frac{Ke^{-\tau s}}{(Ts+1)} \tag{5-30}$$

二阶惯性+纯滞后环节为

$$G(s)=\frac{Ke^{-\tau s}}{(T_1s+1)(T_2s+1)} \tag{5-31}$$

在过程控制中，许多高阶系统都可以用一阶惯性+纯滞后环节进行近似，以简化分析与综合过程。

2. 振荡与非振荡过程的特性

在阶跃输入作用下，过程输出会出现多种形式，如图 5-16 所示。图 5-16（a）~（c）为振荡过程，图 5-16（d）和（e）为非振荡过程。在振荡过程中，衰减振荡的传递函数一般可表示为

$$G(s)=\frac{1}{T_1s(T_2s+1)} \tag{5-32}$$

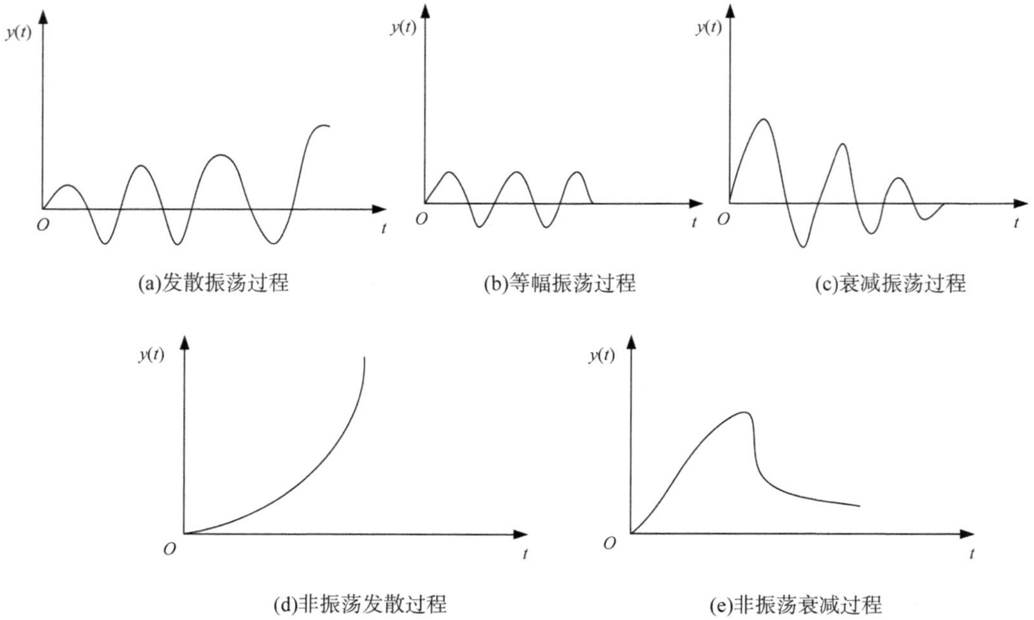

图 5-16 阶跃输入作用下过程的输出响应曲线

第四节 过程控制系统

一、串级控制系统

（一）串级控制的基本概念

什么叫串级控制？它是怎样提出来的？其组成结构怎样？现以化学反应釜的

温度控制为例加以说明。如图 5-17 所示为化学反应釜单回路温度控制系统。图中，物料自顶部连续进入釜中，经反应后由底部排出。反应产生的热量由夹套中的冷却水带走。

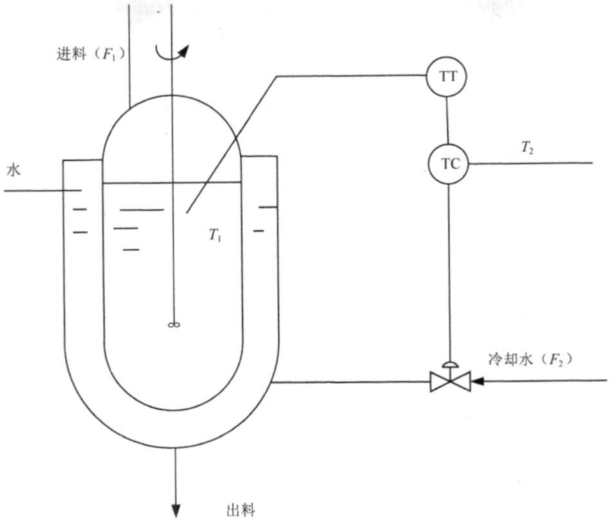

图 5-17　化学反应釜单回路温度控制系统

为保证产品质量，对反应温度 T_1 需要进行严格控制。为此，选取冷却水流量作为调节参数。这样，控制通道有三个热容器，即夹套中的冷却水、釜壁和釜中物料。引起温度 T_1 变化的干扰因素有：进料流量、进料入口温度及化学成分，用 F_2 表示；冷却水的入口温度和阀前压力，用 F_2 表示。其框图如图 5-18 所示。

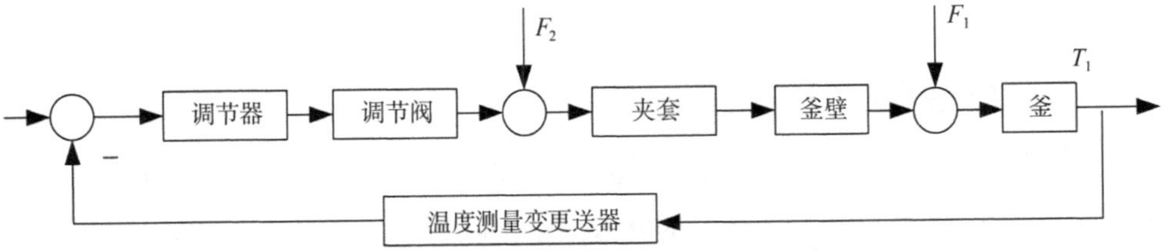

图 5-18　化学反应釜简单控制系统框图

由图 5-18 可见，当干扰 F_1 或 F_2 引起反应温度 T_1 升高时，经反馈后调节器输出产生相应变化，导致调节阀开始动作，从而使冷却水流量增加，但要经过三个容器才能使温度 T_1 下降。这样，从干扰引起反应温度 T_1 升高到调节阀开始动作使温度 T_1 下降，其间要经历较长的时间。在这段较长的时间里，反应温度 T_1 因调节不及时而出现了较大的偏差。解决这一问题的办法之一是使调节器能及时动作。如何才能使调节器及时动作呢？经过分析不难看到，冷却水方面的干扰 F_2 的变化很快会在夹套温度 T_2 上表现出来，如果把 T_2 的变化及时测量出来，并

由调节器 T_2C 进行调节，则控制动作即可大大提前，但仅仅依靠调节器 T_2C 的调节作用还是不够的，因为控制的最终目标是保持 T_1 不变，而 T_2C 的调节作用只能使 T_2 相对稳定，它不能克服 F_1 干扰对 T_1 的影响，因而不能保证与满足工艺的要求。为解决这一问题，办法之一是适当改变 T_2C 的设定值 T_2r，从而使 T_1 稳定在所需要的数值上。这个改变 T_2r 的工作，将由另一个调节器 T_1C 来完成。它的主要任务就是根据 T_1 与 T_1r 的偏差自动改变 T_2C 的设定值 T_2r，这种将两个调节器串联在一起工作、各自完成不同任务的系统结构，就称为串级控制结构。反应釜温度串级控制系统的流程图如图 5-18 所示。串级控制系统的一般结构框图如图 5-19 所示。

由图 5-19 可知，串级控制系统与简单控制系统的主要区别是，串级控制系统在结构上增加了一个测量变送器和一个调节器，形成了两个闭合回路，其中一个称为副回路，另一个称为主回路。由于副回路的存在，使控制效果得到了显著改善。

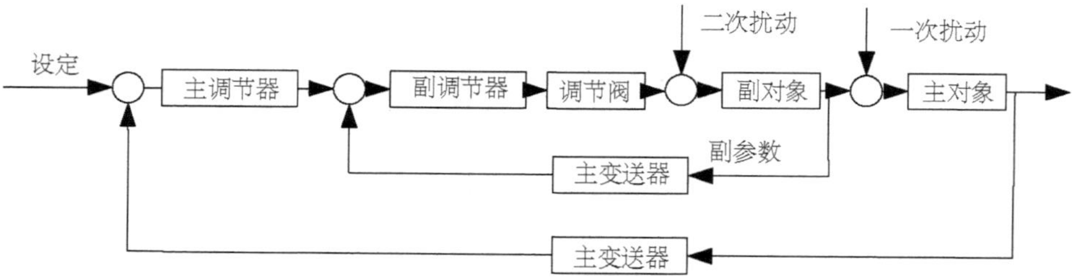

图 5-19　串级控制系统的一般结构框图

（二）串级控制系统的适用范围

1. 适用于容量滞后较大的过程

当被控过程容量滞后较大时，可以选择一个容量滞后较小的辅助变量组成副回路，使控制通道被控过程的等效时间常数减小，以提高系统的工作频率，从而提高控制质量。因此，对于很多以温度或质量指标为被控参数的过程，其容量滞后往往较大，而生产上对这些参数的控制质量要求又比较高，此时宜采用串级控制系统。例如，图 5-20 所示工业生产中的加热炉温度串级控制系统，其任务是将被加热物料加热到一定温度，然后传送给下一道工序。为了使加热炉出口温度保持为定值，选取燃料流量为调节参数。但是，由于加热炉的容量滞后较大，干扰因素也较多，故单回路控制系统不能满足工艺对加热炉出口温度的要求。为此，可以选择滞后较小的炉膛温度作为副参数，构成加热炉出口温度对炉膛温度的串级控制系统，利用副回路的快速作用，有效地提高控制质量，从而满足工艺要求。

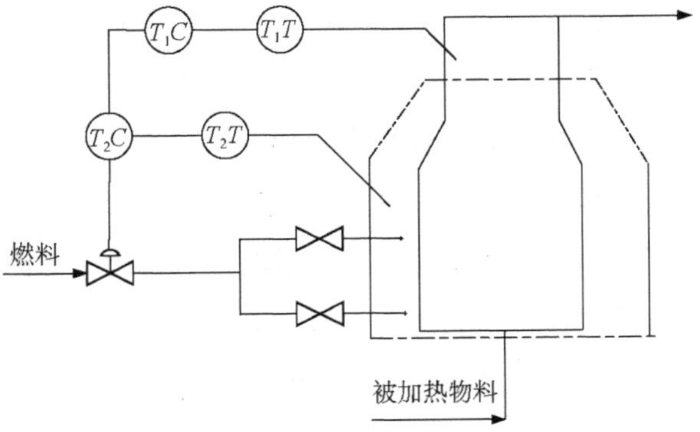

图 5-20　加热炉温度串级控制系统

2. 适用于纯滞后较大的过程

当被控过程纯滞后时间较长、单回路控制系统不能满足工艺要求时，可以考虑用串级控制系统来改善控制质量。通常的做法是，在离调节阀较近、纯滞后时间较小的地方选择一个辅助参数作为副参数，构成一个纯滞后较小的副回路，由它实现对主要干扰的控制。现以化纤厂纺丝胶液压力控制为例加以说明。纺丝胶液压力与压力串级控制的流程图如图 5-21 所示。

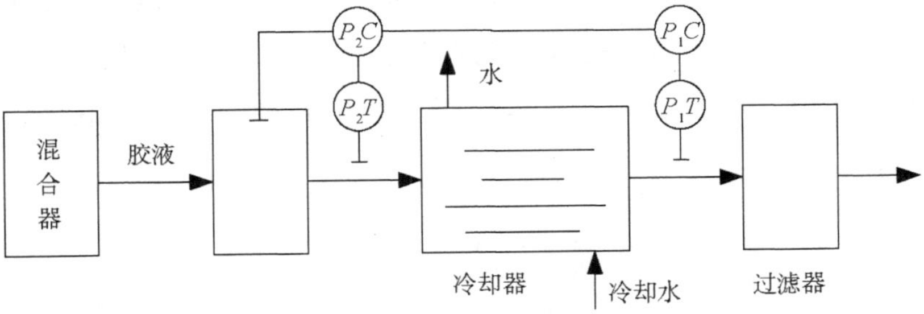

图 5-21　纺丝胶液压力与压力串级控制流程图

由图可见，来自混合器的纺丝胶液由计量泵送到冷却器中进行冷却，随后又被送到过滤器以除去杂质。工艺要求过滤前的压力应稳定在 250 kPa，以保证后面喷头抽丝工序的正常工作。由于纺丝胶液黏度较大，由计量泵到过滤器前的距离较长，即纯滞后时间较长，单回路控制系统不能满足工艺要求。为提高控制质量，在靠近计量泵出口的某个地方选择一个测压点作为副参数，构成如图 5-21 所示的压力与压力串级控制系统。由图可见，当来自纺丝胶液的黏度发生变化或计量泵前的混合器有污染而引起压力变化时，副参数能及时反应，并通过副回路及时加以克服，从而稳定了过滤前的胶液压力，满足了工艺要求。

3. 适用于干扰变化剧烈、幅度大的过程

由于串级控制系统的副回路对于进入其中的干扰具有较强的克服能力，因而在系统设计时，只要将变化剧烈、幅度大的干扰包括在副回路之中，就可以大大减小干扰对主参数的影响。图 5-20 所示为某快装锅炉三冲量液位串级控制流程图。在工业生产过程中，用气的场合很多，蒸汽流量与水压的变化频繁激烈且幅值大，而快装锅炉的汽包容量往往又较小，所以汽包液位是一个很重要的被控参数。为确保控制质量，常以蒸汽流量和水流量的综合作用作为副回路的输出反馈值，并同液位一起构成所谓三冲量液位串级控制系统。由于该系统把多冲量与串级控制结合起来，所以它比一般的三冲量控制系统对液位具有更强的控制能力。

4. 适用于参数互相关联的过程

在有些生产过程中，对两个互相关联的参数需要用同一种介质进行控制。在这种情况下，若采用单回路控制系统，则需要装两套装置，即在同一管道上装两个调节阀。这样，既不经济又无法工作。对这样的过程，可以根据互相关联的主次，组成串级控制，以满足工艺要求。现以图 5-22 所示的炼油厂常压塔塔顶出口温度和一线温度的快装锅炉三冲量液位串级控制为例加以说明。由炼油工艺可知，进入常压塔的油品，通过精馏将各组分分离成塔顶汽油、一线航空煤油等产品，其中塔顶出口温度是保证塔顶产品纯度的重要指标，而一线温度是保证一线产品质量的重要指标，两者均通过塔顶的回流量进行控制。若采用单回路控制系统，显然是困难的。如果采用如图 5-23 所示的串级控制系统，则既可行又能满足工艺要求。

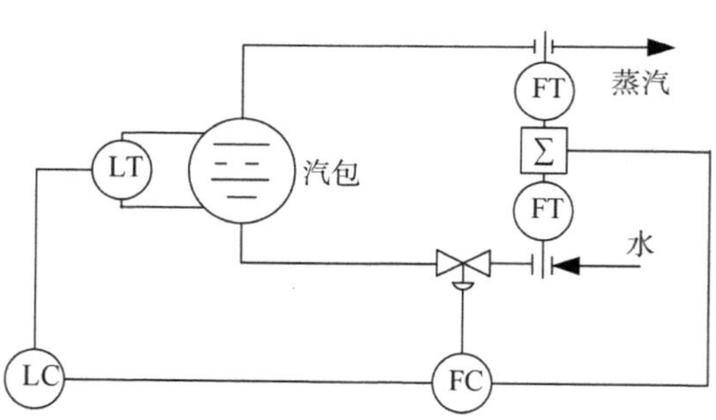

图 5-22 快装锅炉三冲量液位串级控制流程图

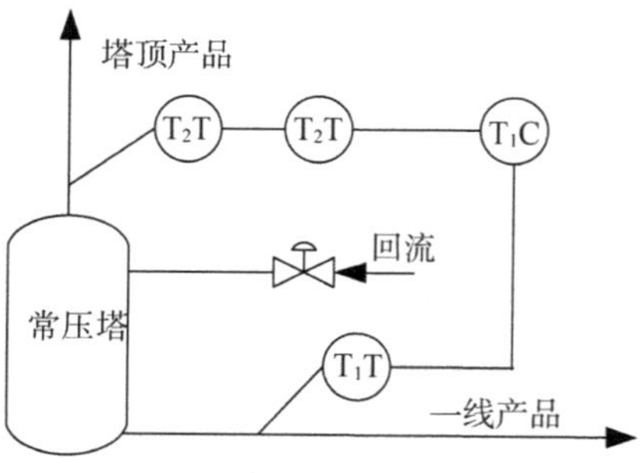

图 5-23 一线温度与塔顶温度串级控制系统

5. 适用于非线性过程

在实际工业生产中，被控过程的特性大多呈现不同程度的非线性。当负荷或操作条件变化而导致工作点移动时，过程特性也会发生变化。此时，若采用单回路控制系统，虽然可以通过改变调节器的整定参数来保证系统的衰减率不变，但是，负荷或操作条件的变化是随时发生的，靠改变调节器整定参数来适应负荷或操作条件变化是不可取的。如果采用串级控制系统，它能根据负荷和操作条件的变化，自动调整副调节器的给定值，使系统运行在新的工作点，最终使主被控参数保持相对稳定，从而满足工艺要求。例如，在化学工业中，醋酸生产装置中的乙炔合成反应器，其中部温度是生产过程的重要参数，为保证合成气质量，必须对它进行严格控制，其控制系统如图 5-24 所示。由图可见，在它的控制通道中，包含了一个换热器和一个合成反应器。由于换热器有明显的非线性，致使整个被控过程非线性特性比较严重。若采用单回路控制系统，当负荷或操作条件变化时，要想保持系统原有衰减率不变，则必须不断改变调节器的整定参数，然而这是不现实的。如果以反应器中部温度为主被控参数，以换热器出口温度为副被控参数构成串级控制，由于在副回路中包含了过程特性中非线性特性的主要部分，利用串级控制中副回路对非线性随负荷变化具有自适应能力这一特点，则可以保证控制系统具有较高的控制质量，从而满足工艺要求。

最后需要指出的是，串级控制的工业应用范围虽然较广，但是必须根据工业生产的具体情况，充分利用串级控制的优点，才能收到预期的效果，这一点，必须充分注意。

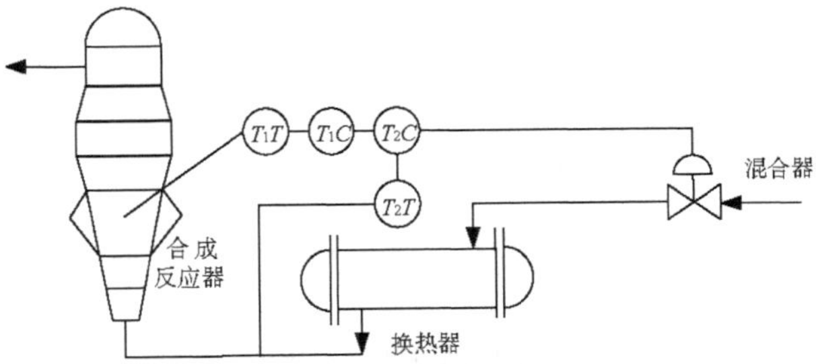

图 5-24 合成反应器温度串级控制系统

二、前馈控制系统

前馈及前馈控制的概念很早就已被人们认识，直至新型仪表和电子计算机的出现及广泛应用，才为前馈控制普遍应用创造了有利条件。目前前馈控制已在锅炉、精馏塔、换热器和化学反应器等设备上获得成功的应用。

（一）前馈控制的主要形式

1. 单纯的前馈控制

前面列举的换热器出口物料温度控制就属于单纯的前馈控制系统，它是按照干扰的大小来进行控制的。根据对干扰补偿的特点，可分为静态前馈控制和动态前馈控制。

（1）静态前馈控制系统在图 5-25 中，前馈控制器的输出信号是按干扰大小随时间变化的，它是干扰量和时间的函数。而当干扰通道和控制通道动态特性相同时，便可以不考虑时间函数，只按静态关系确定前馈控制作用。静态前馈是前馈控制中的一种特殊形式。如当干扰阶跃变化时，前馈控制器的输出也为一个阶跃变化。如果主要干扰是进料流量的波动 ΔQ_1，那么前馈控制器的输出 Δm_f 为

$$\Delta m_{\mathrm{f}} = K_{\mathrm{f}} \Delta Q_1 \tag{5-33}$$

式中，K_{f}——前馈控制器的比例系数。

这种静态前馈实施起来十分方便，用常规仪表中的比值器或比例控制器即可作为前馈控制器使用，K_{f} 为其比值或比例系数。在有条件列写各参数的静态方程时，可按静态方程式来实现静态前馈。图 5-25 是蒸汽加热的换热器，拎料进入量为 Q_1，进口温度为 θ_1，出口温度 θ_2 是被控变量。分析影响出口温度 θ_2 的因素，进料 Q_1 增加，使 θ_2 为降低；入口温度 θ_1 提高，使 θ_2 升高；蒸汽压力下降，使 θ_2 为降低。假若这些干扰当中，进料量 Q_1 变化幅度大而且频繁，现在只考虑对干扰 Q_1 进行静态补偿的话，可利用热平衡原理来分析，近似的平衡关系是蒸汽冷凝放出的热量等于进料流体获得的热量。

$$Q_2 L = Q_1 c_{\mathrm{p}}(\theta_2 - \theta_1) \tag{5-34}$$

式中：L——蒸汽冷凝热；

c_{p}——被加热物料的比热容；

Q_1——进料流量；

Q_2——蒸汽流量。

当进料增加后为 $Q_1+\Delta Q_1$，为保持出口温度 θ_2 不变，θ_2 需要相应地变化到 $Q_2+\Delta Q_2$，列出这时的静态方程为

$$(Q_2 + \Delta Q_2)L = (Q_1 + \Delta Q_1)c_{\mathrm{p}}(\theta_2 - \theta_1) \tag{5-35}$$

式（5-35）减去式（5-34），可得

$$\Delta Q_2 L = \Delta Q_1 c_{\mathrm{p}}(\theta_2 - \theta_1) \tag{5-36}$$

因此，若能使 Q_2 与 Q_1 的变化量保持

$$\frac{\Delta Q_2}{\Delta Q_1} = K \tag{5-37}$$

的关系，就可以实现静态补偿。根据静态控制方程式，换热器静态前馈控制实施方案如图 5-25 所示。

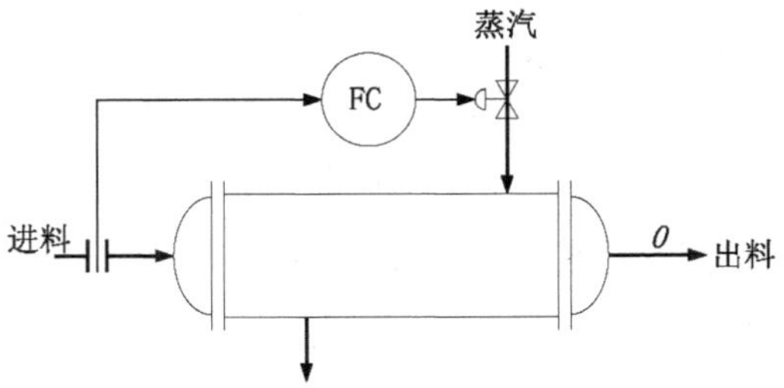

图 5-25　换热器的前馈控制

此方案将主、次干扰 θ_1，Q_1，Q_2 等都引入系统，控制质量大有提高。热交换器是应用前馈控制较多的场合，换热器有滞后大、时间常数大、反应慢的特性，前馈控制就是针对这种对象特性设计的，故能很好地发挥作用。图 5-25 中实线框内的环节，就是前馈控制所应该起的作用，可用前馈控制器，也可用单元组合仪表来实现。

（2）动态前馈控制系统。静态前馈控制只能保证被控变量的静态偏差接近或等于零，并不能保证动态偏差达到这个要求。故必须考虑对象的动态特性，从而确定前馈控制器的规律，才能获得动态前馈补偿。现在图 5-25 的静态前馈控制基础上加个动态前馈补偿环节，便构成了动态前馈控制实施方案。图中的动态补偿环节的特性，应该是动态前馈控制实施方案针对对象的动态特性来确定的。但是考虑到工业对象的特性千差万别，如果按对象特性来设计前馈控制器的话，将会花样繁多，一般都比较复杂，实现起来比较困难。因此，可在静态前馈控制的基础上，加上延迟环节或微分环节，以达到干扰作用的近似补偿。按此原理设计的一种前馈控制器，有三个可以调整的参数 K，T_1，T_2，K 为放大倍数，是用于静态补偿的。T_1，T_2 是时间常数，都有可调范围，分别表示延迟作用和微分作用的强弱。相对于干扰通道而言，控制通道反应快的给它加强延迟作用，反应慢的给它加强微分作用。根据两通道的特性适当调整 T_1，T_2 的数值，使两通道反应合拍便可以实现动态补偿，消除动态偏差。

2. 前馈–反馈控制

前面已经谈到，前馈与反馈控制的优缺点是相对应的。若把其组合起来，取长补短，使前馈控制用来克服主要干扰，反馈控制用来克服其他的多种干扰，两者协同工作，一定能提高控制质量。

图 5-25 所示的换热器前馈控制系统，仅能克服由于进料量变化对被控变量 θ 的影响。如果还同时存在其他干扰，例如进料温度、蒸汽压力的变化等，它们对被控变量 θ 的影响，通过这种单纯的前馈控制系统是得不到克服的。因此，往往

用“前馈”来克服主要干扰，再用“反馈”来克服其他干扰，组成如图 5-26 所示的前馈–反馈控制系统。图中的控制器 FC 起前馈作用，用来克服由于进料量波动对被控变量的影响，而温度控制器 TC 起反馈作用，用来克服其他干扰对被控变量 θ 的影响，前馈和反馈控制作用相加，共同改变加热蒸汽量，以使出料温度 θ 维持在给定值上。

图 5-27 是前馈–反馈控制系统的方框图。从图中可以看出，前馈–反馈控制系统虽然也有两个控制器，但在结构上与串级控制系统是完全不同的。串级控制系统是由内、外（或主、副）两个反馈回路所组成；而前馈–反馈控制系统是由一个反馈回路和另一个开环的补偿回路叠加而成。

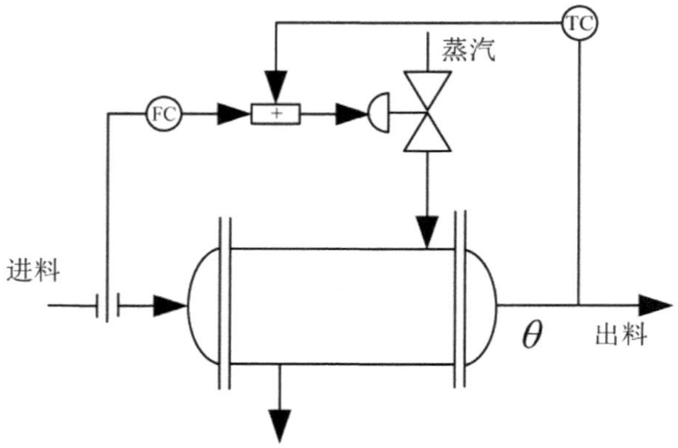

图 5-26　换热器的前馈–反馈控制

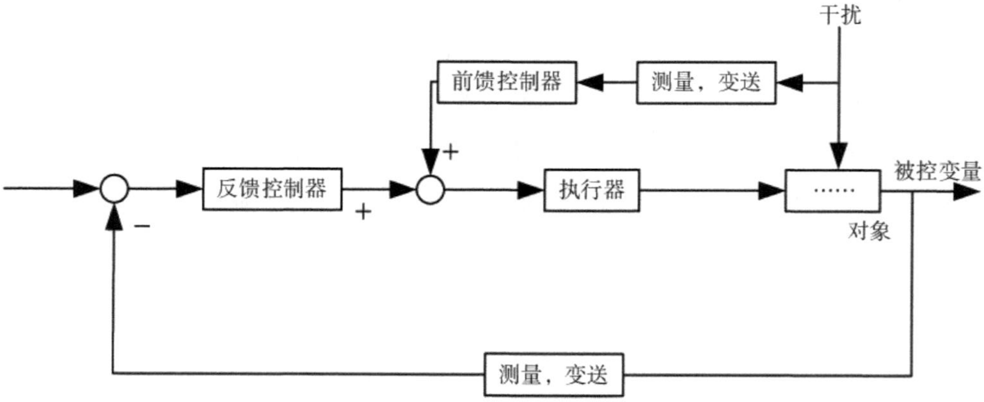

图 5-27　前馈–反馈控制系统方框图

三、大滞后过程控制系统

（一）大滞后过程概述

在工业生产过程中，被控过程除了具有容积滞后外，还存在不同程度的纯滞后。例如，在图 5-24 的换热器中，被控量是被加热物料的出口温度，而控制量是热介质，当改变热介质的流量后，由于热介质通过管道输送需要时间，因而对热物料出口温度的影响必然要产生滞后。此外，如化学反应、管道混合、皮带传送、轧根传输、多个容器串联，以及用分析仪表测量流体的成分等，都存在不同程度的纯滞后。一般说来，在大多数被控过程的动态特性中，既包含纯滞后 τ，又包含惯性常数 T，通常用 τ/T 的比值来衡量被控过程纯滞后的严重程度。若 $\tau/T<0.3$，称为一般滞后过程；若 $\tau/T>0.3$，则称之为大滞后过程。大滞后过程被公认为较难控制的过程。难于控制的主要原因分析如下：

1. 由测量信号提供不及时而产生的纯滞后，会导致调节器发出的调节作用不及时，影响调节质量。

2. 由控制介质的传输而产生的纯滞后，会导致执行器的调节动作不能及时影响调节效果。

3. 滞后的存在使系统的开环相频特性的相角滞后随频率的增大而增大，从而使开环频率特性的中频段与（-1，j_0）点的距离减小，结果导致闭环系统的稳定裕度下降。若要保证其稳定裕度不变，只能减小调节器的放大系数，同样导致调节质量的下降。克服大纯滞后的不利影响，保证控制质量，一直是科学工作者研究的课题。目前已有的一些解决方案有：微分先行控制、中间反馈控制、史密斯预估控制和内模控制等。限于篇幅，这里只讨论史密斯预估控制和内模控制的有关内容。

（二）史密斯预估控制

史密斯预估控制的基本思想是预先估计出被控过程的动态模型，然后设计一个预估器对其进行补偿，使被滞后了 t 时间的被控量提前反馈到调节器的输入端，使调节器提前动作，以减小超调和加速调节过程。其控制系统框图如图 5-28 所示。

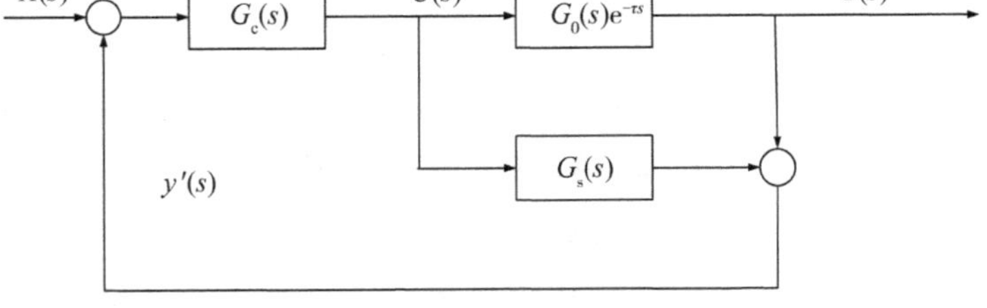

图 5-28　史密斯预估控制系统框图

图中，$G_0(s)$ 是被控过程无纯滞后环节 $e^{-\tau s}$ 的传递函数；$G(s)$ 是史密斯预

估器的传递函数。假如没有此预估器，则由调节器输出 $U(s)$ 到被控量$Y(s)$ 之间的传递函数为

$$\frac{Y(s)}{U(s)}=G_0(s)\mathrm{e}^{-\tau s} \tag{5-38}$$

式（5-38）表明，受到调节作用的被控量要经过纯滞后时间 τ 之后才能反馈到调节器的输入端，这就导致调节作用不及时。此外，系统的闭环传递函数为

$$\frac{Y(s)}{X(s)}=\frac{G_c(s)G_0(s)\mathrm{e}^{-\tau s}}{1+G_c(s)G_0(s)\mathrm{e}^{-\tau s}} \tag{5-39}$$

由式（5-39）可见，闭环特征方程式中含有 $\mathrm{e}^{-\tau s}$ 项，这会对系统的稳定性产生不利影响。当采用史密斯预估器 $C_s(s)$ 以后，调节量 $U(s)$ 与反馈到调节器输入端的信号 $Y'(s)$ 之间的传递函数则为

$$\frac{Y'(s)}{U(s)}=G_0(s)\mathrm{e}^{-\tau s}+G_s(s) \tag{5-40}$$

为使调节器接收的反馈信号 $Y'(s)$ 与调节量 $U(s)$ 不存在纯滞后时间 τ，则要求式（5-40）为

$$\frac{Y'(s)}{U(s)}=G_0(s)\mathrm{e}^{-\tau s}+G_s(s)=G_0(s) \tag{5-41}$$

由此可得预估器 $G_s(s)$ 的传递函数为

$$\sqrt{a^2+b^2}\ G_s(s)=G_0(s)(1-\mathrm{e}^{-\tau s}) \tag{5-42}$$

式（5-42）表示的预估器称为史密斯预估器。史密斯预估控制系统的实施框图如图 5-29 所示。

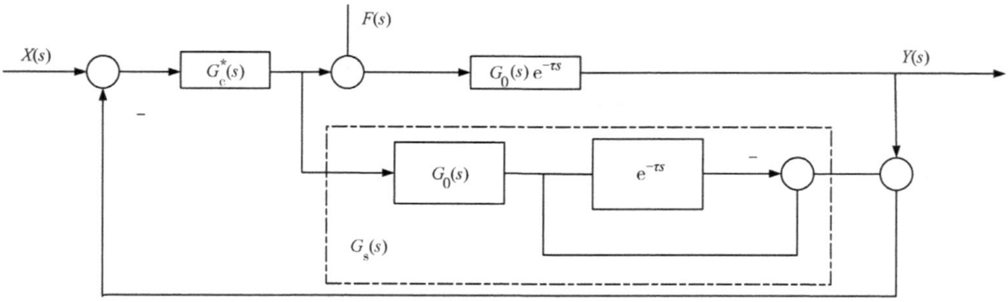

图 5-29　史密斯预估控制系统的实施框图

由图 5-29 导出系统的闭环传递函数为

$$\frac{Y(s)}{X(s)}=\frac{G_c(s)G_0(s)\mathrm{e}^{-\tau s}/[1+G_c(s)G_s(s)]}{1+G_c(s)G_0(s)\mathrm{e}^{-\tau s}/[1+G_c(s)G_s(s)]}=$$

$$\frac{G_c(s)G_0(s)e^{-\tau s}}{1+G_c(s)G_s(s)+G_c(s)G_0(s)e^{-\tau s}}=\frac{G_c(s)G_0(s)e^{-\tau s}}{1+G_c(s)G_0(s)(1-e^{-\tau s})+G_c(s)G_0(s)e^{-\tau s}}=$$

$$\frac{G(s)G(s)e^{-\tau s}}{1+G_c(s)G_0(s)}$$

可见，史密斯预估控制的闭环特征方程式中已没有 τs 项。换句话说，该系统与原系统相比已消除了纯滞后对系统稳定性的影响。

（三）内模控制

内模控制是由 Garcia 于 1982 年提出的，它在结构上与史密斯预估控制相似。它不但与史密斯预估控制一样能明显改善大滞后过程的控制品质，而且还具有设计简单、调节性能好、鲁棒性强等优点。

1. 内模控制系统的结构

图（5-29）中，$G_0(s)$ 为被控过程的实际动态特性；$G_s(s)$ 为被控过程的估计模型（也称内部模型）；$G_c^*(s)$为内模控制器。内模控制系统的输出$Y(s)$ 为

$$Y(s)=\frac{G_c^*(s)G_0(s)}{1+G_c^*(s)[G_0(s)-\hat{G}_0(s)]}X(s)+\frac{1-G_c^*(s)\hat{G}_0(s)}{1+G_c^*(s)[G_0(s)-\hat{G}(s)]}F(s) \tag{5-43}$$

内模控制系统的核心问题是如何设计内模控制器。它的基本思想是，先在理想的情况下假设模型没有误差，即 $\hat{G}_0(s)=G_0(s)$ ，则式（5-43）可简化为

$$Y(s)=G_c^*(s)G_0(s)X(s)+[1-G_c^*(s)\hat{G}_0(s)]F(s) \tag{5-44}$$

当 $X(s)=0$，$F(s)\neq 0$ 时，则有

$$Y(s)=[1-G_c^*(s)\hat{G}_0(s)]F(s) \tag{5-45}$$

假设模型“可倒”，即 $1/\hat{G}_0(s)$ 存在且能物理实现，令

$$G_c^*(s)=1/\hat{G}_0(s) \tag{5-46}$$

则有

$$Y(s)=0$$

可见，当模型没有误差且“可倒”时，不管干扰 $F(s)$ 如何，该控制器均能克服干扰对系统的影响。

同样，当 $X(s)\neq 0$，$F(s)=0$ 时，则有

$$Y(s)=G_c^*(s)G_0(s)X(s)=G_0(s)X(s)/\hat{G}_0(s)=X(s) \tag{5-47}$$

式（5-47）表明，当模型没有误差且“可倒”时，内模控制器可确保系统输出完全能够跟踪设定值输入的变化。

2. 实际内模控制器

所示的控制器是在假定模型不存在误差且“可倒”的情况下设计的内模控制器，因而称其为理想内模控制器。但在实际工作中，模型和实际过程总会存在误差；此外，模型 $\hat{G}_0(s)$ 的倒数有时还会出现物理不可实现的情况。例如，当 $\hat{G}_0(s)$ 中包含有纯滞后环节或零点在 s 平面右半部的非最小相位环节时，其倒数要么在物理上难以实现，要么是不稳定环节，均不能使用。

针对上述情况，在设计内模控制器时，先将内部模型分解为两个因式的乘积，即令

$$\hat{G}_0(s) = \hat{G}_{0+}\hat{G}_{0-} \tag{5-48}$$

式中，G_0 包含了所有纯滞后和在 s 平面右半部存在零点的环节，且规定静态增益为 1。令

$$G_c^*(s) = \frac{D(s)}{\hat{G}_{0-}} \tag{5-49}$$

式中，$D(s)$是静态增益为 1 的低通滤波器，其典型结构为

$$D(s) = \frac{1}{(Ts+1)^p}$$

式中，T 为所希望的闭环时间常数；p 为一正整数。通过选择 p 大小，可使 $G_c^*(s)$的分母阶次大于或等于分子的阶次，从而保证 $G_c^*(s)$既稳定又可物理实现。需要指出的是，式（5-49）所示控制器是基于零、极点相消的原理设计的，当 $\hat{G}_0(s)$ 为不稳定过程（在 s 平面右半部有极点）时，这种设计方法则不能采用。

假设模型没有误差，将式（5-49）代入式（5-48），可得

$$Y(s) = \hat{G}_{0+}D(s)X(s) + [1 - D(s)\hat{G}_0(s)]F(s) \tag{5-50}$$

设定值变化［设 $F(s)=0$］时的闭环传递函数为

$$\frac{Y(s)}{X(s)} = G_{0+}(s)D(s) = G_{0+}(s)\frac{1}{(Ts+1)^p}\frac{Y(s)}{X(s)} = G_{0+}(s)D(s) = G_{0+}(s)\frac{1}{(Ts+1)^p}$$

上式表明，滤波器 $D(s)$与闭环性能有密切的关系。滤波器中的时间常数 T 是可调参数。时间常数越小，则输出对设定值的跟踪滞后也越小。但当模型存在误差时，由式（5-50）可知，时间常数越小，对模型误差就越敏感，系统的鲁棒性会变差。所以对具体系统而言，滤波器时间常数的取值应在兼顾动态性能和系统鲁棒性之间折中选择。

总之，内模控制系统在结构上与史密斯预估控制系统相似，与其相比更具一般

性。它不仅可以解决大滞后过程的控制问题，而且还可通过滤波器的参数调整以增强系统的鲁棒性，这是它和史密斯预估控制相比的优越之处。然而，由于它对过程模型同样有较强的依赖性，所以它在工业生产过程中的应用也同样受到了限制。

3. 内模控制与反馈控制的关系

若令图 5-30 中框的传递函数等效为 $G_c(s)$ ，则

$$G_c(s)=\frac{G_c^{\,*}(s)}{1-G_c^*(s)\hat{G}_0(s)} \tag{5-51}$$

$$G_c(s)=\frac{D(s)}{\hat{G}_{0-}}/1-\frac{D(s)}{\hat{G}_{0-}}\hat{G}_0(s) \tag{5-52}$$

当 $s=0$，$D(0)=1$，且 $\hat{G}_{0-}$（s）$<\hat{G}_0$（s），则有

$$D_c(s)\mid_{s=0}=\infty \tag{5-53}$$

式（5-53）的意义是控制器 $G_c(s)$ 的零频增益为无穷大。由控制理论可知，零频增益为无穷大的反馈控制器可以消除由外界阶跃干扰引起的余差。这表明内模控制器 $G_c^*(s)$ 本身没有积分功能，但它的控制结构保证了整个内模控制可以消除稳态误差。有关内部控制的更详细内容，限于篇幅，不再叙述。有兴趣的读者，请参阅有关文献。

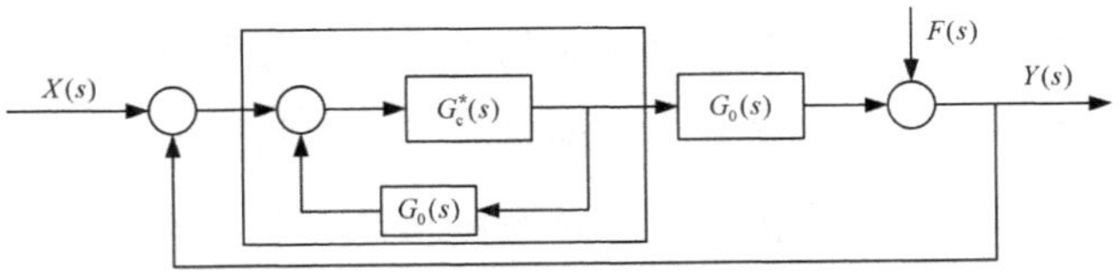

图 5-30　内模控制的等效框图

第五节　集散控制技术

一、基本概念

集散控制系统（Total Distributed Control System）是以微处理器为基础的集中分散型控制系统。自 20 世纪 70 年代中期第一套集散控制系统问世以来，集散控

制系统已经在工业控制领域得到了广泛的应用，越来越多的仪表和控制工程师已经认识到集散控制系统必将成为过程工业自动控制的主流，在计算机集成制系统中，集散控制系统将成为主角，发挥它的优势。

集散控制系统的主要特性是它的集中管理和分散控制。而且，随着计算机技术的发展，网络技术已经使集散控制系统不仅主要用于分散控制，而且向着集成管理的方向发展，系统的开放不仅使不同制造厂商的集散控制系统产品可以互相连接，而且使得它们可以方便地进行数据的交换，系统的开放也使三方的软件可以方便地在现有的集散控制系统上应用。因此，集散控制系统早已在原有的概念上有了新的含义。我国引进不同型号的集散控制系统的数量已多达几百套，应用的工业控制领域也已遍及石油、化工、冶金、炼油、建材、纺织、制药等行业。为了使集散控制系统应用得更好，对集散控制系统进行认真和细致分析，研究集散控制系统的共性和各个制造厂商产品的不同点，了解集散控制系统的选择、设计和应用的方法，是十分必要的。

二、集散控制系统的构成

自 20 世纪 70 年代中期工业控制领域推出第一套集散控制系统以来，集散控制系统已发展成为工业生产过程自动控制的主流。随着大规模、超大规模集成电路技术、计算机数字技术、通信技术、网络技术、控制技术、显示技术、软件技术、安装布线技术等系统技术的应用，集散控制系统也不断发展和更新，各制造厂商相继推出和更新各自的集散控制系统产品，在系统的开放性功能的综合性和先进性、操作的方便性和可靠性等方面都有不同程度的改进和提高，产品的应用范围已不仅仅是工业控制领域的各个行业，而是向制造过程自动化和过程自动化的综合管理方向发展。已发布的集散控制系统产品虽然已达百种以上，它们的硬件和软件也千差万别，但从基本构成方式和构成要素来分析，则具有相同或相似的特性。本章介绍的内容包括集散控制系统的基本构成、构成要素及典型集散控制系统构成实例。

集散控制系统的功能分层是集散控制系统的体系特征，它充分反映了集散控制系统的分散控制、集中管理的特点。按照功能分层的方法，集散控制系统可以分为现场控制级、过程装置控制级、车间操作管理级、全厂优化和调度管理级等。信息一方面自下向上逐渐集中，同时，它又自上而下逐渐分散，这就构成了系统的基本结构。为了对各层功能做进一步了解，本节结合实际的硬、软件结构加以说明。

(一) 集散控制系统的各层功能

随着现场总线的使用，在集散控制系统的最底层出现了现场控制级。因此，本书把它作为一个控制级进行介绍。

1. 现场控制级的功能

微处理器进入现场变送器、传感器和执行器，以及现场总线的应用，形成了现场控制级。根据现场总线的网络结构，现场控制级可组成星形、树形和总线形结构。现场控制级的特性与现场总线的特性、智能设备的特性有关。主要表现如下。

(1) 多信息系统。

(2) 双向的多变量通信。

(3) 更高精确度和可靠性。

(4) 系统的自诊断、自校正功能更强。

(5) 维护、校验更方便。

(6) 互操作性。

(7) 多端存取。

(8) 低的成本和安装费用。

随着控制器与变送器、传感器和执行机构的整体安装式智能仪表的问世，现场控制级可以部分或全部完成过程装置控制级的功能。现场控制级的功能如下。

(1) 采集过程数据，对数据进行转换。

(2) 输出过程操纵命令。

(3) 进行直接数字控制。

(4) 完成与过程装置控制级的数据通信及对现场控制级的设备进行监测与诊断。

2. 过程装置控制级的功能

大多数集散控制系统采用过程装置控制设备和 I/0 卡件组成过程装置控制级，通过通信网络把过程信息传送到上、下级。过程装置控制级的特点如下。

(1) 高可靠性。

(2) 实时性。

(3) 控制功能强。

(4) 通信速度高、信息量大。

过程装置控制级是集散控制系统的关键部分。它的性能好坏极大地影响到信息的实时性、控制质量的好坏以及管理决策的正确性。过程装置的功能主要有以下几个方面。

（1）采集过程数据，进行数据转换与处理。

（2）数据的监视和存储。

（3）实施连续、批量或顺序控制的运算和输出控制作用。

（4）数据和设备的自诊断。

（5）数据通信。

3. 车间操作管理级的功能

车间操作管理级以中央控制室操作站为中心，辅以打印机、拷贝机等外部设备。它是人机的界面，因此，它的质量与操作的效果有直接关系。该级的主要特征如下。

（1）采用屏幕显示过程和数据。

（2）操作应方便、简捷。

（3）存储数据量大，显示信息量大。

（4）报警和故障诊断的处理。

（5）数据通信。

在一些简单的优化控制系统中，车间操作管理级还须完成优化计算。车间操作管理级的功能如下。

（6）数据显示和记录。

（7）过程操作（含组态操作、维护操作）。

（8）数据存储和压缩归档。

（9）报警、事件的诊断和处理。

（10）系统组态、维护和优化处理。

（11）数据通信。

全厂优化和调度管理级的功能，全厂的优化和调度管理是从系统观点出发，从原料到产品销售，从订货、库存到交货，生产计划，进行一系列的优化协调，使成本下降、产量和质量提高。该级的功能主要有以下几个方面。

（1）优化控制。

（2）协调和调度各车间生产计划和各部门的关系。

（3）主要数据的显示、存储和打印。

（4）数据通信。

（二）集散控制系统的基本组成

集散控制系统的产品纷繁，但从系统结构分析，集散控制系统都由三大基本部分组成。它们是分散过程控制装置部分、集中操作和管理系统部分以及通信系统部分。分散过程控制装置部分由多回路控制器、单回路控制器、多功能控制器、可编程序逻辑控制器及数据装置等组成。它相当于现场控制级和过程控制装置级，实现与过程的连接。集中操作和管理部分由操作站、管理机和外部设备（如打印机、拷贝机）等组成，相当于车间操作管理级和全厂优化和调度管理级实现人机接口。在每级之间及每级内的计算机或微处理器则由通信系统进行数据通信。三部分的关系如图 5-31 所示。

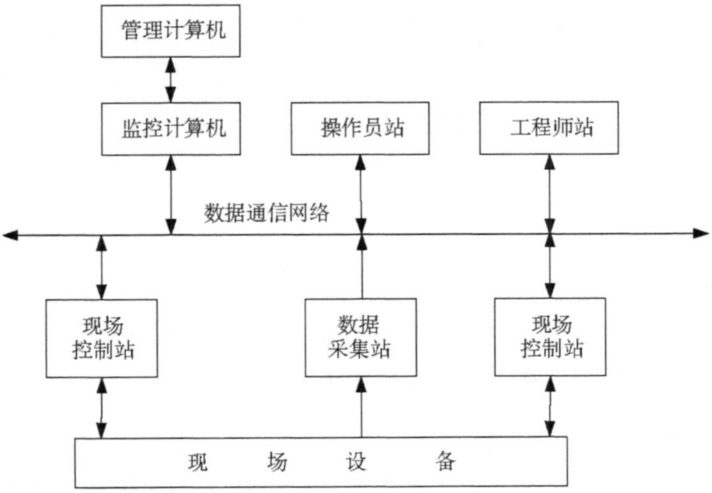

图 5-31　集散控制系统的组成结构

1. 分散过程控制装置部分

顾名思义，分散过程控制装置的主要功能是分散的过程控制。由于它是系统与过程之间的接口，因此，其结构具有如下特征。

（1）须适应恶劣的工业生产过程环境

分散过程控制装置的一部分设备需要安装在现场，所处的环境差。因此，要求分散过程控制装置能适应环境的温、湿度变化，适应电网电波动的变化对适应工业环境中的电磁干扰的影响，以及环境介质的影响。

（2）分散控制

分散过程控制装置体现了控制分散的系统构成。它把地域分散的过程装置用分散的控制实现，它的控制功能也分为常规控制、顺序控制和批量控制。它把监视和控制分离，把危险分散，使得系统的可靠性提高。

（3）实时性

分散过程控制装置直接与过程进行联系，为能准确反映过程参数的变化，它应具有实时性强的特点。从装置来看，它要有快的时钟频率、足够的字长。从软件来看，运算的程序应精练、实时和多任务作业。

（4）独立性

相对于整个集散系统，分散过程控制装置具有较强的独立性。在与上一级的通信或者上一级设备出现故障的情况下，它还能正常运行，而使过程控制和操作得以顺利进行。因此，对它的可靠性要求也相对较高。

2. 集中操作和管理系统部分

集中操作和管理部分的主要功能是集中各分散过程控制装置送来的信息，通过监视和操作，把操作命令送达各分散过程控制装置。信息可用于分析、研究、打印、存储，并作为确定生产计划、调度的依据。因此，在结构上它具有如下特征。

（1）信息量大

它需要汇总各分散过程控制装置的信息以及下送的信息，对此，从硬件来看，它具有大的存储容量，允许有较多的画面可显示。从软件来看，应采用数据压缩技术、分布式数据库技术及并行处理技术等。

（2）易操作性

集中操作和管理部分的装置是操作人员、管理人员直接与系统联系的界面，它们通过 CRT、打印机等装置了解过程运行情况并发出指令。因此，除了部分现场手动操作设备，操作人员和管理人员通过装置提供的输入设备，如键盘、鼠标、跟踪球标等来操作设备的运行。为此，对集中操作和管理部分的装置要有良好的操作性。

（3）容错性好

由于集中操作和管理部分是人和机器的联系界面，为防止操作人员的误操作，该部分装置应有好的容错特性，即只有具有相当权威的人员才能对它进行操作。为此，要设置硬件密钥、软件口令、对误操作不予响应等安全措施。

3. 通信系统部分

通信系统用于数据通信。这里的通信系统指各级的计算机、微处理器与外部的设备通信，级与级之间的通信。对通信系统的要求除了传输速率、误码率等外，主要是开放性和互操作性。系统所谓的“开放”，就是允许与其他厂商的产品通信，或者所谓的“与国际接轨”，这要求通信有一个统一的标准、协议。各厂商的产品的通信也应符合统一的标准，这个通信标准的框架结构是国际标准化组织的开放系统互连参考模型。所谓“互操作性”是指现场总线的通信标准，这要求不同厂商的智能现场变送器、执行器等可以互换。

三、集散控制系统的特点

集散控制系统能被广泛应用的原因是它具有优良的特性。与模拟电动仪表相比较，它具有连接方便、采用软连接的方法连接，容易更改、显示方式灵活、显示内容多样、数据存储量大等优点。与计算机集中控制系统相比较，它具有操作监督方便、危险分散、功能分散等优点。因此，集散控制系统在各行各业各领域都得到了应用。

（一）分级递阶控制

集散控制系统是分级递阶控制系统。它在垂直方向或水平方向都是分级的。最简单的集散控制系统至少在垂直方向分为二级，即操作管理级和过程控制级。在水平方向上各个过程控制之间是相互协调的分级，它们把数据向上送达操作管理级，同时接收操作管理机关指令。各个水平分级间相互也进行数据的交换，这样的系统是分级的递阶系统。集散控制系统的规模越大，系统的垂直和水平分级的范围也越广。现在常见到的 CIMS 是集散控制系统的一种垂直方向和水平方向的扩展。因此，从广义的角度来说，CIMS 是在管理级扩展的集散控制系统，它把操作的优化、自学习和自适应的各垂直级加入集散控制系统中，把计划、销售、管理、控制的各水平级综合在一起，因而有了新的内容和新的含义。目前，集散控制系统把管理级仅限于操作管理级，单从系统的构成来看，分级递阶是它的基本特征。

分级递阶系统的优点是各个分级具有各自的分工范围、相互之间的协调，通常，这种协调是通过上一分级来完成的。上下各分级的关系通常是下面的分级把该级及它下层的分级数据送到上一级，由上一级根据生产的要求进行协调，并给出相应的指令即数据，通过数据的通信系统，把数据送到下层的有关分级。在集散控制系统中，过程控制级采集过程的各样数据信息，把它们转换成数字量。这些数据经过计算获得作用到执行机构的数据输出量。然后，经转换成为执行机构的输入信号，送到执行机构。可以看到，在集散控制系统中，各个分级有各自的功能，完成各自的操作。它们之间既有分工又有联系，在各自的工作中完成各自的任务，同时它们相互协调、相互制约，使整个系统在优化的操作条件下运行。

与模拟电动仪表相比，模拟电动仪表相互间的协调和制约较难解决，系统控制方案的更新较为困难，各级的相互联系虽然可通过信号的串联或并联来完成，但是它受到输出阻抗和输出量的限制，并且联系的更改十分困难。与计算机直接数字控制系统相比，在计算机直接数字控制系统中，组成系统的某些部件的故障将造成整个系统的瘫痪。由于系统没有分级，因此，系统中的各个组成部分具有相同等级。各级间的数据由同一个 CPU 进行处理，虽然可以进行优先级别的分配，但是系统的调整是较不方便的。正因为没有分级，系统的可靠性要求必然需要大大提高，而系统的危险性也相应增大。

（二）分散控制

分散控制是集散控制系统的另一特点，分散是针对集中而言的。在计算机控制系统的应用初期，控制系统是集中式的，即一个计算机完成全部的操作监督和过程的控制。国外对集散控制系统常称为分散控制系统，即 DCS。其原因是把分散控制放在十分重要的。分散的含义不单是分散控制，还包含了其他意义，例如，人员分散、地域分散、功能分散、危险分散、设备分散及操作分散等。分散的目的是使危险分散，提高设备的可利用率。集中式的计算机控制系统是在中央控制室集中控制的基础上发展而来的。在中央控制室，各种过程的参数经检测、外部送到中央控制室，并在控制室的仪表盘上显示或记录，对要调节的参数则通过控制器的运算，输出信号到相应的执行机构。操作人员在中央控制室通过仪表盘上的仪表来监视和操作。这种集中控制的方式大大方便了操作，过程参数的信息管理也有较好的效果。

计算机的出现使人们自然而然地把它应用到过程的控制领域，集中控制式的计算机控制系统因此而产生。由于在一台计算机上把所有的过程信息的显示、记录、运算、转换等功能集中在一起，也产生了一系列的问题。首先是一旦计算机发生故障，将造成过程操作的全线瘫痪，为此，危险分散的想法就提了出来，冗余的概念也产生了。但是，要采用一个同样的计算机控制系统作为原系统的后备，无论从经济上还是从技术上都是行不通的。对计算机功能的分析表明，在过程控制级进行分散，把过程控制与操作管理进行分散是可能的和可行的。

随着生产过程规模的不断扩大，设备的安装位置也越来越分散，把大范围内的各种过程参数集中到一个中央控制室变得不经济，而且操作也不方便。因此，地域的分散和人员的分散也提了出来。而人员的分散还与大规模生产过程的管理有密切的关系。地域的分散和人员的分散也要求计算机控制系统与其相适应。在集中控制的计算机系统中，为了操作的方便，需要有几个操作用的显示屏，各个操作人员在各自的操作屏上进行操作，由于在同一个计算机系统内运行，系统的中断优先级、分时操作等的要求也较高，系统还会出现因多个用户的中断而造成计算机的死机。操作的分散和多用户、多进程的计算机操作系统的要求也被提了出来。通过分析和比较，人们认识到分散控制系统是解决计算机集中控制系统不足的较好途径。同时，在实践中，人们也在不断地改善分散控制系统的性能，使它成为过程控制领域的一支主流。

（三）自治和协调性

集散控制系统的各组成部分是各自为政的自治系统，它们各自完成各自的功能，相互间又有联系，数据信息相互交换，各种条件相互制约，在系统的协调下工作。

在集散控制系统中，分散过程控制装置是一个自治的系统，它完成数据的采集、信号处理、计算及数据输出等功能。操作管理装置完成数据的显示、操作监视和操纵信号的发送等功能。通信系统则完成操作管理装置与分散过程控制装置间的数据通信。集散控制系统的各部分是各自独立的自治系统，但是，在系统中它们又是互相协调工作的。由于整个系统是一个相互协调的系统，因此，虽然各个组成部分是自治的，但是任何一个部分的故障也会对其他部分有影响，例如，操作管理装置的故障将使操作人员无法知道过程的运行情况；通信系统的故障会使数据传送出错；过程控制装置的故障使系统无法正常工作。应该指出，不同部件的故障对整个系统影响的大小是不同的，为此，在集散控制系统的选型和系统配置时应考虑重要的部位设置较高可靠性的部件或有必要的冗余措施等。

分散的基础是被分散的系统应是自治的系统。递阶分级的基础是被分级的系统是相互协调的系统。在集散控制系统中，分散的内涵是十分广泛的。分散数据库、分散控制功能、分散数据显示、分散通信、分散供电、分散负荷等，它们的分散是相互协调的分散，因此，在分散中有集中的数据管理、集中的控制目标、集中的显示屏幕、集中的通信管理等，为分散做协调和管理。各个分散的自治系统是在统一集中管理和协调下各自分散工作的。

第六章

工业总线技术

第一节　现场总线技术概述

一、现场总线简介

现场总线是应用在生产现场、在微机化测量控制设备之间实现双向串行多节点数字通信的系统，也被称为开放式、数字化、多点通信的底层控制网络。现场总线导致了传统控制系统结构的变革，形成了新的网络集成式全分布控制系统——现场总线控制系统 FCS（FieldbusControlSystem）。这是继基地式气动仪表控制系统、电动单元组合式模拟仪表控制系统、集中式数字控制系统、集散控制系统（DCS）后的新一代控制系统。

进入 20 世纪 80 年代以后，出现了高性能、可嵌入的微处理器，现场设备逐步实现智能化，计算机的可靠性也得到了提高。以微机为核心，加上扩展 I/O 接口电路以及数字调节器、可编程序控制器（PLC）构成分散于现场的基本调节器，担负着系统的基本控制任务。这样，在一定程度上克服了集中式控制系统风险高度集中的缺点，形成了分散控制、集中管理的集散控制系统。由于在这种系统中，测量变送仪表一般为模拟仪表，因此，它是一种模拟数字混合的系统。在集散控制系统中，各厂家的产品自成体系，不同厂家的产品不能互连在一起，难以实现互连和互操作，难以实现设备之间以及系统与外界之间的信息交换，这样整个企业中出现了多个“信息孤岛”。

随着计算机和信息技术的发展，企业、工厂要形成信息的集成，实施综合自动化。信息交换的需求正从管理和控制的各个层次延伸到现场设备层。因此，要求有一种能在工业现场环境运行、性能可靠、造价低廉的通信系统，以形成工厂的底层网络，完成信息的交换。现场总线技术将专用的微处理器置入传统的测量控制仪表，使它们具有数值计算和数据通信的能力。通过采用可进行简单连接的双绞线等作为总线，将多个测量控制仪表连接成网络系统，并按照开放、规范的通信协议，在位于现场的多个智能化测量控制设备之间以及现场仪表与远程监控计算机之间，实现数据传输与信息交换，形成各种适应实际需要的自动控制系统。简而言之，现场总线把单个分散的测量控制设备变成网络节点，以总线为纽带，把它们连接成可以相互沟通信息、共同完成控制任务的网络与控制系统。

因此，现场总线是连接智能现场设备和各类自动化系统的数字式、双向传输、多分支结构的通信网络。现场总线控制系统既是一个开放的通信网络，又是一个全分布式的控制系统。它作为智能设备的联系纽带，把挂接在总线上作为网络节点的智能设备连接为网络系统，并进一步构成自动化控制信息系统，具有基本控制、补偿计算、参数修改、报警、显示、监控、优化及控管一体化等的综合自动化功能。因此，现场总线技术综合了智能传感器、自动控制、计算机、数字通信、网络技术等方面的内容。

现场总线适应了工业控制系统的分散化、网络化、智能化迅速成为全球工业自动化技术的热点，受到全世界的普遍关注。现场总线的出现，导致目前的自动化仪表、集散控制系统（DCS）、可编程序控制器（PLC）在产品的体系结构功能结构方面的较大变革，自动化设备的制造厂家被迫面临产品更新换代的又一次挑战。传统的模拟仪表将逐步让位于智能化的、具备数字通信功能的数字式仪表，出现了一批集检测、运算、控制功能于一体的变送控制器，可集检测温度、压力、流量于一身的多变量变送器，以及带控制模块、可提供故障信息的执行器。并由此大大改变现有的设备维护管理方法。

二、现场总线系统结构

现场总线是将自动化最底层的现场控制器和现场智能仪表设备进行互连的实时控制通信网络，主要目的是用于控制、报警和事件报告等工作。现场总线控制系统结构如图 6-1 所示，现场总线控制系统（Fieldbus Control System，FCS）的各控制节点下放分散到现场，构成一种彻底的分布式控制系统体系结构。

FCS 的网络拓扑结构可以选择总线型、星型和环型等；通信介质不受限制，可用双绞线、电力线、光纤、无线和红外线等多种介质。由 FCS 构成的现场控制网很容易与过程监控网和企业管理网互联，形成一个完整的企业网络三级体系结构。

三、现场总线的特点与优点

（一）现场总线的技术特点

系统的开放性开放系统是指通信协议公开，各不同厂家的设备之间可进行互

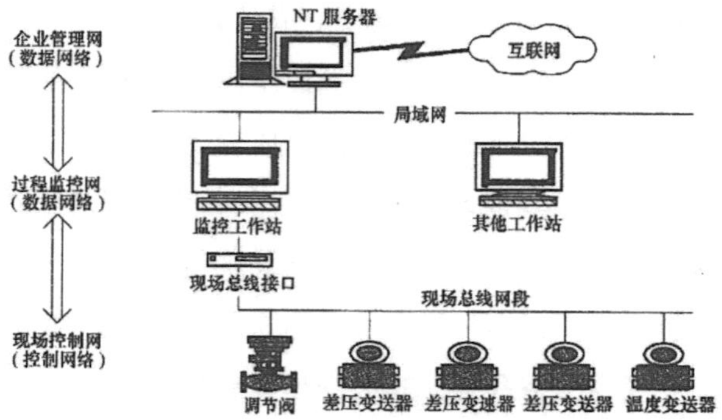

图 6-1　现场总线控制系统结构

连并实现信息交换，现场总线开发者就是要致力于建立统一的工厂底层网络的开放系统。这里的开放是指对相关标准的一致、公开性，强调对标准的共识与遵从。一个开放系统，它可以与任何遵守相同标准的其他设备或系统相连。

互可操作性与互用性。互可操作性是指实现互联设备间、系统间的信息传送与沟通，可实行点对点、一点对多点的数字通信。而互用性则意味着不同生产厂家的性能类似的设备可进行互换而实现互用。现场设备的智能化与功能自治性将传感测量、补偿计算、工程量处理与控制等功能分散到现场设备中完成，仅靠现场设备即可完成自动控制的基本功能，并可随时诊断设备的运行状态。系统机构的高度分散性由于现场设备本身已可完成自动控制的基本功能，使得现场总线已构成一种新的全分布式控制系统的体系结构，从根本上改变了现有 DCS 集中与分散相结合的集散控制系统体系，简化了系统结构，进一步提高了可靠性。对现场环境的适应性作为工厂网络底层的现场总线，是专为在现场环境工作而设计的，它可支持双绞线、同轴电缆、光缆、射频、红外线、电力线等，具有较强的抗干扰能力，能采用二线制实现电能传输与通信，并可满足本质安全防爆要求等。

1. 现场总线的优点

由于现场总线的以上特点，特别是现场总线系统结构的简化，使控制系统的设计、安装、投运到正常生产运行及检修维护，都体现出优越性。节省硬件数量与投资。由于现场总线系统中分散在设备前端的智能设备能直接执行多种传感、控制、报警和计算功能，因而可减少变送器的数量，不再需要单独的控制器、计算单元等，也不再需要 DCS 的信号调理、转换、隔离技术等功能单元及复杂的接线，还可以用工控 PC 作为操作站，从而节省了一大笔硬件投资，由于控制设备的减少，还可减少控制室的占地面积。

2. 节省安装费用。现场总线系统的接线十分简单，由于一对双绞线或一条电缆上通常可挂接多个设备，因而电缆、端子、槽盒、桥架的用量大大减少，连线设计与接头校对的工作量也大大减少。当需要增加现场控制设备时，无须增设新的电缆，可就近连接在原有的电缆上，既节省了投资，也减少了设计、安装的工作量。据有关典型试验工程的测算资料，可节约安装费用60%以上。

3. 节省维护开销。由于现场控制设备具有自诊断与简单故障处理的能力，并通过数字通信将相关的诊断维护信息送往控制室，用户可以查询所有设备的运行，诊断维护信息，以便早期分析故障原因并快速排除，缩短了维护停工时间，同时由于系统结构简化，连线简单而减少了维护工作量。

4. 用户具有高度的系统集成主动权。用户可以自由选择不同厂家所提供的设备来集成系统，避免因选择了某一品牌的产品被“框死”了设备的选择范围，不会为系统集成过程中不兼容的协议、接口而一筹莫展，使主动权完全掌握在用户手中。提高了系统的准确性与可靠性由于现场总线设备的智能化、数字化，与模拟信号相比，它从根本上提高了测量与控制的准确度，减少了传送误差。同时，由于系统的结构简化，设备与连线减少，现场仪表内部功能加强，减少了信号的往返传输，提高了系统的工作可靠性，此外，由于它的设备标准化和功能模块化，因而还具有设计简单、易于重构等优点。

第二节　主流现场总线技术

一、FF

基金会现场总线（Foundation Fieldbus，FF）是目前最具发展前景，最具竞争力的现场总线之一，它的前身是以 Fisher-Rosemount 公司为首，联合 80 家公司制定的 ISP 协议和以 Honeywell 公司为首，联合欧洲 150 家公司制定的 World-FIP 协议，两大集团于 1994 年合并，成立现场总线基金会，致力于开发统一的现场总线标准。FF 目前拥有 120 多个成员，这包括世界上最主要的自动化设备供应商：AB、ABB、Foxboro、Honeywell、Smar、FUJIElectric 等。FF 的通信模型以 ISO/OSI 开放系统模型为基础，采用了物理层、数据链路层、应用层，并在其上增加了用户层，各厂家的产品在用户层的基础上实现。FF 总线采用的是令牌总线通信方式，可分为周期通信和非周期通信。FF 目前有高速和低速两种通信速率，其中低速总线协议 H1 已于 1996 年发表，现在已应用于工作现场，高速协议原定为 H2 协议，但目前 H2 很有可能胎死腹中，HSE 将取而代之。H1 的传输速率为 31.25 kbit/s，传输距离可达 1 900 m，可采用中继器延长传输距离，并可支持总线供电，支持本质安全防爆环境；HSE 目前的通信速率为 10 Mbit/s，更高速的以太网正在研制中。FF 可采用总线型、树型、菊花链等网络拓扑结构，网络中的设备数量取决于总线带宽、通信段数、供电能力和通信介质的规格等因素。FF 支持双绞线、同轴电缆、光缆和无线发射等传输介质，物理传输协议符合 IEC1158-2 标准，编码采用曼彻斯特编码。FF 总线拥有非常出色的互操作性，这在于 FF 采用了功能模块和设备描述语言（Device Description Language，DDL），使得现场节点之间能准确、可靠地实现信息互通。目前 FF 有 29 个功能模块，其中包括 10 个基本功能模块和 19 个先进功能模块。用户还可以开发自己的功能模块，这些功能模块之间通过标准的 DDL 实现互操作。德国的 Fraunhofer 实验室担任一致性和互操作性测试。

二、LonWorks

LonWorks 是由美国 Echelon 公司推出并与摩托罗拉、东芝公司共同倡导，于 1990 年正式公布而形成的。它采用了 ISO/OSI 模型的全部 7 层通信协议，采用了面向对象的设计方法，通过网络变量把网络通信设计简化为参数设置，其通信速率从 300 bit/s 至 1.5 Mbit/s 不等，直接通信距离可达 2 700 m（78 kbit/s，双绞线）；支持双绞线、同轴电缆、光纤、射频、红外线、电力线等多种通信介质，并开发了相应的本质安全防爆产品，被誉为通用控制网络。

LonWorks 技术所采用的 LonTaLk 协议被封装在称为 Neuron 的神经元芯片中得以实现。集成芯片中有 3 个 8 位 CPU，第 1 个用于完成开放互连模型中第 1 层和第 2 层的功能，称为媒体访问控制处理器，实现介质访问的控制与处理；第 2 个用于完成第 3～6 层的功能，称为网络处理器，进行网络变量的寻址、处理、背景诊断、路径选择、软件计时、网络管理，并负责网络通信控制，收发数据包等；第 3 个是应用处理器，执行操作系统服务与用户代码。芯片中还具有存储信息缓冲区，以实现 CPU 之间的信息传递，并作为网络缓冲区和应用缓冲区。

Echelon 公司的技术策略是鼓励各原始设备制造商（OEM）运用 LonWorks 技术和神经元芯片，开发自己的应用产品，据称目前已有 2 600 多家公司在不同程度上采用了 LonWorks 技术，1 000 多家公司已经推出了 LonWorks 产品，并进一步组织起 LonMARK 互操作协会，开发推广 LonWorks 技术与产品，并被广泛应用在楼宇自动化、家庭自动化、保安系统、办公设备、交通运输、工业过程控制等行业，另外，在开发智能通信接口、智能传感器方面，LonWorks 神经元芯片也具有独特的优势。

三、PROFIBUS

PROFIBUS 是 Process Field Bus 的缩写，它是由以西门子为首的 13 家公司和 5 家科研机构在联合开发的项目中制定的标准化规范，1989 年 12 月成立了 PNO，1996 年 PROFIBUS 成为德国国家标准 DIN19245，同时又是欧洲标准 EN50170。PROFIBUS 在实际应用中业绩斐然，在众多总线中居于前列，广泛应用于各种行业。同 FF 一样，它也是最具竞争力的一类现场总线。目前的 PROFIBUS 有 3 种系列：PROFIBUS-DP. PROFIBUS-PA 和 PROFIBUS-FMSCPROFIBUS-DP（最大传输速率为 12 Mbit/s）应用于现场级，经过优化的高速、廉价的传输形式适于自动控制系统与现场设备之间的实时通信，它采用了 RS-485 传输。PROFIBUS-FMS 用于车间级，即中、下层，要求面向对象，提供较大数据量的通信服务，它有被以太网取代的趋势，它也采用了 RS-485 传输。PROFIBUS-PA 专为过程自动化设计，它采用了 IEC1158-2 传输技术，可用于有爆炸危险的环境中。PROFIBUS-DP 和 PROFIBUS-FMS 使用了同样的传输技术和总线访问协议，所以它们可以在同一根电缆上同时操作，而 PROFIBUS-PA 设备通过分段耦合器可以很方便地集成到 PROFIBUS-DP 网络。PROFIBUS 有 3 种传输类型：PROFIBUS-DP 和 PROFIBUS-FMS 的 RS-485（H2）；PROFIBUS-PA 的 IEC1158-2（H1）；光纤（FO）。PROFIBUS 参考模型遵循 ISO/OSI 模型，它同 FF 一样也省略了 3~6 层，增加了用户层。PROFIBUS-DP 使用第 1 层、第 2 层和用户接口。PROFIBUS-FMS 分 1 层、2 层和 7 层均加以定义，PROFIBUS-PA 的数据传输沿用 PROFIBUS-DP 的协议，只是在上层增加了描述现场设备行为的 PA 行规。它的总线访问方式为：主站之间通信采用令牌传输，主站和从站之间采用主从方式。PROFIBUS 可以采用总线型、树型、星型等网络拓扑，总线上最多可挂接 127 个站点。PROFIBUS 行规的制定为遵循 PROFIBUS 协议的设备之间的互操作奠定了基础。通过对设备指定符合 PROFIBUS 行规的过程参数、工作参数、厂家特定参数，设备之间就可以实现互操作。

四、CAN

CAN 是控制器局域网络（Controller Area Net Work）的简称。它是德国 Bocsh 公司及几个半导体集成电路制造商开发出来的，起初是专门为汽车工业设计的，目的是为了节省接线的工作量，后来由于自身的特点被广泛地应用于各行各业。它的芯片由摩托罗拉、Intel 等公司生产。目前 CAN 已由 ISOTC22 技术委员会批准为国际标准，在现场总线中，它是唯一被国际标准化组织批准的现场总线。CAN 协议也遵循 ISO/OSI 模型，采用了其中的物理层、数据链路层与应用层。CAN 采用多主机工作方式，节点之间不分主从，但节点之间有优先级之分，通信方式灵活，可实现点对点、一点对多点及广播方式传输数据，无须调度。CAN 采用的是非破坏性总线仲裁技术，按优先级发送，可以大大节省总线冲突仲裁时间，在重负荷下表现出良好的性能。CAN 采用短帧结构传输，每帧有效字节为 8 个，传输时间短，受干扰的概率低。而且每帧信息都有 CRC 校验和其他检错措施，保证数据出错率极低。当节点严重错误时，具有自动关闭功能，使总线上其他节点不受影响。可见，CAN 是所有总线中最为可靠的。CAN 总线可采用双绞线、同轴电缆或光纤作为传输介质，它的直接通信距离最远可达 10 km，通信速率最高达 1 Mbit/s（此时通信距离为 40 m），总线上可挂设备数主要取决于总线驱动电路，最多可达 110 个；报文标志符可达 2 032 种，而扩展标准的报文标志符几乎不受限制。但 CAN 不能用于防爆区。国际 CAN 的用户及制造商组织于 1993 年在欧洲成立，简称 CIA，其主要作用是解决 CAN 总线实际应用中的问题，提供 CAN 产品及开发工具，推广 CAN 总线的应用。

五、HART

HART 是 Highway Address Able Remote Transducer 的缩写。最早由 Rosemount 公司开发并得到 80 多家著名仪表公司的支持，于 1993 年成立了 HART 通信基金会。这种被称为可寻址远程传感器高速通道的开放通信协议，其特点是在现有模拟信号传输线上实现数字信号通信，属于模拟系统向数字系统转变过程中的过渡性产品，因而在当前的过渡时期具有较强的市场竞争能力，得到了较快发展。

它规定了一系列命令，按命令方式工作。它有3类命令，第1类称为通用命令，这是所有设备都理解、执行的命令；第2类称为一般行为命令，所提供的功能可以在许多现场设备（尽管不是全部）中实现，这类命令包括最常用的现场设备的功能库；第3类称为特殊设备命令，以便在某些设备中实现特殊功能，这类命令既可以在基金会中开放使用，又可以为开发此命令的公司所独有，在一个现场设备中通常可发现同时存在这3类命令。

HART采用统一的设备描述语言DDL，现场设备开发商采用这种标准语言来描述设备特性，由HART基金会负责登记管理这些设备描述，并把它们编为设备描述字典，主设备运用DDL技术来理解这些设备的特性参数而不必为这些设备开发专用接口。但这种模拟数字混合信号制，导致难以开发出一种能满足各公司要求的通信接口芯片。HART能利用总线供电，可满足本质安全防爆要求，并可组成由手持编程器与管理系统主机作为主设备的双主设备系统。

表6-1所示为FF、PROFITBUS、HART、CAN和LonWorks性能对照表。

表6-1　FF、PROFITBUS、HART、CAN和LonWorks性能对照表

特性类型	FF	PROFIYBUS	HART	CAN	LonWorks
OSI网络层次	1，2，3，4	1、2、3	1，2，7	1，2，7	1，7
通信介质	双绞线、光纤电缆等	双绞线光纤	电缆	双绞线光纤	双绞线、光纤、电缆、电力线、无线等
介质访问方式	令牌（集中）	令牌（集中）	查询	位仲裁	P-PCSMA
纠错方式	CRC	CRC	CRC	CRC	CRC
通信速率/（bit/s）	31.25 k	31.25 k/12 M	9 600	1 M	780 k
最大节点数/网段	32	127	15	110	2^{48}
优先级	有	有	有	有	有
保密性					身份认证
本安性	是	是	是	是	是
开发工具	有	有		有	有

现场总线的通信模型是在开放系统互连参考模型OSI的基础上制定的，在具体介绍现场总线通信模型之前，简要介绍一下OSI模型是必要的，详细内容请参阅计算机网络与通信的有关文献。

第三节 开放系统互联模型

开放系统互联（Open System Interconnection，OSI）模型，简称 OSI 参考模型。它的目的是为异种计算机互联提供一个共同的基础和标准框架，并为保持相关标准的一致性和兼容性提供共同的参考。一个系统是开放的，是指它可以与世界上任何地方遵守同一协议标准的其他任何系统进行通信。这里的“开放”，仅指对 OSI 标准的遵从。OSI 参考模型是在博采众长的基础上形成的系统互联技术的产物。它不仅促进了数据通信的发展，而且还导致了整个计算机网络的发展。

一、OSI 参考模型的结构

OSI 参考模型如图 6-2 所示。

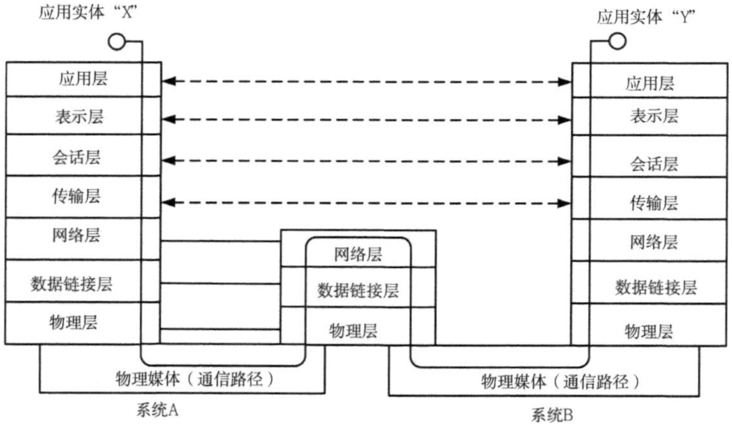

图 6-2 OSI 参考模型

该模型提供了概念性和功能性结构。它将开放系统的通信功能划分为 7 个层次，将相似的功能集中在同一层内，功能差别较大时则分层处理。每一层的功能是独立的，只对相邻的上、下层定义接口。换句话说，它只利用下一层提供的服务并为其上一层提供服务，而与其他层的具体情况无关。两个开放系统的同等层之间按照协议（即通信规则和约定）实现相互通信。有关 OSI 参考模型的详细内容在计算机网络课程中已经叙述，这里简要介绍该模型各层的主要功能。

二、OSI 参考模型各层的功能

（一）物理层（Physical Layer）

物理层处于 OSI 参考模型的最底层。它不是物理媒体本身，而是物理媒体实现物理连接的功能描述和执行连接的规则，并为在物理上连接的两个数据链路实体之间提供透明的位流传送。物理层有时也称物理接口，其典型的物理接口标准有 EIA-232-D 或“RS-232 标准”等。

（二）数据链路层（Data Iink Layer）

数据链路层是在物理层提供位流传输服务的基础上，在通信实体之间建立、维持和拆除链路连接，并传送以帧为单位的数据，通过差错控制、流量控制，使有差错的物理线路变成无差错的数据链路，所采用的协议主要有高级数据链路控制（High Level Data Link Control，HDLC）协议。

（三）网络层（Network Layer）

网络层是 OSI 模型中的第三层，是主机与网络通信的接口。它以链路层提供的无差错传输为基础，向传输层提供两个主机之间的数据传输服务，其主要功能为路由选择与中继、网络流量控制、网络的连接与管理等。

物理层、数据链路层和网络层是 OSI 模型中的低层。低层协议涉及的是节点之间或主机与节点之间的协议和接口。

（四）传输层（Trosport Layer）

传输层不再考虑主机如何与网络相连，它是主机到主机之间的协议。传输层向高层屏蔽了下层数据通信的细节，是计算机通信体系中关键的一层。

（五）会话层（Session Layer）

会话层的主要功能是组织与同步两个通信会话服务用户之间的对话，并管理数据的交换。它通过会话服务与活动管理达到协调进程之间的会话过程，以确保分布进程通信的顺利进行。

（六）表示层（Presentation Layer）

表示层的主要功能是通过一些编码规则定义通信中传送这些信息所需要的传送语法，即两个通信系统交换信息的表示方式，主要包括数据格式的变换，数据加密、解密、压缩与恢复算法等。

（七）应用层（Applicational Layer）

应用层是 OSI 参考模型的最高层。它实现的功能有用户应用进程和系统应用管理进程两部分。系统应用管理进程用于管理系统资源，如优化分配系统资源、控制资源的使用和负责系统的重启等；用户应用进程由用户要求决定，通常有数据库访问、分布计算与处理等。通用的应用程序有电子邮件、事务处理、文件传输协议和作业操作协议等。目前 OSI 标准的应用层协议有：文件传送访问和管理、公共管理信息、虚拟终端、事务处理、远程数据库访问、制造业报文规范、目录服务、报文处理系统等。

三、现场总线的通信模型

具有七层结构的 OSI 参考模型可支持的通信功能相当强大。可是，作为工业控制现场底层的现场总线，要构成开放互联系统，是否需要 OSI 的全部功能？这需要从过程控制的实际情况进行考虑。在工业生产现场中，大量传感器、控制器、执行器等都相当零散地分布在较大的范围内，由它们组成的工业底层控制网络，一方面其单个节点面向控制的信息量不大，信息传输的任务也相对简单，另一方面对实时性、快速性的要求却较高，若全部采用七层模型及其功能协议，则网络接口和时间开销过高。因此，为满足实时性和降低网络成本，通常在 OSI 模型的基础上进行适当的增减。OSI 参考模型与部分现场总线的通信模型的对应关系如图 6-3 所示。

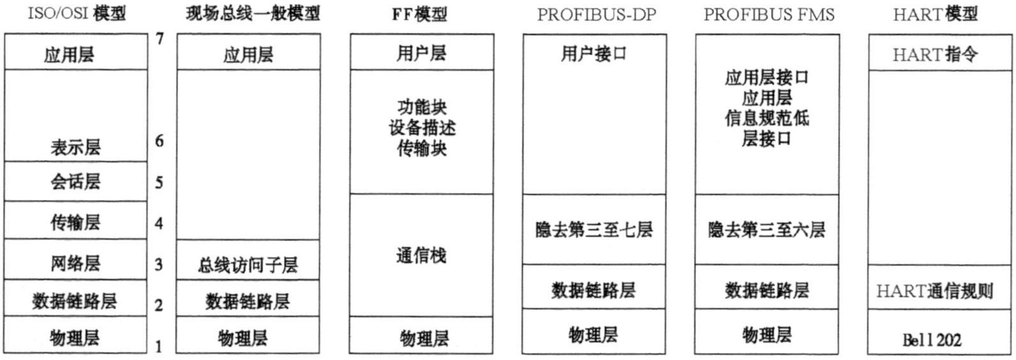

图 6-3　OSI 参考模型与部分现场总线通信模型的对应关系图

由图可见，现场总线通信模型的一种典型结构采用 OSI 参考模型中物理层、数据链路层和应用层，在省去第三至六层后，考虑到现场总线的通信特点，增设了现场总线访问子层。该模型的特点是：结构简单、执行协议直观、价格低廉且满足工业现场的应用要求。它是在 OSI 模型的基础上，依据开放系统集成的原则，并兼顾测控应用的特殊性和低成本的要求而制定的，因而在较大范围内得到了用户和制造商的认可。但对于不同的现场总线，其通信模型又有所差别，下面仅对典型现场总线的通信模型进行简要介绍。图 6-4 所示为 FF 现场总线模型与 ISO/OSI 模型。

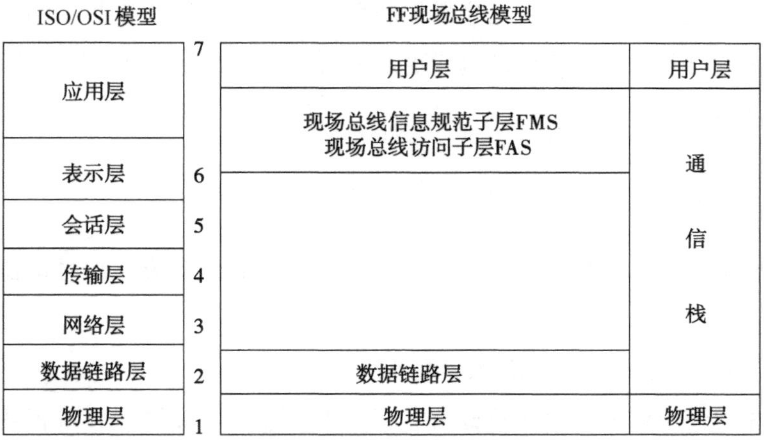

图 6-4 FF 现场总线模型与 ISO/OSI 模型

第四节 现场总线控制系统设计

一、现场总线控制系统概述

基于现场总线的计算机过程控制系统，是一种新型的网络集成式全分布控制系统，以下简称现场总线控制系统（Fieldbus Control System，FCS），它是继基地式仪表控制系统、单元组合式仪表控制系统、数字计算机集中式控制系统、集散控制系统之后的第五代控制系统。它的最大特点在于，其控制单元在物理位置上可与测量变送单元及操作单元合为一体，因而可以在现场构成完整的基本控制系统；又由于它所具有的通信能力，可以与多个现场智能设备互换信息，从而可以很方便地构成复杂的过程控制系统。此外，由于现场总线仪表的数字化，不仅可以传递被控参数的数值信息，而且可以传递设备标识、运行状态、故障诊断状态等信息，因而可以构成智能仪表的设备资源管理系统。在系统构成上，现场总线控制系统中的现场设备采用多点共享总线而不是点对点连接，这不仅节约了连线、降低了成本、增加了可靠性和可维护性，而且实现了通信链路的多信息传输，提高了工作效率。

总之，现场总线控制系统与集散控制系统相比，具有控制功能更加分散，智能化与功能自治性更高、系统的构成更加灵活、可扩展性与可互换性更强、可靠性与可维护性更好等优点。

二、现场总线控制系统的方案设计

现以锅炉汽包水位控制为例，介绍现场总线控制系统方案设计的步骤与软、硬件配置方法。

（一）锅炉汽包水位常规仪表控制系统

图 6-5 所示为锅炉汽包按扰动补偿的水位-流量串级控制系统框图。图中，汽包水位为主被控量，给水流量为副被控量，蒸汽流量为干扰量。该系统若采用常规仪表实现，测量部分通常采用孔板加差压变送器测量流量的方案。为使测量信号与流量呈线性关系，还需加开方器。此外，为了克服汽包水位、蒸汽流量、给水流量的频繁波动，还需配置阻尼器对测量信号进行预处理；为形成串级控制，尚需配置主、副两个调节器。可见，常规仪表控制系统所需硬件设备较多，安装工时长，费用高。

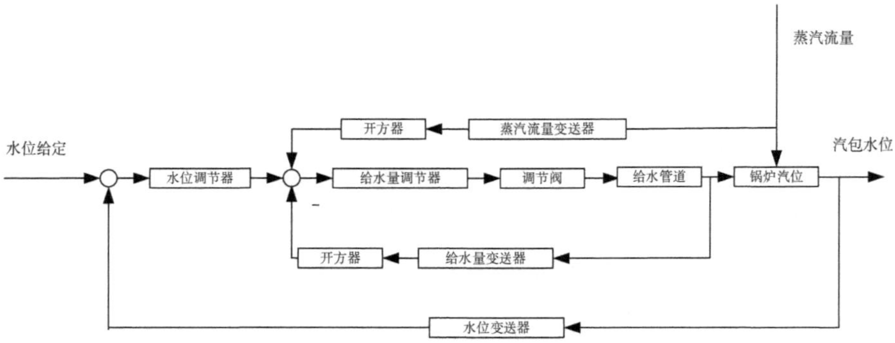

图 6-5 锅炉汽包按扰动补偿的水位-流量串级控制系统框图

（二）基于现场总线的过程控制系统

对于已经确定的控制方案，若采用现场总线技术，则控制系统的设计步骤为

1. 选择必需的智能仪表。对于构成现场总线控制系统而言，智能变送器与智能执行器是必需的。这样，实现阻尼、开方、加减和 PID 运算等功能则完全由嵌入在现场智能变送器，智能执行器中的功能模块软件完成，从而可以减少硬件投资，节省安装工时与费用。

2. 选择计算机与网络配件的配置方案。计算机与网络配件通常存在两种配置方案。

3. 基于 PC 总线接口卡（PCI）的配置方案。该方案通常配置一台或多台工业 PC 和 PC 现场总线接口卡。PC 总线接口卡把工业 PC 与现场总线网段连接成为能够完成组态、运行、操作等功能的完整的控制与网络系统。该接口卡有多个通道，能够把多个现场总线网段连接在一起。电源、终端器、缆线等，也是现场总线系统的基本硬件。图 6-6（a）为基于现场总线接口卡的硬件配置方案示意图。图中两台配置相同的工业 PC 主要是为系统的安全冗余而设置的。图中所表示的现场总线接口卡具有 4 个通道，每个接口卡可与 4 条总线网段相接。

4. 基于通信控制器的配置方案。该方案要求设计一个通信控制器，它的一侧与现场总线网段连接，另一侧按 PC 联网方式（如以太网方式），采用 TCP/IP 通信协议、网络 BIOS 协议，完成现场总线网段与 PC 之间的信息交换。图 6-6（b）即为基于通信控制器的硬件配置方案示意图。

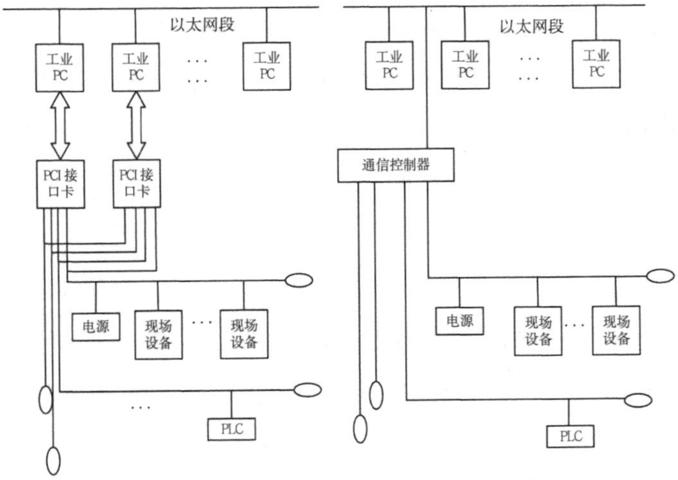

（a）方案 1　　（b）方案 2

图 6-6　控制系统硬件配置示意图

在现场总线控制系统中，除了上述用于现场的各种测控设备外，通常还有用于连锁系统开关量控制的 PLC，它也需要与现场测控设备交换信息，因此，可将 PLC 与现场总线网段相接，使 PLC 成为现场总线网段的一个节点之一。

5. 选择或开发组态软件。组态软件是现场总线控制系统中的特色软件，也是现场总线控制系统集成、运行的重要组成部分，它所具备的功能有：①能在应用软件的界面上选择所连接的现场总线设备；②能对所选设备分配位号；③能从设备功能库中选择功能模块；④能实现功能模块的链接；⑤能按应用要求为功能模块赋予特征参数；⑥能进行网络组态；⑦能下载组态信息等。具备上述功能的组态软件一般由制造厂商提供，也可由用户自行开发。

6. 组态过程示例。结合锅炉汽包水位控制系统，将实现组态的有关过程叙述如下：

（1）选择功能模块。对于锅炉汽包水位控制系统，在现场设备（如智能变送器、智能执行器等）选择的基础上，对功能模块的选择为：①在汽包液位变送器内，选用 AI 模拟输入功能模块和主调节器 PID 功能模块；②在给水流量变送器内，选用 AI 模拟输入功能模块与求和算法功能模块；③在蒸汽流量变送器内，选用 AI 输入功能模块；④在阀门定位器内，选用副调节器 PID 功能模块和 AO 输出功能模块，并实现现场总线信号到调节阀门的电-气转换。需要说明的是，现场总线功能模块的选择可以是任意的，上述选择方案仅为其中之一，并非唯一的。

（2）完成功能模块的位号分配及其链接。功能模块的位号分配及其链接如图 6-7 所示。图中虚线表示物理设备，实线表示功能模块；LT101 为水位变送器的位号，FT102、FT103 分别为蒸汽、给水流量变送器的位号，FV101 为给水调节阀的位号，BK－CALIN，BK－CALOUT 分别表示反馈信号的输入、输出，CAS-IN 表示串级输入。组态时，只需在窗口式图形界面上选择相应设备中的功能模块，并在功能模块的输入输出间进行简单连线，即可建立起信号传输通道。完成控制系统的连接组态。

（3）确定功能模块的特征参数。每种功能模块除了具有各自的功能外，还有各自的特征参数。组态的另一任务是确定功能模块中的特征参数。图 6-8 所示为给水流量测量变送器 AI 功能模块的特征参数图。图中，测量输入范围、输出量程、工程单位、滤波时间、是否需要开方运算等特征参数，均由组态软件确定。

（4）网络的组态。由于总线网络是现场总线控制系统的重要组成之一，毫无疑问，对网络的组态也是组态软件的重要内容。网络组态的范围包括现场总线网段和与工业 PC 相连的网段等，具体内容有：网络节点号的分配、链路活动主管的确定以及后备链路活动主管的确定等。

（5）下载组态信息。组态的最后操作是下载组态信息，即将组态信息的代码送到相应的现场设备，并启动系统运行。

至此，整个组态工作即告完成。

7. 选择或开发现场总线控制系统的其他软件。现场总线控制系统除了具备

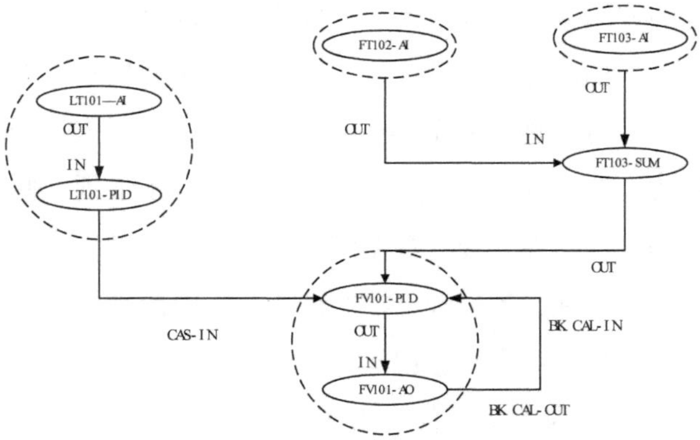

图 6-7　功能模块的分布与组态链接

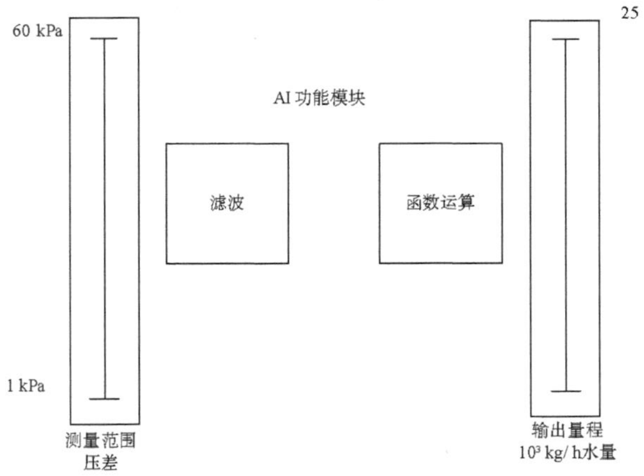

图 6-8　AI 功能模块的特征参数图

组态软件外，还需具备其他软件，其中主要包括：

（1）用于对现场控制系统软硬件的运行状态进行监测、故障诊断和维护的软件。

（2）用于对现场总线控制系统的部件（如通信节点、网段、功能模块等）进行仿真的软件以及对系统进行组态、测试、研究的工具软件等。

（3）用于对现场设备进行维护管理的工具软件等。

（4）直接用于生产操作和监视的控制系统软件包。它的主要功能有：①实时数据采集，即将现场的实时数据送入计算机，并置入实时数据库的相应位置；②常规控制的计算与处理，如标准 PID、积分分离、超前滞后、比例、一阶或二阶惯性滤波、高值选择或低值选择、输出限位等；③优化控制，即在已知数学模型的条件下，实现最优控制、自适应控制等；或在数学模型不十分清楚的情况下，实现预测控制、模糊控制、神经网络控制等；④逻辑控制，即完成开、停车等顺序起停过程的控制等；⑤报警监视，即监视生产过程的参数变化，并对信号越限进行相应处理，如声光报警等；⑥运行参数的画面显示，即带有实时数据的流程图、棒图显示、历史趋势显示等；⑦报表输出，即完成报表的打印输出等；⑧操作与参数修改，即实现操作人员对生产过程的人工干预、修改给定值与控制参数、报警限制等；⑨文件管理、数据库管理等；⑩实时统计质量控制，内容包括在线与历史数据预处理、各种统计控制图、直方图的制作、事件触发采样、在线报警、过程能力分析、用户评述记录等。

（5）人机接口装置的驱动软件。由于现场总线控制系统大都采用工业控制计算机作为监控计算机，其人机接口装置与普通计算机差异不大，所以人机接口的驱动软件尽可能采用 Windows 系列的软件资源，而不必重复开发。

第七章

化工与制药过程控制案例

第一节 精馏塔的过程控制

一、精馏装置及其工艺流程

精馏过程是化工、炼油生产过程中一个十分重要的环节，对精馏过程质量的控制直接影响到企业的产品质量、产量和能量的消耗量，因此，精储过程的控制一直是受到高度重视的典型控制系统之一。精馏过程是利用混合液体中各组分自身挥发度的不同实现组分分离的过程，一般把混合液中的轻质组分分离成气态，重质组分分离为液态。被精馏的原料可以是两种或两种以上组分的混合液，称为二元组分或多元组分。由于多元组分精馏在一定情况下可以简化为二元组分精馏，所以一般以二元组分混合液作为模型讨论精馏过程。现以 A、B 两种液体混合物的蒸馏为例，简要介绍精馏的原理。

图 7-1 是对应于 A、B 两种成分的平衡曲线，由上到下为“A”成分、“B”成分，A 的沸点是 140 ℃，B 的沸点是 173 ℃。两液体的混合比变化时，混合液的沸点也将随之变化，图中还表示了各沸点处的气态成分比。现设 A 占 20%，B 占 80%，把 AB 混合液加热到 164. 5 ℃时，液体沸腾。这时，与液体共存的气态成分比是 A 占 39. 5%，B 占 60. 5%。这种蒸发的气体冷凝后，将形成具有新的成

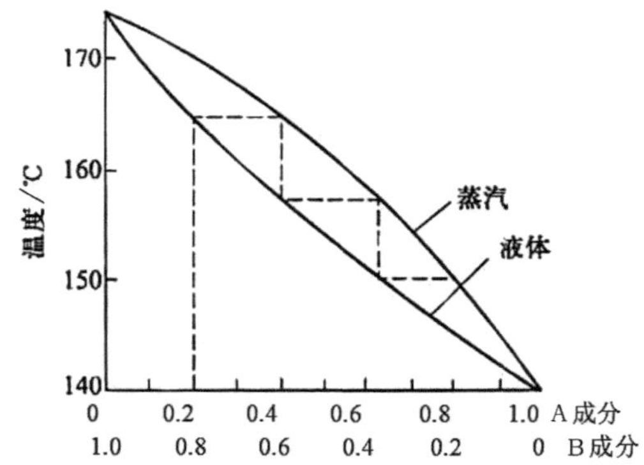

图 7-1 两组分平衡曲线

分比的混合液体，其中 A 占 39.5%，B 占 60.5%；如果再使此混合物沸腾，那么，沸点将变成 157 ℃，这时气态成分比又变成 A 占 62%，B 占 38%，这样反复进行上述操作，不断蒸发和冷凝，就可以使 A、B 分离开来。没有必要超出规定值。超过规格的产品并不能提高售价，反而会导致能耗的增大和产量的降低，对提高经济效益是不利的。

精馏工艺就是迫使混合物的汽、液两相在精馏装置中作逆向流动，在相互接触的过程中，液相中的轻质组分逐渐吸收热量转入汽相，而汽相中的重质组分释放热量转入液相，所以精馏过程实质上是一种伴随有传热过程的传质过程。传质是精馏的目的，传热是精馏的手段。在精馏过程中混合液在精馏装置里反复地进行部分汽化和部分冷凝，转变为预期的多种产品。精馏塔是精馏过程的关键设备，此外还有再沸器、冷凝器、回流罐和回流泵等辅助设备。目前，工业上一般采用连续精馏装置的流程。

原料 F 从精馏塔中段某一块塔板上进入，这块塔板称为进料板。精馏塔在进料板以上的部分称为精馏段，进料板以下部分称为提馏段。进入塔内的混合液中的低沸点组分（易挥发组分）较易汽化而向塔顶流动；高沸点组分（难挥发组分）则更多地以液体形态向塔底流动，在流动过程中不断地与塔内上升蒸汽在各层塔板上充分接触并且传热和传质。向下流动的液体到达塔釜后，一部分被连续地引出成为塔底产品 B；一部分则在再沸器中被加热，汽化后又返回塔中循环传质。塔内上升的蒸汽依次经过所有的塔板，蒸汽中易挥发组分的浓度逐渐增高，上升到塔顶后进入冷凝器被冷凝成为液体，经回流罐和回流泵后一部分作为塔顶产品 D 连续引出，另一部分则引回到顶部的塔板上用作塔内冷却液，称为回流 L。

二、精馏过程的控制目标

精馏塔控制的首要目标就是要满足产品质量，即保证各种产品的纯度；同时还应该考虑生产过程的经济效益问题，要使总的收益最大或总的成本最小。因此，精馏塔的控制要求，体现在质量指标（产品纯度）、产品产量和能量消耗三个方面，这三个方面又是相互影响、相互制约的，因此，必须进行综合考虑。除了这三个主要指标之外，还有一些附加的控制要求需要考虑。

（一）质量指标

对于一个正常操作的精馏塔，一般应当使塔顶产品或塔底产品中的一个达到规定的纯度要求，另一个产品的成分亦应保持在规定的范围内就可以了。只有在非常精细的精密精馏过程中，才要求做到塔顶、塔底产品纯度都满足规定值。为此，应当取塔顶或塔底的产品质量作被控变量，这样的控制系统称为质量控制系统。

质量控制系统需要应用能测出产品成分的分析仪表。由于目前还不能相应地生产出多种测量滞后小而又精确的分析仪表，所以，直接质量控制系统目前所见不多，大多数情况下，是由能间接控制质量的温度控制系统来代替。

应当指出，对产品质量的控制应该要求在刚好能满足规定值即可，即处于"卡边"生产状态，完全没有必要超出规定值。超过规格的产品并不能提高售价，反而会导致能耗的增大和产量的降低，对提高经济效益是不利的。

（二）产品产量和能量消耗

任何精馏过程都是要消耗能量的，这主要是再沸器的加热量和冷凝器的冷却量消耗，此外，塔和附属设备及管线也要散失一部分能量。

应当指出，精馏塔的操作情况必须从整个经济收益来衡量。在精馏操作中，质量指标、产品回收率和能量消耗均是要控制的目标。其中质量指标是必要条件，在质量指标一定的前提下，应在控制过程中使产品产量尽量高一些，同时能量消耗尽可能低一些。

分析可知，产品纯度越高，产品产量越大，则所消耗的能量越多。产品产量、产品纯度及能量消耗三者之间存在着一定的数值关系。有数据表明，在一定的能耗下，随着产品纯度的提高，会使产品的产量迅速下降，纯度越高，下降速度越快。如果保持纯度不变，增加能耗可以提高产品产量，但只在初始阶段有明显效果，一旦能耗达到一定程度，产量的增加幅度就明显下降。

1. 保证平稳操作

为了保证塔的平稳操作，必须把进塔之前的主要可控干扰尽可能预先克服，同时尽可能缓和一些不可控的主要干扰。例如，可设置进料的温度控制、加热剂和冷却剂的压力控制、进料量的均匀控制系统等。为了维持塔的物料平衡，必须控制塔顶馏出液和釜底采出量，使其之和等于进料量，而且两个采出量变化要缓慢，以保证塔的平稳操作。塔内的持液量应保持在规定的范围内。控制塔内压力稳定，对塔的平稳操作是十分必要的。

2. 约束条件

为保证正常操作，需规定某些参数的极限值为约束条件。例如对塔内气体流速的限制，流速过高易产生液泛；流速过低，会降低塔板效率。尤其对工作范围较窄的筛板塔和乳化塔的流速问题，必须更加注意，因此，通常在塔底与塔顶间装有测量压差的仪表，有的还带报警装置。塔本身还有最高压力限，超过这个压力，容器的安全就没有保障。

三、精馏塔的干扰因素

根据精馏装置的结构、原理及其工艺过程的特性分析，可用图 7-2 简要表示精馏塔塔身、冷凝器和再沸器的物料流程。在精馏塔的操作过程中，影响其质量指标的主要干扰有以下几种。

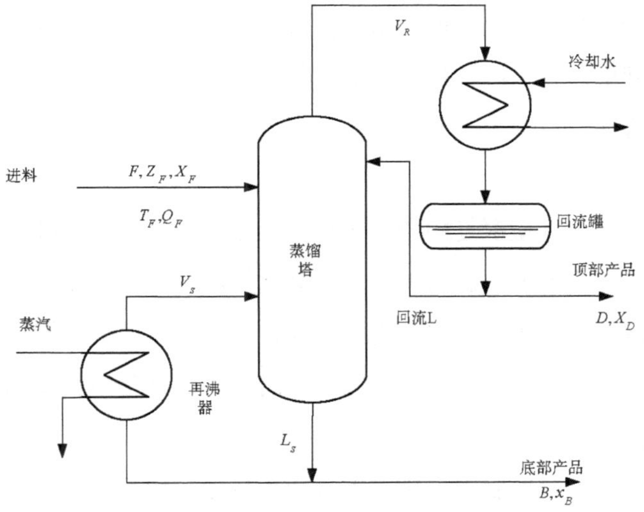

图 7-2　精馏塔的物料流程示意图

1. 进料流量 F 的波动

进料量的波动通常是难免的。如果精馏塔位于整个生产过程的起点，则采用定值控制是可行的。但是，精馏塔的处理量往往是由上一工序决定的，如果一定要使进料量恒定，势必要设置很大的中间贮槽进行缓冲。工艺上新的趋势是尽可能减小或取消中间贮槽，而采取在上一工序设置液位均匀控制系统来控制出料，使塔的进料流量 F 波动比较平稳，尽量避免剧烈的变化。

2. 进料成分 Z_F 的变化

进料成分是由上一工序出料或原料情况决定的，由此对塔系统来讲，他是不可控的干扰。

3. 进料温度 T_F 及进料热焓 Q_F 的变化

进料温度通常是较为恒定的。假如不恒定，可以先将进料预热，通过温度控制系统来使精馏塔进料温度恒定。然而，进料温度恒定时，只有当进料状态全部是气态或全部是液态时，塔的进料热焓才能一定。当进料是汽液混相状态时，则只有当汽液两相的比例恒定时，进料热焓才能恒定。为了保持精馏塔的进料热焓恒定，必要时可通过热焓控制的方法来维持恒定。

4. 再沸器加热剂（如蒸汽）加入热量的变化

当加热器是蒸汽时，加入热量的变化往往是由蒸汽压力变化引起的，可以通过在蒸汽总管设置压力控制系统来加以克服，或者在串级控制系统的副回路中予以克服。

5. 冷却剂在冷凝器内除去热量的变化

这个热量的变化会影响到回流量或回流温度，它的变化主要是冷却剂的压力或温度变化引起的。一般冷却剂的温度变化较小，而压力的波动可采用克服加热剂压力变化的方法予以克服。

6. 环境温度的变化

在一般情况下，环境温度的变化较小，但在采用风冷器作冷凝器时，则天气骤变与昼夜温差对塔的操作影响较大，它会使回流量或回流温度变化，为此，可采用内回流控制的方法予以克服。内回流通常是指精馏塔的精馏段内上一层塔盘向下一层塔盘流下的液量。内回流控制，是指在精馏过程中，控制内回流为恒定量或按某一规律变化的操作。

由上述干扰分析可以看出，进料流量和进料成分的波动是精馏塔操作的主要干扰，而且往往是不可控的，其余干扰一般比较小，而且往往是可控的，或者是可以采用一些控制系统预先加以克服的。当然，有时可能并不一定是这样，还需根据具体情况做具体分析。

四、精馏塔的控制 LonWorks 案

精馏是一个非常复杂的现象。在精馏操作中，被控变量多，可以选用的操纵变量亦多，它们之间又可以有各种不同组合，所以控制方案更多。由于精馏塔对象的通道很多，反应缓慢，内在机理复杂，变量之间相互关联，而且对控制要求又较高，因此，必须深入分析工艺特性，总结实践经验，结合具体情况，才能设计出合理的控制方案。精馏塔的主要控制方案如下。

（一）精馏塔的提馏段温控

如果以提馏段温度作为衡量质量指标的间接指标，而以改变再沸器加热量作

为控制手段的方案，就称为提馏段温控，是常见的提馏段温控的一种方案。这种方案中的主要控制系统是以提馏段塔板温度为被控变量，加热蒸汽量为操纵变量。除了这个主要控制系统外，还设有五个辅助控制系统：对塔底采出量 B 和塔顶幅出液 D，按物料平衡关系分别设有塔底与回流罐的液位控制器作均匀控制；进料量 F 为定值控制（如不可控，也可采用均匀控制系统）；为维持塔压恒定，在塔顶设置压力控制系统，控制手段一般为改变冷凝器的冷剂量，提馏段温控时，回流量采用定值控制，而且回流量应足够大，以便当塔的负荷最大时，仍能保持塔顶产品的质量指标在规定的范围内。提馏段温控的主要特点与使用场合如下：

由于采用了提馏段温度作为间接质量指标，因此，它能较直接地反映提馏段产品情况。将提馏段温度恒定后，就能较好地保证塔底产品的质量达到规定值。所以，在以塔底采出为主要产品，对塔釜成分要求比对偏出液为高时，常采用提馏段温控方案。当干扰首先进入提馏段时，例如在液相进料时，进料量或进料成分的变化首先要影响塔底的成分，故用提馏段温控就比较及时，动态过程也比较快。由于提馏段温控时，回流量是足够大的，因而仍能使塔顶质量保持在规定的纯度范围内，这就是经常在工厂中看到的即使塔顶产品质量要求比塔底严格时，仍有采用提馏段温控的原因。

（二）精馏塔的精馏段温控

如果采用以精馏段温度作为衡量质量指标的间接指标，而以改变回流量作为控制手段的方案，就称为精馏段温控。图 7-3 是常见的精馏段温控的一种方案。它的主要控制系统是以精馏段塔板温度为被控变量，而以回流量为操纵变量。

除了上述主要控制系统外，精馏段温控还设有五个辅助控制系统，对进料量、塔压、塔底采出量与塔顶馏出液的控制方案与提馏段温控时相同。在精馏段温控时，再沸器加热量应维持一定，而且足够大，以使塔在最大负荷时，仍能保证塔底产品的质量指标在一定控制范围内。精馏段温控的主要特点与使用场合如下：

由于采用了精馏段温度作为间接质量指标，因此，它能较直接地反映精馏段的产品情况。当塔顶产品纯度要求比塔底严格时，一般宜采用精馏段温控方案。如果干扰首先进入精馏段，例如气相进料时，由于进料量的变化首先影响塔顶的成分，所以采用精馏段温控就比较及时。在采用精馏段温控或提馏段温控时，当分离的产品较纯时，由于塔顶或塔底的温度变化很小，这时，即使塔顶或塔底温

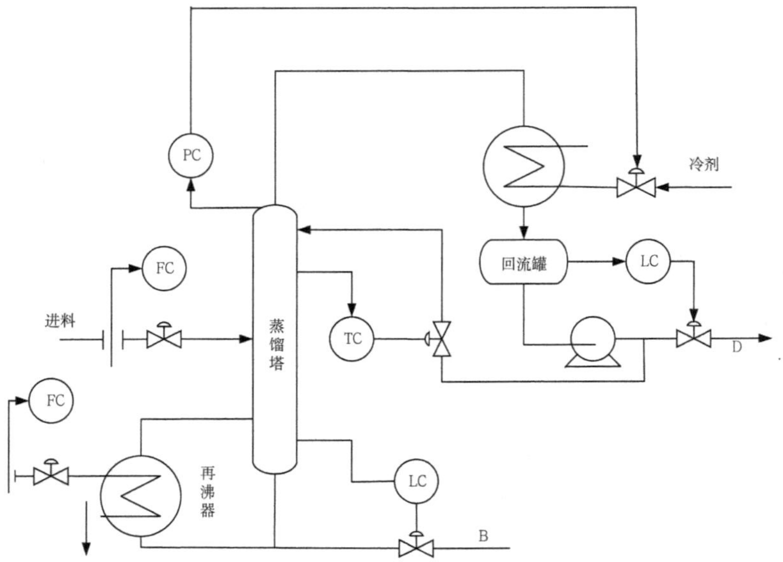

图 7-3　精馏段温控的控制方案示意图

度仅变化 0.5 ℃就可能造成产品质量不合要求。因而，对测温仪表的灵敏度和控制精度都提出了很高的要求，但实际上却很难满足。解决这一问题的方法，是将测温元件安装在塔顶以下或塔底以上几块塔板的灵敏板上，以灵敏板的温度作为被控量。所谓灵敏板，是指在受到干扰时，塔内各板上的物料中各组分的质量浓度和温度都将发生变化，变化程度各不相同，当达到新的稳定状态后，温度变化量最大的那块塔板。由于灵敏板上的温度在受到干扰后变化比较大，因此，对温度检测装置灵敏度的要求就可不必很高了，同时，也有利于提高控制精度。

（三）精馏塔的温差控制及双温差控制

以上两种方案都是以温度作为被控变量，这对于一般的精馏塔来说是可行的。但是在精密精馏时，产品纯度要求很高，而且塔顶、塔底产品的沸点差又不大时，应当采用温差控制，以进一步提高产品的质量。

采用温差作为衡量质量指标的间接变量，是为了消除塔压波动对产品质量的影响。因为系统中即使设置了压力定值控制，压力也总是会有些微小的波动，因而引起成分变化，这对一般产品纯度不太高的精馏塔是可以忽略不计的。但如果是精密精馏，产品纯度要求很高，微小的压力波动亦足以影响质量，使产品质量超出允许的范围，这时就不能再忽略压力的影响了。也就是说，精密精馏时，用温度作为被控变量就不能很好地代表产品的成分。温度的变化可能是成分和压力两个变量都变化的结果，只有当压力完全恒定时，温度与成分之间才具有单值对应关系（严格来说，只是对二元组分来说）。为了解决这个问题，可以在塔顶（或塔底）附近的一块塔板上检测出该板温度，再在灵敏板上也检测出温度，由于压力波动对每块塔板的温度影响是基本相同的，只要将上述检测到的两个温度值相减，压力的影响就消除了，这就是采用温差来衡量质量指标的原因。温差控制可以克服由于塔压波动对塔顶（或塔底）产品质量的影响，但是它还存在一个问题：就是当负荷变化时，塔板的压降产生变化，随着负荷递增，由于两块塔板的压力变化值不相同，所以由压降引起的温差也将增大。这时温差和组分之间就不呈单值对应关系，在这种情况下可以采用双温差控制。

双温差控制亦称温差差值控制，图 7-4 是双温差控制的系统图。由图可知，所谓双温差控制就是分别在精馏段及提馏段上选取温差信号，然后将两个温差信号相减，作为控制器的测量信号（即控制系统的被控变量）。从工艺角度来理解选取双温差的理由是因为由压降引起的温差，不仅出现在顶部，也出现在底部，这种因负荷引起的温差，在作相减后就可相互抵消。从工艺上来看，双温差法是一种控制精馏塔进料板附近的组成分布，使得产品质量合格的办法。它以保证工艺上最好的温度分布曲线为出发点，来代替单纯地控制塔的一端温度（或温差）。

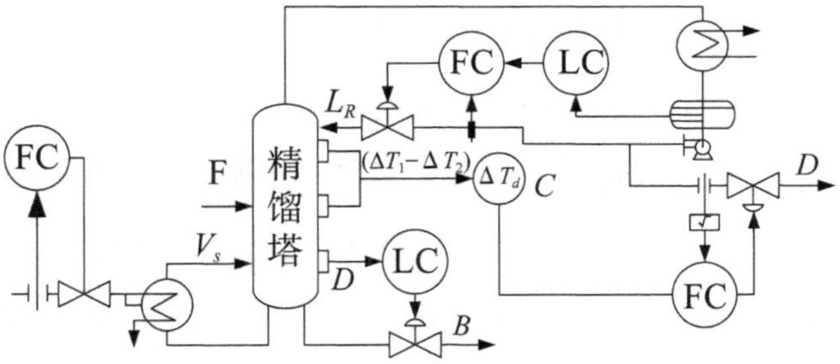

图 7-4　双温差控制方案

（四）基于产品成分或物性的直接控制方案

以上介绍的温度、温差或双温差控制都是间接控制产品质量的方法。如果能利用成分分析器，例如红外分析器、色谱仪、密度计、干点和闪点以及初馏点分析器等，分析出塔顶（或塔底）的产品成分并作为被控变量，用回流量（或再沸器加热量）作为控制手段组成成分控制系统，就可实现基于产品成分的直接指标控制。与温度控制的情况类似，塔顶或塔底产品的成分能体现产品的质量指标。但是当分离的产品较纯时，在邻近顶、底的各板间，成分差已经很小了，而且每块板上的成分在受到干扰后变化也很小了，这就对检测成分仪表的灵敏度提出了很高的要求。但是目前来讲，成分分析器一般精度较低，控制效果往往不够满意，这时可选择灵敏板上的成分作为被控变量进行控制。

按理来说，基于产品成分的直接指标控制方案是最直接的，也是最有效的，但是，由于目前产品成分的检测仪表，一般准确度较差、滞后时间很长、维护比较复杂，致使控制系统的控制质量受到很大影响，因此，目前这种方案使用还不普遍。但是，成分分析仪表性能不断得到改善以后，基于产品成分的直接指标控制方案还是很有前途的。

第二节 传热设备类型和控制目的

一、传热设备的类型

传热设备的类型很多，从热量的传递方式来看可分成三种：热传导、对流传热和热辐射。在实际进行的传热过程中，很少只有以一种传热方式进行的，而是以两种或三种方式同时进行。从进行热交换的两种流体的接触关系看，有三种方式：直接接触式、间壁式和蓄热式。在化工和制药等工业过程中，一般间壁换热较为常见。按工艺介质和冷热源流体进行热量交换的形式分，主要有三类：一类是两者均无相变的加热或冷却；另一类是一方有相变的加热或冷却；还有一类是两者之间均有相变的加热或冷却。如按结构形式来分，则有列管式、蛇管式、夹套式和套管式等。

一般传热设备以对流传热为主要传热方式，常见的有换热器（升温或冷却）、蒸汽加热器、再沸器、冷凝器等。而加热炉、锅炉为工业生产中较为特殊的传热设备，它们有独特的结构和传热方式，在生产过程中也具有重要的用途。有时也把蒸发器、结晶器、干燥装置等作为传热设备来考虑。

二、传热设备的控制目的

在化工等工业过程中，进行传热控制的目的主要有下列三种。

1. 使工艺介质达到规定的温度。对工艺介质进行加热或冷却，有时在工艺过程中加入或除去热量，使工艺过程在规定的温度范围内进行。

2. 使工艺介质改变相态。根据工艺过程的需要，有时要加热使工艺介质汽化，也有时要冷凝除热使气相物料液化。

3. 回收热量。这是节能减排的主要方法。根据传热设备的传热目的，传热设备的控制主要是热量平衡的控制，取温度作为被控变量。对于某些传热设备，也需要有约束条件的控制，对生产过程和设备起保护作用。

三、传热设备的单回路控制方案

（一）换热器的单回路控制

换热器的控制基本方案有两类：一类是以载热剂的流量为控制变量；另一类是对工艺介质的旁路控制。现分别从控制机理、控制方案的特点以及需注意的问题等几方面做必要的讨论。

1. 控制载热体流量

这个方案的控制流程如图 7-5 所示。其控制机理主要是：通过载热体 G_2 的变化，改变传热量 Q。对于本方案来说，随着 G_2 的增大，必将使传热量 Q 增大，从而达到当工艺介质出口温度下降时，通过开大控制阀增加 G_2，增大传热量，把出口温度拉回到给定值的控制要求。这个方案的主要特点是简易，在换热器温度控制方案中最为常用。但这种方案当 G_2 已经很大，载热体和工艺介质的温差较小时，控制就很迟钝，此时不宜采用本方案。另外需注意的是：如载热体流量不允许节流，例如废热回收，则载热体本身也是一种工艺物料。

如图 7-6 所示即为对载热体采用分流形式的流量控制方案。

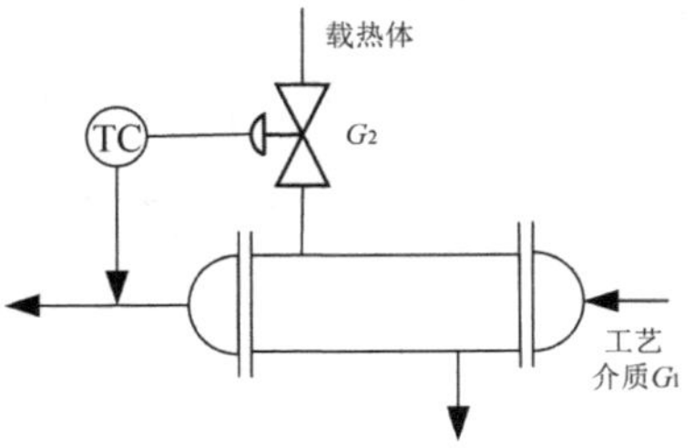

图 7-5　控制载热体流量的控制方案

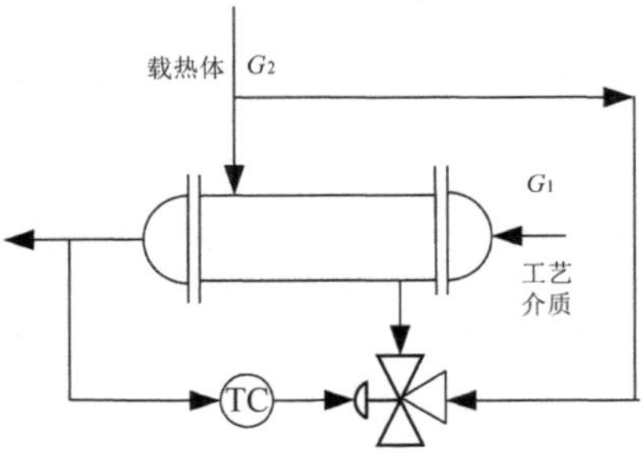

图 7-6　载热体分流形式的流量控制方案

2. 工艺介质的旁路控制

工艺介质的旁路同样可分为分流与合流形式。图 7-7 为分流形式的工艺介质旁路控制，其中一部分工艺介质经换热器，另一部分走旁路。这种方案从控制机理来看，实际上是一个混合过程，所以响应迅速及时，适用于停留时间长的换热器。但需注意的是：换热器必须有富余的传热面，而且载热体流量一直处于高负荷下，这在采用专门的热剂或冷剂时是不经济的。然而对于某些热量回收系统，载热体是某种工艺介质，其总量不易调节，这时便不成为缺点了。

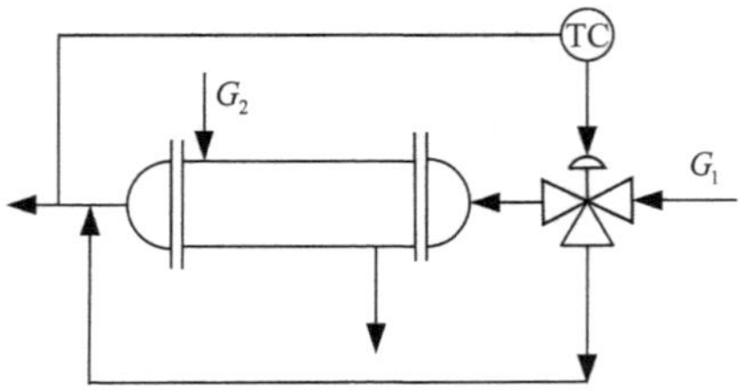

图 7-7 工艺介质旁路

（二）蒸汽加热器的单回路控制

蒸汽加热器的载热剂是蒸汽，通过蒸汽冷凝释放热量来加热工艺介质。水蒸气是最常用的载热剂。根据加热温度不同，也可采用其他介质的蒸汽作为载热剂。

1. 控制载热剂蒸汽的流量

调节蒸汽流量的温度控制方案类似于图 7-3 所示。蒸汽在传热过程中起相变化，其传热机理是同时改变传热温差和传热面积。当加热器的传热面积没有富余时，以改变温差为主；而在传热面积有富余时，以改变传热面积为主。这种控制方案比较灵敏，但是当采用低压蒸汽作为热源时，进入加热器内的蒸汽一侧会产生负压。此时，冷凝水将不能连续排出，需谨慎采用此方案。

2. 控制冷凝水排量

图 7-8 所示为调节冷凝水排量的控制方案。该方案的机理是通过对冷凝水排放量的控制改变加热器内冷凝水的液位，导致传热面积的变化，从而改变传热量，以达到控制出口温度的目的。这种方案利于冷凝水的排放，传热变化较平缓，可防止局部过热，有利于热敏介质的控制。此外，排放阀的口径也小于蒸汽阀，但这种改变传热面积的方案，控制比较迟钝。

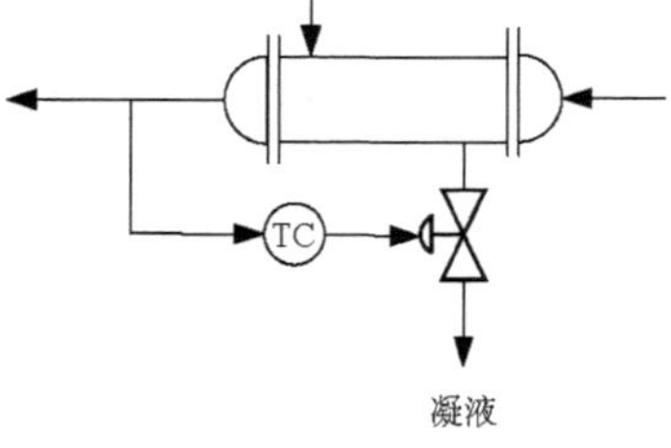

图 7-8 控制冷凝水排量的方案图

（三）冷却冷凝器的单回路控制

冷却冷凝器的载热剂即制冷剂，常采用液氨等，制冷剂在冷却冷凝器内蒸发，吸收工艺物料的大量热量。冷却冷凝器的控制方案常有以下几类。

1. 控制载热剂流量

图 7-9 所示为冷却冷凝器调节载热剂流量的控制方案。这种方案的温度控制也是通过改变传热面积来实现的。该方案调节平稳，冷量利用充分，且对压缩机入口压力无影响。但这种方案控制不够灵活，另外蒸发空间不能得到保证，易引起气氨带液，损坏压缩机。

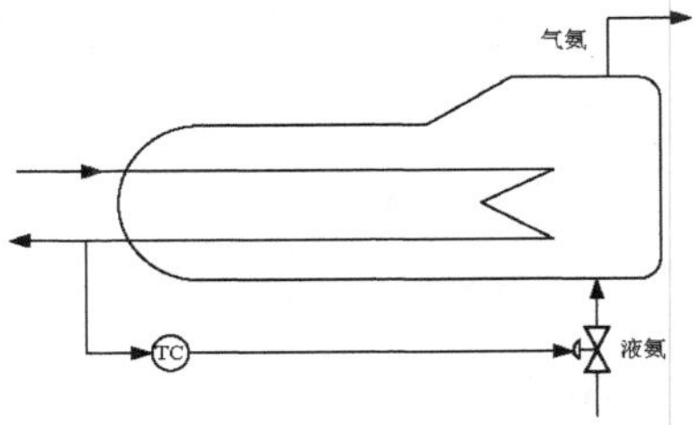

7-9　控制载热剂流量的方案图

2. 控制气氨排量

冷却冷凝器（氨冷器）控制气氨排量的方案如图 7-10 所示。采用这种方案，控制迅速。但制冷系统必须许可压缩机入口压力的波动，另外冷量的利用不充分。为确保系统的正常运行，还需设置一个液位控制系统。

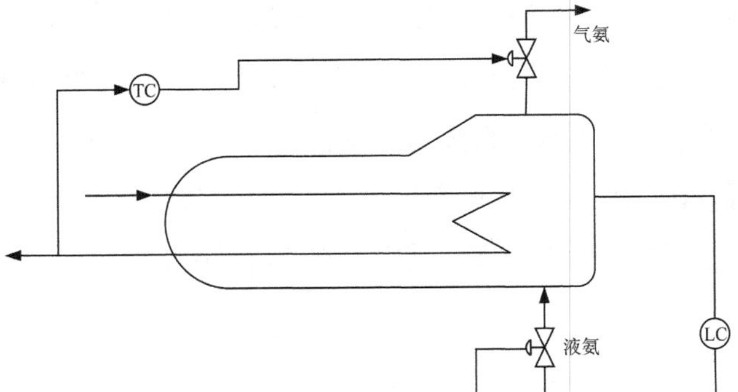

图 7-10　控制气氨排量方案图

（四）蒸发器的单回路控制

蒸发操作是用加热的方法使溶液中部分溶剂汽化后被除去，提高溶液中溶质的浓度，或使溶质析出（有传质的作用）。但是蒸发是通过传热使挥发性溶剂与不挥发性溶质分离的操作，因此，有时也把蒸发器看作一种传热设备。工业生产中使用相当广泛的是具有管式加热面的蒸发器。蒸发器的主要控制指标是最终产品的浓度，因此，最终产品的浓度是控制系统的被控变量。影响产品浓度的扰动因素有蒸发器内压力的变化，进料流量、浓度、温度的影响，加热蒸汽的扰动，蒸发器液位的波动，冷凝液及不凝性气体的排除等。为了使蒸发操作在一个较好的工况下进行，尽可能把各类扰动因素排除在进蒸发器之前。实际上尚有不少未被克服的扰动将影响产品的浓度，所以蒸发器的控制由两类控制系统来设置。一类是以产品浓度为被控变量的控制系统；另一类是稳定其他相关参数的控制系统。

1. 浓度控制

图 7-11 所示为采用折光仪的浓度控制方案，被控变量是折光仪测定的产品浓度，控制变量选出料流量。产品浓度除了用折光仪来测定外，也能用比重仪等其他方法进行检测。

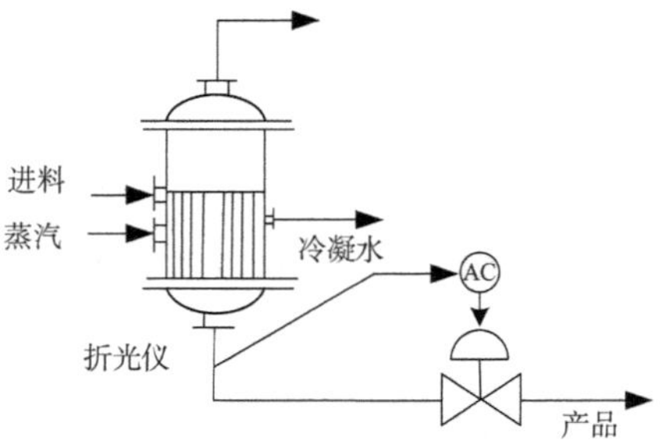

图 7-11　采用折光仪的浓度控制方案

2. 温度控制

在蒸发过程中，对于一个蒸发器来说，物料浓度是温度（指物料的沸点）和真空度（或压力）的函数。当蒸发器内真空度稳定不变时，物料沸点能反映物料的浓度，沸点上升，浓度增加。温度与浓度有一一对应的关系，温度即可作为产品浓度的间接指标。图 7-12 所示是一个二段蒸发器出口温度控制系统，它是以温度作为产品浓度间接指标的控制方案，其中控制变量采用加热蒸汽的方式。

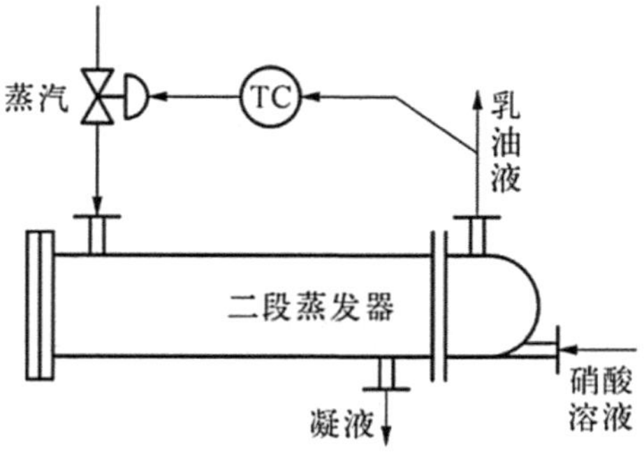

图 7-12　二段蒸发器出口温度控制系统

3. 温差控制

用温度间接代表产品浓度的前提是蒸发器内的真空度或压力稳定，如果真空度（压力）是经常变化的，温度就不能作为产品浓度的间接指标。为克服真空度（压力）的影响，可采用温差法，即沸点上升法。温差法的基本原理是：根据真空度（压力）变化对溶液的沸点和水的沸点影响基本一样的原则，即真空度（压力）在一定范围内变化时，一定浓度的溶液沸点和水的沸点（饱和水蒸气的温度）之差即温差基本不变，采用温差来反映溶液浓度就可以克服真空度（压力）变化对测量的影响。为保证温差测量能较真实地反映产品的浓度，气、液两个测温点的选择很重要，必须要让它们能真正反映一定真空度（压力）下的饱和水蒸气温度和溶液温度，这样温差才能真实反映浓度，图 7-13 所示是一个温差控制的实例。饱和蒸汽的温度和压力之间有一定的对应关系，因此，只要测出压力就可求得饱和蒸汽的温度，从而求得温差。从图中可以看出：蒸发器气相压力经过压力测量变送后送到一个函数发生器 $f(x)$，函数发生器 $f(x)$ 描述了饱和蒸汽压力与温度的关系。通过函数发生器把压力信号转换成了相应的温度信号。然后将此信号通过一个延迟单元 L/L，再送到加法器与溶液温度进行运算。由于测压滞后小而温度测量滞后大，延迟单元的引入可实现压力和温度测量信号的同步，保证温差运算的正确。

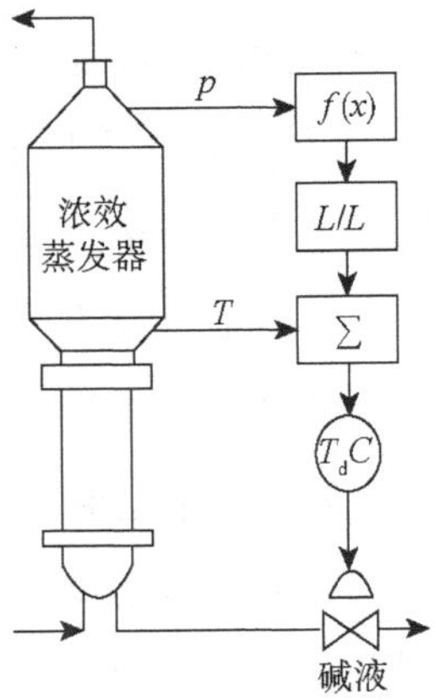

图 7-13　蒸发器温差控制

4. 蒸发器其他相关参数的控制

蒸发器的其他相关参数的控制主要有：加热蒸汽的控制，蒸发器的液位控制，真空度（压力）的控制，冷凝液的排除等。这些参数的控制可以采用常规的控制方案，在此不一一讨论。需要注意的是蒸发器的液位控制应考虑蒸发操作的特点：首先，蒸发器是密闭容器且要保持一定真空度（压力）；其次，蒸发过程中溶液沸腾剧烈，溶液的泡沫易造成假液位；再次，蒸发过程是一个浓缩过程，浓度随着时间增加，易使取压口不通畅，尤其对有结晶及黏度较大的物料，甚至会堵塞取压口。所以，蒸发器液位的控制关键是依据上述特点，合理选择液位的测量方法，确保液位测量的正确性。

四、串级控制

传热效果的直接指标是温度或温差（被控变量），而控制手段（控制变量）大多是流量（载热体流量、工艺介质）。一般地说，与流量、压力、液位相比较而言，温度和温差的测量滞后大（变化慢，分布不均匀）。在实际生产过程中，有时单回路控制方案很难满足工艺要求，这就需要设计一些比较复杂的控制系统才能达到要求。复杂控制系统的方案也是层出不穷的，这点将在以后章节的具体实例中予以介绍。

五、换热器的串级控制系统

在图 7-5 所示的换热器的单回路控制系统中，单纯靠测量工艺介质的出口温度去改变载热体 G_2 的流量，从而改变传热量 Q，在很多情况下可能达不到要求。例如温度的测量滞后大，载热体 G_2 的流量由于受到其他干扰因素的影响，自身的流量就不稳定，肯定会使工艺介质的出口温度产生较大波动。

图 7-14 为换热器的串级控制系统，用于及时克服载热体流量扰动因素。以工艺介质出口温度为主参数，构成一个主回路，以载热体流量为副参数，构成一个副回路。假设在某个时刻，换热器处于稳定的平衡状态。当某个不可预知的干扰出现时，使得载热体流量增大，如果是温度单回路控制，势必要等到换热器工艺介质出口温度被检测出增高了，偏离了给定值，调节器才会有所响应，关闭小阀门，从而减少载热体流量。由于这个过程较慢，很有可能发生工艺介质出口温度超限，产品或半成品不合格或报废。同样在图 7-14 所示的换热器的串级控制系统中，当某个不可预知的干扰出现时，使得载热体流量增大，由于有流量调节副回路，流量的检测响应是很快的，流量调节器立刻响应，关小阀门，从而减少载热体流量。这样，载热体流量干扰对出口温度的影响可以减至很小。如果这个流量干扰对出口温度仍有影响，温度主调节器感受到温度仍有偏差以后，可以输出一个值到流量调节副回路的副调节器，作为副调节器的给定值，再去微调流量，直至换热器出口温度与给定值基本一致。显然，该换热器的串级控制系统要

比单回路控制响应快，精度高。

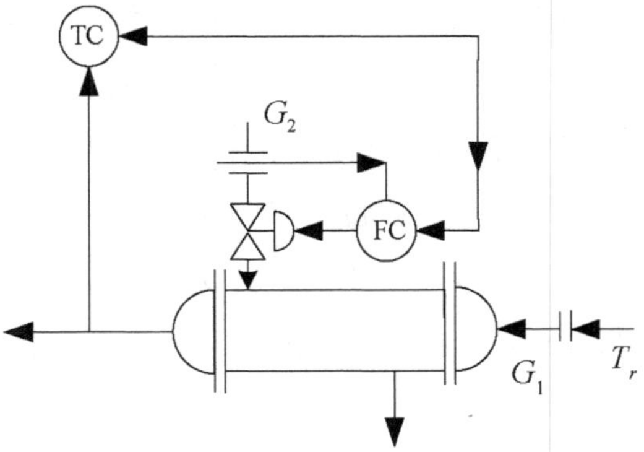

图 7-14　换热器的串级控制系统

（二）串级控制系统基本结构和性能

从图 7-14 换热器的串级控制方案可以绘出一般串级控制系统的基本结构和串级控制系统方块图，如图 7-15 和图 7-16 所示。

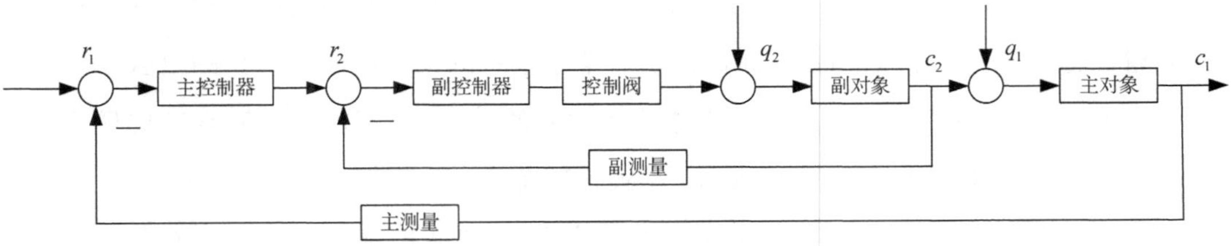

图 7-15　串级控制系统的基本结构

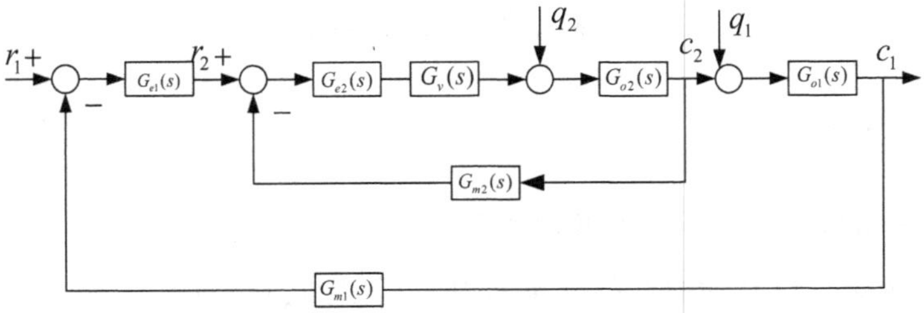

图 7-16　串级控制系统方块图

从图 7-16 可以看出，为了提高系统的控制性能，从以 c_1 为被控变量的被控对象中，适当选取另一个可测变量 c_2 为中间变量，c_2 为副被控量，也称副参数，c_1 为主被控量，也称主参数。以 c_2 为分界，把整个受控对象分成两个组成部分，以 c_2 为输出的部分称为副对象，而以 c_1 为输出的部分称为主对象。主被控量和副被控量通过各自的控制器构成闭环控制。副被控量的控制回路在内，其设定值就是主控制器的输出，而副控制器的输出就直接控制调节阀，这两个控制回路称为内环（副回路）和外环（主回路）。通常把作用在主对象上的扰动 q_1 称为一次扰动，作用在副对象上的扰动 q_2 称为二次扰动。对照换热器的温度控制，工艺介质的出口温度是主被控量，工艺介质的流量和入口温度等属于一次扰动，载热体流量和温度等属于二次扰动；同时，载热体流量也是副被控量。值得注意的是，在此串级控制系统中的控制变量（控制手段）只有一个，即载热体流量。从图 7-14 也可以清楚地看出，主被控量 c_1 的设定值 r_1 一般情况下是不变的，所以外环是一个定值控制系统，而内环则构成其受控对象的一部分，副被控量 c_2 的设定值 r_2 则由主控制器加以控制，按实时需要而不断变化，所以内环是一个随动系统。

通过上述分析，串级控制系统的性能可归纳如下：

1. 可以显著提高系统对二次扰动的抑制能力，甚至在二次扰动对主被控量尚未产生明显影响时就被副回路克服了。由于副回路调节作用的加快，整个系统的调节作用加快了，对一次扰动的抑制能力也提高了。

2. 提高系统的动态性能，由于副回路显著改善包括控制阀在内的副对象的特性，减小其时间常数和相位滞后，使得整个系统的动态性能有明显的改善。

3. 高系统的工作频率，由于副回路性能的改善，使得主控制器的比例带（比例度）可以更小（即 K_c 可大些），从而提高系统的工作频率。

4. 有一定的自适应能力，在副回路作用下，包括控制阀在内的副对象在操作条件和负荷变化时，其特性变化对系统的影响显著地削弱了。需要注意的是，当副回路是流量环节时，加开方器，使流量检测线性化。

六、串级控制系统初步设计

（一）副回路应包含尽可能多的主要扰动

串级系统对二次扰动的抑制效果最好，所以副回路应包含尽可能多的扰动，特别是把那些变化最剧烈、幅值最大、最频繁的主要扰动包括在副回路内。由副回路先把扰动克服到最低程度，减小其对主变量的影响，从而提高控制质量，否则采用串级控制系统的意义就不大了。因此，在设计串级控制系统之前，研究生产工艺中的各种扰动的来源是非常必要的。需要指出的是，并非副回路包括扰动越多越好。因为副回路包括的扰动越多，有利的一方面是能减小对主变量的影响，但同时副变量的位置越靠近主变量，使得副回路克服干扰的灵敏度下降。副回路包括扰动最多的情况也就是包括了全部扰动，那么主回路也就没有存在的必要了，这和单回路控制系统情况基本一样了，这是极端的情况。因此，选择副回路时，包括哪些扰动应具体情况具体分析，这体现了系统的设计水平。

（二）主副回路的时间常数应匹配

从副回路响应越快对二次扰动抑制效果越好考虑，就要求副回路的时间常数要小，即控制通道要短，要求副回路包含的环节要少一些。虽然两方面是矛盾的，实际选用时需要按具体情况加以分析。例如，如果工艺介质负荷和入口温度扰动是主要的，则这种方案就不合适了。这时可以采用工艺介质流量和入口温度的前馈补偿，构成串级加前馈的方式效果更好。

七、主副调节器的控制规律选择

一般来说，主被控变量是控制的主要参数，其状态是生产工艺的主要指标，因此主调节器通常采用 PI 控制器。在某些容量滞后较大的系统，例如温度控制系统中，也可以采用 PID 控制。至于副调节器，其情况有所不同，如果副被控量的控制范围从工艺上要求不是太严格，那么副调节器就可以只采用比例控制，这时引入积分控制可能反而会降低副回路的响应快速性，降低串级控制的效果。不必要的副调节器积分作用的引入，会使副回路的谐振峰值加大，谐振频率降低，从而加大了主副回路之间共振的可能。如果生产工艺对副被控量的控制要求也较高，不允许副被控量偏离期望值太大，例如加热炉的温度控制，采用炉膛温度作为副被控量，显然炉膛温度过分偏离设定值严重影响了炉子的安全运行，这种情况下副调节器也可以采用 PI 控制，但是注意到副回路的设定值是主调节器的输出，如果主调节器的输出在动态过程中大幅度地变化，即使副调节器采用 PI 控制也避免不了副被控量的大幅度变化，因此，在主副调节器参数整定时也应该考虑这种情况。

八、主副调节器的正反作用选择

主副调节器正反作用的选择原则和单回路系统没有什么原则性区别，首先考虑副调节器的正反作用选择，其方式同单回路控制，然后考虑主调节器。考虑主回路时需假定副回路是稳定的，把副回路等效为一个环节，确定副给定和其输出的“正反作用”，然后把主回路等效为一个“单回路控制”，确定主调节器的正反作用。下面以换热器的串级控制系统为例进行说明。如果从换热器设备或工艺介质的安全出发，一旦系统发生故障就应自动切断载热体供应，即调节阀应选择气开方式，即气信号越大，气动薄膜调节阀开度越大，此时 K_v 是正系数（+）。

对于流量环节，调节阀开度越大，阀的出口流量也就越大，一般可假设是线性关系，C_{O2}（s）$=K_{O2}$，显然 K_{O2} 是正系数（+）。流量计一般是正系数（+），由此按负反馈调节的稳定性原理知，K_{O2} 应取正系数（+），由此选副调节器为反作用。

把副回路等效为一个环节。显然副调节器的给定值越高，副回路的输出（热源流量）越大，该等效环节是正系数（+）。最后考虑主调节器的正反作用。由于该换热器是加热器，热源流量越大，工艺介质出口温度越高，如果不考虑换热器的动态特性，G_{O1}（s）$=K_{O1}$ 是正系数（+）（如果该换热器是冷凝器，冷源流量越大，工艺介质出口温度越低，K_{O1} 就是负系数）。温度计一般是正系数（+）。主回路也按等效的单回路稳定性原理知，K_{O1} 应取正系数（+），所以主调节器也应选反作用。关于串级控制系统，还有一些更加深入的问题，如动态特性、工作频率、抗积分饱和、参数整定等，可参考其他资料。

第三节　工业制药

工业制药可分为化学类制药和生物类制药两种，两者的反应机理和工艺流程大相径庭，即使同一类制药生产也存在很大的差异。尽管如此，单从控制角度来讲，还是有许多共同点的：其一，难以建立被控对象的精确数学模型；其二，由于产品的直接质量指标难以在线检测，通常选用间接参数作为被控参数。因此，两者的控制方法、控制方案和控制目的没有本质上的区别。

制药生产由原料处理（或菌种培养、灭菌），化学反应（或生物发酵）和产品分离、提纯三部分组成。化学反应过程与生物发酵过程均在反应器中进行。

一、反应器的类型

化学反应或生物反应（即生物发酵）过程是制药生产的重要环节之一，而其反应是在反应器内进行的，因此，反应器是制药生产的关键设备。反应器的种类繁多：①按反应器的结构分有釜式反应器和塔式反应器；②按操作条件分有间歇式（即分批操作）和连续式，间歇操作一般用于中、小规模生产，通常是变值控制（即程序给定），连续操作一般用于大规模生产，通常是定值控制；③按反应机理分有化学反应器和生物反应器（生化反应器）。

二、生物发酵与化学反应的主要区别

生物发酵与化学反应的主要不同点是：生物（酶除外）反应都是以“自催化”方式进行的，即在目的产物生成的过程中生物自身要生长繁殖。另外，生物反应的速度低；对好氧反应，因通风与混合等原因，动力消耗大；产物浓度低。从控制角度讲，化学反应和生物反应的共同之处在于产品的直接质量指标难以在线检测，因此，通常选用间接参数温度作为最为关键的被控参数。不同之处是：生物反应过程较为复杂，在生物反应过程中伴随着化学反应。所以，生物反应对传感器及控制仪表提出了更多和更高的要求。

一、蒸发器的自动控制

蒸发、结晶和精馏均属于产品提纯环节。主要考虑的因素有：蒸发、结晶、蒸馏和精馏过程的质量指标，影响质量指标的主要因素及其可控性和经济性；被控参数和控制变量的选择；控制要点及控制方法；典型控制方案、应用场合及其特点。工业上蒸发大多属于沸腾蒸发，它是一个传热过程。因此，蒸发器的对象特性可以作集中参数处理。蒸发器的对象特性亦很复杂，是具有纯滞后的多容对象。蒸发器控制的直接指标是产品的浓度。影响产品浓度的主要干扰因素有：温度，浓度，进料流量，加热蒸汽压力和流量，蒸发器内的压力、液位，冷凝液的排除以及蒸发器内部不凝气体的含量等。对于这些干扰因素，应采取必要的措施，使其平稳少变。

（一）浓度控制

根据产品浓度来控制的方案是最直接的。直接测量产品浓度的方法有：折光仪、浓度计、密度法及其他分析仪表。浓度控制的方案如图 7-17 所示。

（二）密度法控制

采用密度法测量产品浓度的控制方案如图 7-18 所示。该方法的基本原理是固定温度下，产品浓度与密度 ρ 有单值对应关系，ρ 可以通过测量固定高度的垂直管道中所产生的压差而得，即 $\Delta\rho = pgH = f(p)$，其中 H 是液位高度。为了消除物料流动时的重压附加误差，测量要选择适当的管内物料流速，例如控制在

0.2 m/s。对于差压可以采用双法兰差压变送器或鼓泡法测量，然后转换成产品浓度。

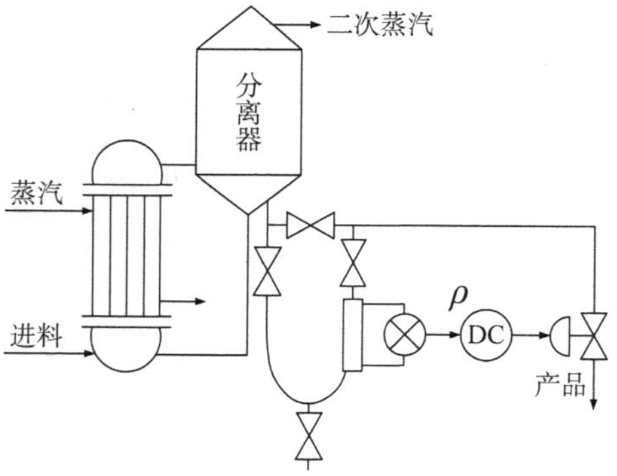

图 7-17 蒸发器产品浓度控制

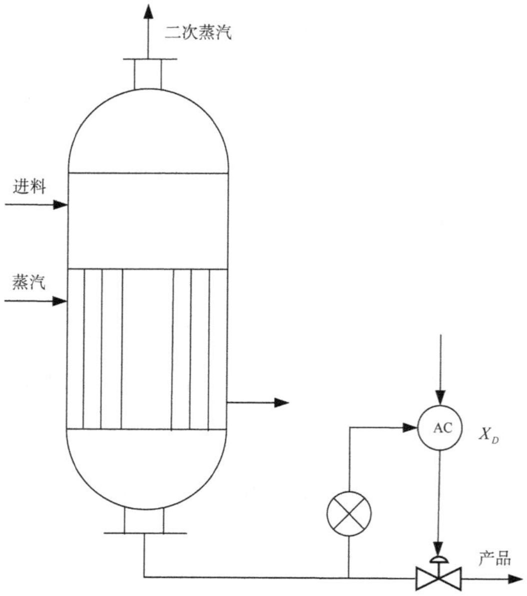

图 7-18 密度法产品浓度控制

二、间接指标温度控制

在蒸发过程中，蒸发器内物料浓度、温度和真空度（或压力）之间有一组曲线（对应）关系。当蒸发器内真空度（或压力）恒定时，沸点与产品浓度之间有单值对应关系。浓度增加，沸点上升；浓度降低，沸点下降。因此，可用间接指标温度作为被控参数。当真空度（或压力）波动较大时，就无法采用温度控制。为了克服真空度（或压力）变化对测量的影响，可采用温差法即沸点上升法，如图 7-19 所示。

温差法的基本原理是：在给定的真空度条件下，随着溶液浓度的增加，其沸点也上升，溶液浓度与沸点有单值对应的关系。但是当溶液浓度一定时，溶液所处真空度不同，则沸点也不相同。即真空度在一定范围内变化时，一定浓度溶液的沸点与水的沸点（饱和水蒸气的温度）之差即温差基本不变。因此，采用温差法来测量溶液浓度，可以克服真空度变化对测量的影响。

三、蒸发器的辅助控制系统

为了使蒸发器操作较平稳地进行，使产品浓度获得较好的品质，除了控制与

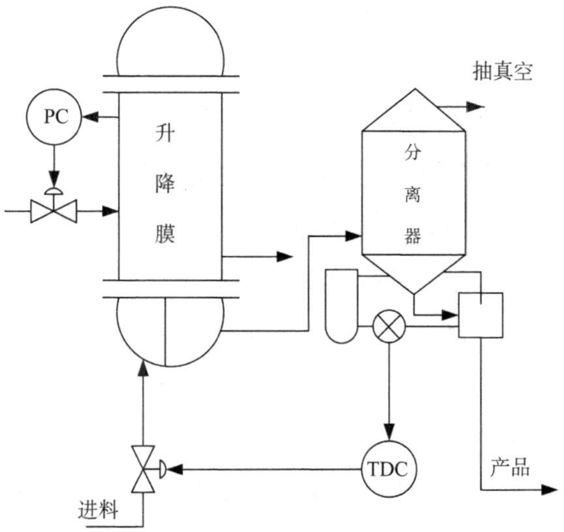

图 7-19　升降模式蒸发器温差控制

直接指标有单值对应关系的被控参数外，还必须对其他若干工艺参数进行自动控制，主要有加热蒸汽、蒸发器的液位，冷凝液排出和真空度等参数的控制。

（一）蒸发器液位控制

蒸发器液位的高低影响蒸发操作的进行。液位过高，蒸汽耗量增加，蒸发时间长；液位过低，则有结晶或黏度较大，溶液易在热管上结晶，增厚膜层，影响传热与蒸发效果，且增加蒸汽的耗量。为此，必须对蒸发器的液位加以自动控制。

（二）加热蒸汽的控制

由于加热蒸汽的波动除了会影响压力、温度、液位外，还会影响与产品浓度有单值对应关系的被控参数，从而影响产品浓度。因此，应对加热蒸汽实施控制。

（三）冷凝液排出的控制

冷凝液的排出很重要，不能畅通排出则影响蒸发器的稳定操作。冷凝液的排出可采用阻汽排水器（蒸汽疏水器）。为了防止将蒸汽排掉，亦可加一个缓冲罐，采用液位自动控制。蒸发器的辅助控制系统并不是可有可无的。所谓辅助控制是指它们的被控参数与产品的直接指标不存在单值对应关系，但对蒸发操作的平稳、节能以及产品质量的影响也是很重要的，因此，针对不同的工艺环境和条件必须选择参数加以控制。

（四）蒸发器节能控制

这里讲的蒸发器节能控制，是指充分利用蒸发过程产生的二次蒸汽。例如，将物料先与二次蒸汽换热后，再进入蒸发器。

四、结晶器的自动控制

在制药和发酵食品加工过程中，结晶操作是获得纯净固体物质的重要方法之一。食品发酵工业的许多产品，如柠檬酸、葡萄糖、谷氨酸钠等都是用结晶的方法提纯精制的。结晶过程是将过饱和溶液冷却、蒸发，或者投入晶种使溶质结晶析出的过程。这一过程不仅包括溶质分子凝聚成固体，还包括这些分子有规律地排列在一定晶格中。

在制药工业生产中，通常蒸发和结晶是产生最终产品的环节。蒸发操作是用加热的方法，将液体浓缩到规定的浓度，或使溶质析出。结晶是将饱和液冷却或蒸发使其分离出晶体。蒸发和结晶操作均属于传热过程。根据不同的工艺和对产品的要求不同，设备也存在较大差异。但从整体上讲，控制必须满足产品质量指标。

（一）提高晶体质量的途径

晶体的质量主要是指晶体的大小、形状和纯度三个方面。在食品加工中通常希望得到粗大而均匀的晶体。粗大而均匀的晶体便于过滤与洗涤，在贮存过程中不易结块。

1. 改变晶体大小

当溶液快速冷却时，能达到较高的过饱和度而得到较细小的晶体，反之缓慢冷却常得到较大的晶体。当溶液的温度升高时，晶体成核速度和生长速度皆增快，但后者的影响更显著。因此，低温得到较细的晶体。搅拌能促进成核和加快扩散，提高晶核长大的速度。但当搅拌强度达到一定程度后，再加快搅拌效果就不显著了；相反，晶体还会因搅拌剪切力过大而破碎。

2. 改变晶体形状

同种物质的晶体，用不同的结晶方法产生，虽然仍属于同一晶系，但其外形可以完全不同。外形的变化是因为在一个方向生长受阻，而在另一个方向生长加速所致。通过一些途径可以改变晶体的外形，例如控制晶体生长速度、过饱和度、结晶温度，选择不同的溶剂、溶液，pH 的调节和有目的地加入某种能改变晶形的杂质等方法。

3. 提高晶体纯度

在结晶过程中，含许多杂质的母液是影响产品纯度的一个重要因素。晶体越细小，吸附杂质越多。若没有处理好，必然降低产品纯度。一般把晶体和溶剂一同放在离心机或过滤机中，搅拌后再离心或抽滤，这样洗涤效果好。

当结晶速度过快时，常发生若干颗晶体聚结成为“晶簇”的现象，此时易将母液等杂质包藏在内，或因晶体对溶剂亲和力大，晶格中常包含溶剂。为防止晶簇产生，在结晶过程中可以进行适度搅拌。为除去晶格中的有机溶剂只能采用重结晶的方法。

4. 重结晶

重结晶就是将晶体用合适的溶剂溶解后再次结晶，这样能使纯度提高，因为杂质和结晶物质在不同溶剂和不同温度下的溶解度不同。

（二）结晶的分类及其特点

结晶器按操作方式可分为间歇式和连续式，连续式结晶器又可分为线性的和搅拌的两种。结晶按形成过饱和溶液的途径不同，可分为冷却结晶、蒸发结晶、真空结晶、盐析结晶和其他结晶，其中前三种使用较广。

1. 冷却结晶

冷却结晶是采用降温使溶液进入过饱和（自然起晶或晶种起晶），并不断降温，以维持溶液一定的过饱和浓度进行育晶，常用于温度对溶解度影响比较大的物质的结晶。结晶前需先将溶液升温浓缩。

2. 蒸发结晶

蒸发结晶是采用蒸发溶剂，使浓缩溶液进入过饱和区起晶（自然起晶或晶种起晶），并不断蒸发，以维持溶液在一定的过饱和度进行育晶。结晶过程与蒸发过程同时进行。对于溶质的溶解度随温度变化不大，或者单靠温度变化进行结晶时结晶率较低的场合，需要蒸除部分溶剂以取得结晶操作必要的过饱和度，这时可采用蒸发结晶。

3. 真空结晶

真空结晶比蒸发结晶要求有更高的操作真空度。另外真空结晶一般不需要加热或冷却，料液在结晶器内闪蒸浓缩同时降低了温度，因此，在产生过饱和度的机制上兼有蒸除溶剂和降低温度两种作用。由于不存在传热面积，从根本上避免了在复杂的传热表面上析出并积结晶体。真空结晶由于省去了换热器，其结构简单、投资较低的优势使它在大多数情况下成为首选。冷却结晶几乎都可被真空结晶代替。

（三）结晶过程控制

晶体的质量指标主要是晶体的大小、形状和纯度。产品的直接指标难以在线检测，结晶又是一个传质过程，结晶的速率与推动力成正比，因此，通常选用间接指标作为被控参数。影响产品质量的主要因素有传热量、传热速率、搅拌速度和搅拌器形状。所以，一般以物料的温度、搅拌速度为被控变量。

根据不同的介质选择不同的搅拌器形状，间歇式冷却结晶器控制系统如图 7-20 所示。图 7-20（a）和（b）适用于换热剂压力比较稳定的场合，后者控制精度较高。图 7-20（c）适用于换热剂压力波动较大的场合。当产品固定且负荷一定时，根据产品需要选择转速，在线恒速运转；当负荷量一定时，可在线设定转速开环控制；当负荷量变化时，宜采用闭环控制。

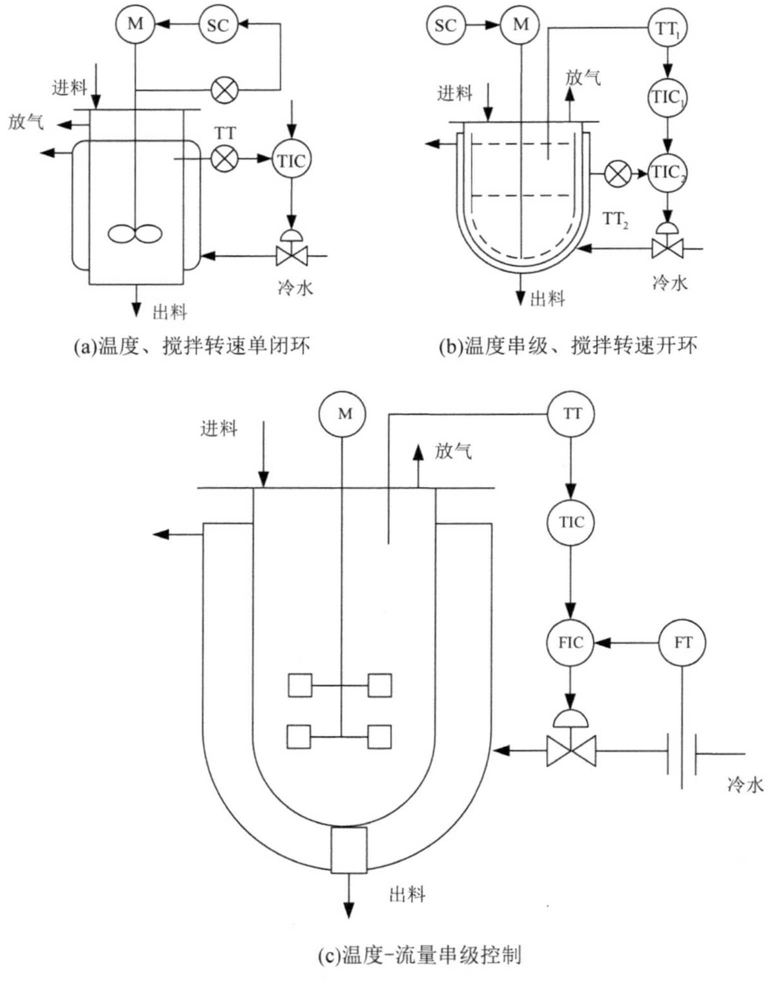

图 7-20　间歇式冷却结晶器控制系统

参考文献

[1] 宋连珍,姜爱霞.制药过程原理与设备[M].北京:中国医药科技出版社,2013.

[2] 张井岗.过程控制与自动化仪表[M].北京:北京大学出版社,2007.

[3] 宋树波,邵泽波.化工机械及设备[M].5版.北京:化学工业出版社,2018.

[4] 孙桓.机械原理[M].北京:高等教育出版社,2009.

[5] 朱方鸣.化工机械结构原理[M].北京:高等教育出版社,2009.

[6] 宋瑞.基础制药设备[M].石家庄:河北科学技术出版社,2015.

[7] 董其伍,张垚.石油化工设备设计选用手册:换热器[M].北京:化学工业出版社,2009.

[8] 刘红平,冯鸥.传感器原理及应用[M].西安:西北工业大学出版社,2015.

[9] 张根宝.工业自动化仪表与过程控制[M].2版.西安:西北工业大学出版社,2003.

[10] 何道清,谌海运,石明江,等.仪表自动化技术[M].北京:高等教育出版社,2013.

[11] 刘瑞凯.仪表自动化培训教程[M].郑州:郑州大学出版社,2017.

[12] 孙洪程,李大字,翁维勤.过程控制工程[M].北京:高等教育出版社,2006.

[13] 彭珍瑞,董海棠.控制工程基础[M].北京:高等教育出版社,2010.

[14] 刘鸿强,李立新.精细化工和制药过程控制[M].上海:华东理工大学出版社,2009.

[15] 邹益仁,马增良,蒲维.现场总线控制系统的设计和开发[M].北京:国防工业出版社,2003.

[16] 何道清,谌海运,石明江,等.仪表自动化技术[M].北京:高等教育出版社,2013.

[17] 夏清,陈常贵.化工原理[M].修订版.天津:天津大学出版社,2005.

[18] 印建和. 制药过程原理及设备[M]. 北京:人民卫生出版社,2009.
[19] 陈敏恒,从德滋,方图南,等. 化工原理[M]. 北京:化学工业出版社,2011.
[20] 王树楹. 现代填料塔技术指南[M]. 北京:中国石化出版社,1998.
[21] 路振山. 生物与化学制药设备[M]. 北京:化学工业出版社,2005.
[22] 王洪旗. 泵与风机[M]. 北京:中国电力出版社,2012.
[23] 余国琮. 化工机械工程手册:中册[M]. 北京:化学工业出版社,2003.
[24] 张涵. 化工机器[M]. 北京:化学工业出版社,2005.
[25] 匡照忠. 化工机器与设备[M]. 北京:化学工业出版社,2011.
[26] 于才渊, 王宝和,王喜忠. 干燥装置设计手册[M]. 北京:化学工业出版社,2005.
[27] 金国淼, 等. 除尘设备[M]. 北京:化学工业出版社,2002.
[28] 胡满银, 赵毅, 刘忠. 除尘技术[M]. 北京:化学工业出版社,2006.
[29] 邢晓林. 化工设备[M]. 北京:化学工业出版社,2005.
[30] 潘传九. 化工设备机械基础[M]. 北京:化学工业出版社,2002.
[31] 邵泽波. 化工机械及设备[M]. 北京:化学工业出版社,2007.
[32] 王绍良. 化工设备基础[M]. 北京:化学工业出版社,2002.
[33] 郑津洋, 桑芝富. 过程设备设计[M]. 北京:化学工业出版社,2001.
[34] 陈志平. 过程设备设计与选型基础[M]. 杭州:浙江大学出版社,2005.
[35] 路秀林,王者相. 塔设备[M]. 北京:化学工业出版社,2004.
[36] 秦叔经,叶文邦. 换热器[M]. 北京:化学工业出版社,2003.
[37] 刘道德. 化工设备的选择与设计[M]. 长沙:中南大学出版社,2003.
[38] 黄钟岳, 王晓放. 透平式压缩机[M]. 北京:化学工业出版社,2004.
[39] 崔继哲. 化工机器与设备检修技术[M]. 北京:化学工业出版社,2000.
[40] 姜培正. 过程流体机械[M]. 北京:化学工业出版社,2001.
[41] 任晓善. 化工机械维修手册[M]. 北京:化学工业出版社,2004.
[42] 原学礼. 化工机械维修管钳工艺[M]. 北京:化学工业出版社,2008.
[43] 李多民. 化工过程机器[M]. 北京:中国石化出版社,2007.
[44] 邵泽波. 化工机械及设备(第 3 版)[M]. 化学工业出版社,2007.
[45] 邵泽波,宋树波. 化工机械及设备. 第 4 版[M]. 化学工业出版社,2012.
[46] 刘鸿强,李立新. 精细化工和制药过程控制[M]. 华东理工大学出版社,2009.
[47] 朱方鸣. 化工机械结构原理[M]. 高等教育出版社,2009.

[48] 厉玉鸣. 化工仪表及自动化. 第5版[M]. 化学工业出版社,2011.

[49] 厉玉鸣,孟华. 化工仪表及自动化（化学工程与工艺专业适用）第三版[M]. 化学工业出版社,2011.

[50] 厉玉鸣. 化工仪表及自动化. 第3版[M]. 化学工业出版社,1999.

[51] 潘永湘,杨延西,赵跃. 过程控制与自动化仪表. 第2版[M]. 机械工业出版社,2007.

[52] 谷京云,任晓耕. 机械基础[M]. 化学工业出版社,2004.

[53] 张根宝. 工业自动化仪表与过程控制(第4版)[M]. 西北工业大学出版社,2008.

[54] 张根宝. 工业自动化仪表与过程控制[M]. 西北工业大学出版社,2003.

[55] 王学生. 化工设备设计[M]. 华东理工大学出版社,2011.

[56] 何道清,谌海云,张禾. 仪表与自动化[M]. 化学工业出版社,2008.

[57] 王学生. 化工设备设计[M]. 华东理工大学出版社,2011.

[58] 谌海云,何道清,杨秋菊. 过程控制与自动化仪表[M]. 机械工业出版社,2022.

[59] 仝源. 化工机械结构原理[M]. 化学工业出版社,2017.

[60] 厉玉鸣. 化工仪表及自动化[M]. 化学工业出版社,1999.

[61] 王孟效. 制浆造纸过程测控系统及工程[M]. 化学工业出版社,2003.

[62] 郑津洋,董其伍,桑芝富. 过程设备设计[M]. 化学工业出版社,2001.

[63] 厉玉鸣. 化工仪表及自动化. 第3版[M]. 化学工业出版社,1999.

[64] 历玉鸣. 化工仪表及自动化（化工类专业适用）[M]. 化学工业出版社,1987.

[65] 厉玉鸣. 化工仪表及自动化[M]. 化学工业出版社,1999.

[66] 刘友英,朱大胜,李兴成. 过程设备设计[M]. 西安电子科技大学出版社,2017.

[67] 厉玉鸣,刘慧敏. 化工仪表及自动化[M]. 化学工业出版社,2015.